DIE VIERTE POLITISCHE THEORIE

DIE VIERTE POLITISCHE THEORIE

ALEXANDER DUGIN

ARKTOS
LONDON 2022

ARKTOS

🌐 Arktos.com   f fb.com/Arktos   ⊙ ⓘ arktosmedia   ⓧ arktosjournal

© 2022 Arktos Media Ltd.
Alle Rechte, einschließlich derjenigen des auszugsweisen Abdrucks sowie der photomechanischen und elektronischen Wiedergabe, sind vorbehalten.

Originaltitel
The Fourth Political Theory
1. englischsprachige Ausgabe: Arktos Media, 2012
1. deutschsprachige Ausgabe: Arktos Media, 2013

ISBN
978-1-917646-39-0 (Taschenbuch)
978-1-915755-14-8 (Ebook)

Übersetzung
Nils Wegner

Lektorat
Constantin von Hoffmeister

Einband & Layout
Tor Westman

INHALTSVERZEICHNIS

Vorwort von Alexander Markovics:
Die Vierte Politische Theorie — ein Ausweg aus der Moderne........vii
Geleitwort von Alain Soral:
Warum wir Alexander Dugin lesen sollten...................xxiii
Einleitung:
Sein oder Nichtsein?...xxv

1. Die Geburt des Konzepts..1
2. »Dasein« als Akteur...25
3. Kritik der gleichförmigen Prozesse............................59
4. Die Umkehrbarkeit der Zeit....................................77
5. Globaler Wandel und seine Feinde..............................85
6. Konservatismus und Postmoderne...............................103
7. »Zivilisation« als ideologisches Konzept.....................129
8. Der Wandel der Linken im 21. Jahrhundert.....................157
9. Der Liberalismus und seine Metamorphosen.....................181
10. Die Ontologie der Zukunft...................................205
11. Die neue politische Anthropologie...........................225
12. Die Vierte Politische Praxis................................237
13. Geschlechter in der Vierten Politischen Theorie.............247
14. Gegen die postmoderne Welt..................................261

Anhang I..269
Anhang II...279

VORWORT VON ALEXANDER MARKOVICS

DIE VIERTE POLITISCHE THEORIE — EIN AUSWEG AUS DER MODERNE

Alexander Dugins *Vierte Politische Theorie* hat seit ihrem Erscheinen 2009 für eine breitere Rezeption der Theorien Dugins als jemals zuvor gesorgt. Dieser Entwurf für eine neue politische Theorie, welche es sich zur Aufgabe gemacht hat, die drei politischen Theorien der Moderne (Liberalismus, Marxismus/Kommunismus, Nationalismus/Faschismus/Nationalsozialismus) zu überwinden und aus der Sackgasse der Postmoderne auszubrechen, fand mit seiner Übertragung in die „lingua franca" unserer Tage, das Englische, 2012 durch den Arktos Verlag eine Verbreitung, die Dugins Gedanken nun auch in Lateinamerika, Japan, dem Arabischen Raum, China und schließlich auch Deutschland zum Gegenstand der Diskussion machte. Doch was ist *Die Vierte Politische Theorie* (kurz: 4PT) eigentlich für ein Buch? Und warum ist es auch für deutsche Patrioten und Dissidenten lohnenswert, sich mit ihr heute, mehr als dreizehn Jahre nach dem Erscheinen ihrer russischen Erstauflage, zu beschäftigen?

Zur Entstehungsgeschichte der Vierten Politischen Theorie

Bereits ihre Entstehungsgeschichte ist interessant. 2008 wurde eine erste Konferenz zum Thema einer 4PT an der Moskauer Staatsuniversität abgehalten. Diese Theorie stellte den Höhepunkt der gemeinsamen Arbeit des russischen Philosophen mit zahlreichen Angehörigen der französischen Nouvelle Droite dar, die ebenso wie er darin bestrebt waren, eine neue politische Ideologie zu bilden, um Europa und Russland eine Waffe im Kampf gegen die weltweite Hegemonie der USA und des Liberalismus in die Hand zu geben. Die hier vorliegende deutsche Übersetzung basiert auf der englischen Fassung, die einerseits einen Teil der ursprünglichen russischen Fassung darstellt, andererseits um zahlreiche Texte zur Vierten Politischen Theorie aus der Feder Dugins ergänzt wurde, die erst nach dem russischen Original erschienen waren. 2017 erschien in logischer Folge bei Arktos dann der Rest des russischen Originals unter dem Titel *The Rise of the Fourth Political Theory* (Der Aufstieg der Vierten Politischen Theorie), der u.a. einige Ausführungen Alexander Dugins, die sich zum Teil insbesondere auf Russland beziehen, wie etwa seine Erläuterungen zum russischen Behemoth in Abgrenzung zum westlichen Leviathan, enthält.

Die 4PT als Antwort auf das „Ende der Geschichte" — die Geschichte geht weiter!

Doch wovon handelt die 4PT eigentlich? Diese neue politische Theorie bildet eine Antwort auf das von Francis Fukuyama verkündete „Ende der Geschichte", in dem entweder zwangsläufig alle Menschen auf der Welt, gleichgültig welcher Kultur oder Religion, die „Segnungen" der liberalen Demokratie und des Kapitalismus im Rahmen der Globalisierung freiwillig Schritt für Schritt übernehmen, oder beim geringsten Widerstand dagegen mit Sanktionen und NATO-Bomben davon überzeugt werden sollten. Dabei vereint sie den Gedanken des Ethnopluralismus mit der Philosophie Martin Heideggers, indem sie die Vielfalt der Völker durch die Existenz verschiedener Formen des Daseins rechtfertigt und die Verteidigung der verschiedenen Völker gegen die alles im Sinne des Liberalismus gleichmachende Globalisierung zum Hauptziel erklärt. Die 4PT antwortet also auf die Postmoderne, in der sich der Liberalismus als „alternativlos" und einzige Wahrheit präsentiert, indem sie ihn erstens als bloße politische Theorie entlarvt und zweitens seine Widersprüche aufzeigt, um drittens den Weg hin zu einer politischen Alternative zum Liberalismus zu skizzieren.

Zur Bedeutung des deutschen Denkens für Dugins Theorie: Konservative Revolution und Abweichler der 3PT

Die in der 4PT geäußerte radikale Kritik am Westen und der Moderne mag für viele Deutsche und Europäer auf den ersten Blick verstörend wirken, weil sie unsere gesamte Gesellschaft in Frage stellt. Doch alleine wenn man Alexander Dugins Bezugnahmen auf die Konservative Revolution, den deutschen Idealismus, Richard Thurnwald, Friedrich Nietzsche und nicht zuletzt Martin Heidegger, ganz zu schweigen von der griechischen Antike, liest, merkt man schnell, dass es nicht der Westen an sich ist, den Dugin hasst. Es ist interessant, dass gerade ein russischer Denker viele deutschsprachige Geistesheroen in höchsten Ehren hält, die bei uns in Deutschland und Österreich verfemt wurden und zum Teil bereits der Vergessenheit anheimgeraten sind. Doch weder bei Platon noch bei Heidegger wird im Werk Dugins die „Cancel Culture" des Westens verfolgt, im Gegenteil scheint es gerade sein Denken zu sein, das diese Denker neu entdeckt und auf eine radikale Weise neu interpretiert.

Aus Liebe zu Europa: Eine radikale Kritik am modernen Westen

Vielmehr noch geht es diesem Liebhaber der europäischen Kultur — der fließend Französisch sowie zahlreiche andere europäische Sprachen spricht, darunter auch das Deutsche, und dem europäischen *Logos* in seinem 24-bändigen Noomachiezyklus einen mehr als 700 Seiten starken Band widmete — um eine radikale Kritik am modernen Westen und dem gegenwärtigen Europa, das seine eigene Tradition, seine christliche Religion und seine Bräuche verrät und dessen Kapitalismus, Liberalismus, Nationalismus/Faschismus/

Nationalsozialismus und Marxismus/Kommunismus nicht nur Millionen Menschen, sondern auch die eigene Identität zum Opfer gefallen sind. Sein Ziel ist es, dass nicht nur Russland und die anderen Völker Eurasiens, sondern auch gerade wir Europäer wieder unsere eigene Identität entdecken und an unserem kulturellen Erbe anknüpfen, um dieses fortzuführen. Dugins Ziel ist es nicht, den Weg der Moderne und der Aufklärung bis hin zur totalen Dekadenz von „Osten nach Westen" zu gehen. Vielmehr empfiehlt er den Weg von „Westen nach Osten", weg vom Materialismus und der alles verschlingenden Konsumgesellschaft, hin zu einer traditionalistischen Lebensauffassung, die das Primat des Geistes über die Materie wiederherstellt. Während der Neo-Eurasianismus also die russisch-eurasische Form der 4PT ist, entspricht die französische Nouvelle Droite/die Neue Rechte der europäischen Fassung dieser Theorie.

Dugin und das Volk: Zur Kritik der 4PT am Nationalismus

Dabei geht der ehemalige Nationalbolschewist auch ausgesprochen hart mit dem Marxismus/Kommunismus ins Gericht, dem er ebenso wie dem Faschismus und Nationalsozialismus nicht nur seine Verbrechen, sondern auch die Reduktion des menschlichen Lebens auf eine materialistische Kategorie (die Klasse im Fall des Kommunismus, Staat und Rasse im Fall von Faschismus/Nationalsozialismus) vorwirft. Gerade seine Kritik am Nationalismus und Rassismus — für Chauvinisten und geistig Frühvergreiste ein Gräuel — bedeutet keine Befürwortung von Masseneinwanderung oder „Rassenmischung", sondern im Gegenteil ein Eintreten für die Wiederherstellung bzw. den Erhalt der Volksgemeinschaften im traditionellen Sinne. Dugin tut dies, weil er gerade will, dass auch wir Deutschen unsere Identität bewahren/neu entdecken, nicht weil er darauf aus ist, dass wir uns in den Identitätsstörungen und Komplexen der Moderne verlieren. Somit ist auch sein geopolitisches und politisch-philosophisches Denken auch keinesfalls als neuverpackter „russischer Imperialismus" zu betrachten; ganz im Gegenteil stellt es einen Aufruf an alle Völker und Zivilisationen dar, die eigene Identität zu verteidigen. Wer sich hierfür im Detail interessiert, dem seien die beiden Bücher *Ethnos and Society* und *Ethnosociology: The Foundations* von Alexander Dugin ans Herz gelegt, die bisher nur auf Englisch im Arktos Verlag vorliegen und noch einer Übersetzung ins Deutsche harren.

Dugins Antirassismus: Gegen das bürgerliche Rassendenken, für die Vielfalt der Völker

Zu Recht weist Dugin darauf hin, dass die Rassenlehre ein Kind des Bürgertums ist und in Amerika zur Rechtfertigung der Sklaverei verwendet wurde, aber auch um die völkische Zugehörigkeit der Einwanderer auszulöschen. Wer also frei nach Ernst von Salomon mit „Rassen rasselt und Runen raunt" wird in Dugins Werk keine Anknüpfungspunkte für seine eigenen Geschichtsfiktionen finden. Zweifellos bieten seine Texte und damit auch die 4PT eine reflektierte Behandlung der Dritten Politischen Theorie der Moderne (3PT) und auch der Konservativen Revolution, die Dugin gewissermaßen als Bindeglied zwischen der 3PT und der 4PT sieht.

Eine Einladung dazu, Evola, Niekisch, Nietzsche, Jünger und Wirth mit anderen Augen zu lesen

Wer Evola, Niekisch, Nietzsche, Jünger und Wirth bisher kannte, wird sie mit neuen Augen sehen. Und viel wichtiger: Wer sie noch nicht kannte, der wird dazu angeregt, sie endlich zu lesen! Selbiges gilt natürlich auch für linke und/oder kommunistische Denker wie Gramsci, Marx, Deleuze, Battaile und Baudrillard, die Dugin schon vor *Marx von rechts* (Jungeuropa Verlag, 2018) auf originelle Weise zu lesen verstand. Diese Tatsachen werden insbesondere Leser überraschen, die Dugins Denken bisher nur aus dem Blickwinkel von niederträchtigen Zitatepickern kannten, die ein aus ihrer Sicht besonders provokantes Zitat dieses vielschichtigen russischen Denkers herausgriffen, um ihn zu diskreditieren.

Der gefährlichste Denker der Welt: Zur Dekonstruktion der Moderne und der Verwendung ihrer positiven Aspekte in Dugins Werk

An dieser Stelle möchte ich den Leser darauf hinweisen, dass er sich davon nicht abschrecken lassen soll, da ihm ansonsten der gegenwärtig tiefsinnigste und gleichermaßen „gefährlichste" Denker der Welt entgeht, was nicht zuletzt daran liegt, dass Dugin es gekonnt schafft, die bisher gesetzten Grenzen von „links" und „rechts" zu überwinden, um Denkansätze von beiden Seiten in einer Front gegen den Liberalismus zu vereinen. Interessant ist dabei vor allem, wie Dugin bei seiner Kritik der Moderne vorgeht: Einerseits kritisiert er die drei Theorien der Moderne, andererseits zieht er aus ihnen positive Aspekte heraus, um die Vierte Politische Theorie zu bilden. Beim Liberalismus verwirft er Individualismus und Kapitalismus, wohingegen er den Begriff der Freiheit losgelöst aus dieser Matrix für wichtig erachtet, im Sinne der „Freiheit zu". Im Fall des Marxismus verwirft er Klassenkampf und Materialismus, um wiederum die Kritik an Liberalismus und Kapitalismus weiterzuverwenden. Was Faschismus und Nationalsozialismus angeht, so verwirft der russische Denker Staatskult und Rassenlehre sowie Antisemitismus, wohingegen er den Ethnozentrismus bejaht. Allgemein kennzeichnet das Werk von Dugin eine erfreuliche Freiheit von Denkverboten, die ihn auch den Islam und andere nicht-christliche „heidnische" Religionen rezipieren und analysieren lässt, ebenso Denker wie Aleister Crowley, oft auch aus Lust zur Provokation — Stichwort philosophische Dichtung —, ohne das er dabei zum Islamisten oder Satanisten wird.

Dugin: Nicht gegen den Westen, sondern gegen den westlichen Universalismus

Sein Einspruch gilt also nicht der westlichen und europäischen Kultur an sich, sondern dem modernen westlichen Universalismus, der die westliche Zivilisation zur einzigen Zivilisation adelt, während er alle anderen Zivilisationen zu Barbaren und Untermenschen erklärt. Als gläubiger orthodoxer Christ versteht Dugin, frei nach Herder, die verschiedenen Völker als Gedanken Gottes und wendet sich folglich gegen eine Hierarchisierung dieser Gedanken. Weder Deutsche noch Juden sind bei ihm Herrenmenschen und schon gar nicht die Russen, vielmehr erblickt er in der Existenz jeden Volkes einen eigenen Wert. Da der Nationalstaat, wie bereits erwähnt, in den Augen Dugins nicht mehr dazu im Stande ist, die Völker gegen die Globalisierung zu behaupten, sieht er in den Zivilisationen (oder: Kulturkreisen, Großräumen) eine Antwort auf die Vereinheitlichung der Welt. Diese Zusammenschlüsse von Völkern auf Grund gemeinsamer Kultur, Religion und Geschichte sollen eine multipolare Welt anstelle des unipolaren Chaos formen, um an die Stelle des modern-westlichen Universums ein Pluriversum der verschiedenen Zivilisationen, Religionen und Lebensstile zu setzen. Folglich ist Dugins Konzept der multipolaren Welt eine Antwort auf das Scheitern des Nationalstaates in der Geopolitik und auf die aufgeworfene Frage nach der staatlichen Souveränität, die insbesondere seit den fortgesetzten Kriegen der USA gegen „Schurkenstaaten" seit 1991 zunehmend an Relevanz gewonnen hat.

Großraum, Zivilisation, Pluriversum — Carl Schmitt im geopolitischen Denken Alexander Dugins

Der Großraum — hier knüpft der russische Philosoph an Carl Schmitt an — muss nach ihm nicht nur das Kriterium der Blockadesicherheit erfüllen, um sich im Ernstfall verteidigen zu können, sondern bietet auch die Möglichkeit, geleitet von einer eigenen politischen Idee, seine eigene Identität zu bewahren und gegen fremde Einflüsse zu verteidigen. Damit bedeutet die Zivilisation als neuer Akteur der Geopolitik eine Absage an die Globalisierung. Nach innen hin betont Dugin die Idee der Autonomie, die es den verschiedenen in ihr lebenden Völkern ermöglichen soll, ihren je eigenen Lebensstil zu bewahren und nicht dem „American Way of Life" unterworfen zu werden. Diese Idee der

Multipolarität ist keineswegs eine Rückkehr zur Bipolarität des Kalten Krieges, sondern setzt mindestens drei Blöcke voraus.

Die Multipolare Welt: Keine Rückkehr zur Bipolarität, sondern mindestens drei Blöcke

Während der Westen, Russland-Eurasien und China offensichtliche Kandidaten für Pole innerhalb der multipolaren Welt sind, nennt Dugin auch Lateinamerika, Afrika, Indien, Japan und verschiedene Großräume innerhalb der islamischen Zivilisation (kontinentaler Islam, Nordafrika, Indonesien-Südostasien) als mögliche Akteure einer multipolaren Welt. Europa begreift er zwar als Teil des Westens, räumt aber die Möglichkeit ein, dass es zu einem von den USA unabhängigen Großraum werden kann. Voraussetzung dafür ist, dass die Europäer ihre traditionelle Identität wiederentdecken und den Willen dazu zeigen, selbst wieder unabhängig zu werden. Zur Vertiefung in die geopolitische Dimension seines Denkens sind die Bücher *Eurasische Mission* (Arktos, 2022), *The Theory of a Multipolar World*[1] (Arktos, 2021) und *Last War of the World Island* (Arktos, 2015) zu empfehlen.

Die Einordnung der 4PT in das Werk Dugins: Nur die Spitze des Eisbergs

Lassen die bisherigen Ausführungen zur politischen und geopolitischen Komponente der 4PT in aller Kürze bereits die Komplexität des Duginschen Werks erahnen, stellt sich schließlich die Frage, wo sich die 4PT in seinem Werk einordnen lässt und welche Bücher man studiert haben sollte, um sich wirklich ein umfassendes Bild von seinem Werk bilden zu können. Im Folgenden soll eine kurze Einordnung der 4PT in sein Gesamtwerk vorgenommen werden, um dieses besser verständlich zu machen. Blickt man alleine auf das Schaffen Alexander Dugins seit 2009, so fällt einem auf, dass seine 4PT nur die Spitze des

---

[1] Von diesem Buch existiert auch eine deutschsprachige Fassung unter dem Titel *Konflikte der Zukunft* im Bonus Verlag.

Eisbergs darstellt. Welche Disziplinen umfasst das Werk Dugins also noch?

Die Noomachie — das philosophische Hauptwerk Alexander Dugins

Alleine zwischen 2009 und 2017, als der zweite Teil der 4PT auf Englisch erschien, veröffentlichte Dugin vier Bücher zu Martin Heidegger und die Mehrheit seiner Reihe zur Noomachie, dem Krieg des Geistes/Krieg der Geister, die sein philosophisches Hauptwerk darstellt. Dieses Werk bleibt bis heute ins Deutsche unübersetzt, während auf Spanisch und Italienisch bereits einige Bände vorliegen. In deutscher Sprache liegt bis jetzt nur eine Übersetzung der ersten zehn einführenden Vorlesungen zur Noomachie aus meiner Feder vor.[2] Allein die Existenz dieses Hauptwerks wird viele Leser überraschen, die Dugin bisher nur als geopolitischen Denker und politischen Theoretiker gekannt haben. In diesem Werk, dessen 24 Bände Dugin als bloßes Inhaltsverzeichnis für das geplante Projekt bezeichnet, postuliert der russische Denker seine These vom Krieg des Geistes. Laut Dugin lässt sich das menschliche Denken, anknüpfend an die u.a. von Lucian Blaga begründete Disziplin der Noologie, in drei Formen des Logos einteilen. 1. den apollinischen Logos (patriarchalisch, vernunftzentriert, auf den Himmel ausgerichtet — transzendent, der Tag). 2. den dionysischen Logos (androgyn, dialektisch, versinnbildlicht durch die Figur des Sohnes, transzendent-immmanent, die Abenddämmerung) 3. den kybelischen Logos (matriarchalisch, radikal-immanent, atomistisch, Figur der Großen Mutter, materialistisch, die Nacht). Diese drei Logoi sind in unterschiedlicher Gewichtung im Denken jedes Volkes vertreten und stehen der Noomachie zufolge in einem unaufhörlichen Krieg gegeneinander. Europa beispielsweise wurde bis zur Einwanderung der Indoeuropäer vom kybelischen Logos dominiert, der schließlich vom apollinischen Logos erobert wurde. In Folge ihrer

---

2 „Einführung in die Noomachie (Erste Einheit) — Was ist Noomachie?" The Fourth Political Theory (4pt.su).

Eroberung begannen die Indoeuropäer damit, den unterworfenen Paläoeuropäern ihr Wertesystem aufzuzwingen und deren Werte wie Symbole im eigenen Sinne umzudeuten. Auf diesem Schlachtfeld entstand in Europa schließlich der dionysische Logos, der gemeinsam mit dem apollinischen Denken in Europa bis zur Renaissance herrschte. Die aufkommenden Naturwissenschaften, der Individualismus und Handelskapitalismus seien schließlich als Rache des kybelischen Logos zu sehen, der nun vom Rand der Gesellschaft wieder in ihr Zentrum drängte und über den europäischen Kolonialismus in seiner modernen Form um den ganzen Globus verbreitet wurde. Immerzu stellt Dugin mit seinem Werk und insbesondere in der Noomachie die Frage „Wer sind wir?" und zeigt anhand seiner Ausführungen auf, dass Philosophie keine banale Tätigkeit ist, sondern vielmehr die Grundlage der Politik bildet. Folglich appelliert er an uns, Partei im Krieg des Geistes zu ergreifen und uns an die gefährliche Tätigkeit des Philosophierens heranzuwagen.

Das Beispiel verdeutlicht, dass bis heute noch ein großer Teil des Duginschen Werkes darauf wartet, ins Englische und Deutsche übertragen zu werden, um auch eine europäische Leserschaft erreichen zu können.

Vier Bücher zum wirklichen Verständnis Dugins: Geist, Seele, Körper und Kern seines Denkens

Folgt man dem kanadischen Duginübersetzer und Experten Michael Millerman[3], so sollte man zumindest vier Bücher von Alexander Dugin gelesen haben, um sein Werk wirklich verstehen zu können. Dugin selbst bezeichnet die 4PT dabei als Epistem, dass aus Theologie (Geist), Ethnosoziologie (Seele) und Geopolitik (Körper) besteht, mit einem existenziellen Kern heideggerianischer Prägung. Das Buch zur 4PT ist hierin eine Vertreter des Geistes, *Ethnos and Society* (Arktos,

---

3   Wer Millermans Forschung zu Dugin in konzentrierter Form nachlesen will, kann dazu das Buch *Inside „Putin's Brain": The Political Philosophy of Alexander Dugin* (2022) von ihm studieren, welches zahlreiche Essays von ihm über das Denken Alexander Dugins enthält.

2019) und *Ethnosociology: The Foundations* (Arktos, 2019) bieten Beispiele für die Seele dar, während das Buch *Martin Heidegger: The Philosophy of Another Beginning* (Washington Summit Publishers, 2014) den existenziellen Kern vertritt. Es ist also notwendig, mindestens ein Buch aus jedem dieser Bereiche gelesen zu haben, um Dugins Denken vollumfänglich verstehen zu können, da alles aufeinander aufbaut: Die 4PT baut entscheidend auf den ethnosoziologischen und geopolitischen Theorien Dugins auf, insbesondere auf seiner Auffassung der Geosophie, ebenso wie auf seiner Interpretation Heideggers. Gleichzeitig sind seine ethnosziologischen Schriften, die auf die eigentliche Bedeutung des Begriffes Volk/*narod* im Denken Dugins verweisen, nicht ohne den Geist der 4PT, der Geopolitik und dem existenziellen Kern zu verstehen, ebenso wie seine berühmten geopolitischen Werke, insbesondere *The Theory of a Multipolar World*, andauernd auf das philosophische und ethnosoziologische Werk verweisen.

Postmoderne, Gender, Sex wie die Engel ihn praktizieren

Gerade bei der Lektüre der 4PT wird dies offensichtlich, wenn wir uns den Kapiteln über die postmoderne Philosophie, der Möglichkeit eines anderen Anfangs in der Philosophie im Sinne einer Philosophie des Chaos, der Stadt der Engel und dem Thema Gender in der 4PT widmen. Hier macht Alexander Dugin auf den Spuren Martin Heideggers eine Erschöpfung des rein vernunftzentrierten, männlichen Logos in der Philosophie des Westens aus. Während traditionelle Gesellschaften feste Vorstellungen davon besaßen, was männlich und weiblich ist, welche Rollenbilder und Aufgaben jeweils von Mann und Frau übernommen werden sollten, änderte sich dies mit der individualistischen, kapitalistischen und humanistischen Revolution der Moderne. Indem das männliche Ideal neu definiert und zunächst auf den vernunftbegabt-rationalen, weißen, bürgerlichen und besitzenden Mann reduziert wurde, wurden alle anderen Menschen zu Bürgern zweiter Klasse gemacht. Man denke etwa an das Zensuswahlrecht und andere Maßnahmen, um die Beteiligung weiter Volksschichten an der Demokratie zu verhindern. Durch die zunehmenden Emanzipationsbestrebungen wurden diese ehemals modern-männlichen Qualitäten schließlich auf die Frauen, die Farbigen und alle anderen ausgedehnt, bis sie schließlich erschöpft waren und im Sinne der liberalen Gendertheorie sowie der Neuen Linken plötzlich der Mann an sich in Frage gestellt wurde sowie Perverse die Forderung nach Befreiung von der Unterdrückung durch dieses Ideal erhoben. Es ist genau dieser Zusammenbruch der Ordnung im Westen, des rationalen Staates und das Hervortreten von Menschen und Bewegungen, die man einfach nur als Wahnsinn bezeichnen kann, die aber an die Forderung Martin Heideggers nach einem „anderen Anfang in der Philosophie" anknüpft.

Ein anderer Anfang in der Philosophie — mit dem Chaos gegen die Postmoderne

Bereits in der ersten Hälfte des 20. Jahrhunderts erkannte der deutsche Philosoph, dass bereits das logoszentrierte Denken der Vorsokratiker den Weg für die Verheerungen der Moderne ebnete, da es das Chaos (nicht im Sinne von Unordnung, etwas das nach der Ordnung kommt, sondern als dem Logos vorangehender Urzustand, der ihn auch enthält) nicht integrierte, sondern stets in der Logik von *wir — die anderen* einteilt. Folglich müsse zur Versöhnung der Gegensätze — die Dugin schon im modernen Verständnis von Mann und Frau erkennt, deswegen plädiert er für das Androgyne als Geschlecht der 4PT — ein philosophischer Neuanfang gewagt werden, der vom philosophischen Konzept des Chaos ausgeht. Vor diesem Hintergrund ergibt auch die Fahne der Eurasianistischen Bewegung, welche den goldenen Chaosstern trägt, Sinn. Wenn der russische Autor vom „Sex wie ihn Engel praktizieren" spricht und von der Angelopolis als zukünftiger Staatsform redet, dann tut er dies nicht, um den Leser zu verwirren, sondern praktiziert Politik als philosophische Dichtung im Sinne des Chaos und des dionysischen Logos, wobei er damit in der Tradition

Friedrich Nietzsches und Martin Heideggers steht. Um diesen Aspekt des „Geistes" der 4PT besser begreifen zu können, empfiehlt sich die Lektüre des Buches *Political Platonism: The Philosophy of Politics* (Arktos, 2019). Darin befasst sich Dugin mit dem griechischen Philosophen Platon als König der Philosophie und begreift die gesamte Philosophiegeschichte als eine Abfolge von Kommentaren und Anmerkungen zu Platon. In seiner Studie, die von Heraklit bis Heidegger und über ihn hinaus reicht, erläutert Dugin die traditionalistische, apollinisch-dionysische Philosophie Europas, stellt die Antithese des kybelischen Logos dar und zeigt auf, warum ein anderer Anfang in der Philosophie nicht ohne Kenntnisse des ersten Anfangs und damit der Philosophie Platons möglich sein kann. Wer diesen Zugang als „apolitisch" verurteilt begreift nicht, dass die Philosophie die Mutter der Politik ist, ohne die wir keine stringente politische Theorie für eine Neugeburt Europas formulieren können. Dies beweist auch Dugins Kritik am Great Reset als neuester Ausformung des Globalismus.

Das Große Erwachen gegen den Great Reset

Ein großer Verdienst Dugins besteht schließlich darin, dass er mit seinem Buch *Das Große Erwachen gegen den Great Reset* (Arktos, 2021) ein patriotisches Manifest gegen die transhumanistischen Ambitionen des WEFs um Klaus Schwab vor dem Hintergrund der Coronamaßnahmenpolitik vorgelegt hat, das das Potenzial hat, der weltumspannenden Tyrannei der Transhumanisten eine volksnahe Alternative entgegenzusetzen. In seinem Manifest gegen den Great Reset gelingt es Dugin minutiös, die Machenschaften der Globalisten offenzulegen und auszuführen, warum der Great Reset nichts anderes als die neueste Version der Globalisierung und des Liberalismus 2.0 darstellt. Analog zur *Vierten Politischen Theorie* tritt der russische Philosoph für ein Großes Erwachen der Völker ein, die sich gemeinsam gegen die globalistischen Eliten zur Wehr setzen sollen. Während er Russland zwar als Avantgarde der multipolaren Welt und des Widerstands gegen die Pläne der Globalisten betrachtet, will er keinesfalls den Welthegemon USA ablösen oder etwa China an dessen Stelle installieren. In Bezugnahme auf das alte, populistische Märchen *Der Zauberer von Oz* führt Alexander Dugin aus, dass auch die anti-globalistischen Mächte der Gegenwart sich gegenseitig ergänzen müssen, ähnlich wie Dorothy und ihre Gefährten, da sie alleine nicht dazu in der Lage sind, dem globalistischen Westen die Stirn zu bieten. Zwar haben die Maßnahmen der Globalisten ein bisher noch nicht dagewesenes Maß an Terror gegen die Völker erreicht, jedoch ergebe sich auch aus dieser Krise die Chance, die ins Wanken geratene Herrschaft der Globalisten endgültig zu stürzen. Insofern ist Dugins Werk ein Manifest der Hoffnung, kein defätistisches Machwerk.

Die Vierte Politische Theorie als Schlüssel zum Verständnis der Gegenwart und Grundlage für eine Neugeburt Deutschlands und Europas

Abschließend bleibt festzuhalten, dass die 4PT Alexander Dugins ein Schlüsselwerk zum Verständnis unserer Gegenwart ist. Ihre Existenz alleine ist frei nach dem kontroversen Russen ein Grund, eine Flasche Champagner zu öffnen. Dank Dugins Analyse aller drei Ideologien der Moderne können wir nicht nur die internen Widersprüche des Liberalismus begreifen, sondern auch, warum der Marxismus/Kommunismus und der Faschismus/Nationalsozialismus mit ihrem Widerstand gegen ihn scheiterten, aber auch wieso sie dem Denken der Moderne verhaftet blieben und keinen Ausweg aus ihr darstellten. Die 4PT appelliert an uns, einen neuen Weg zu gehen, der das Volk in den Mittelpunkt stellt und es als absolutes philosophisches Konzept zu begreifen. Gleichzeitig öffnet die 4PT uns die Augen für die in Europa beinahe vergessene Disziplin der Geopolitik und die Notwendigkeit, den Globalismus nicht als ortloses Phänomen zu betrachten, sondern den postmodernen Westen als seinen Motor mit Zentrum in den USA zu begreifen. Dabei stößt sie uns auf die Zivilisation als zukünftigen Akteur einer gerechteren multipolaren Welt, welche die unipolare Tyrannei ablösen wird. Schließlich führt uns als Deutsche und Europäer die 4PT auch die Notwendigkeit vor Augen, uns eingehend mit unseren Wurzeln und unserer Identität zu beschäftigen. Wir müssen wieder beginnen, die Philosophie, die Liebe zur Weisheit zu pflegen, um im Sinne eines anderen Anfangs nach Martin Heidegger einen Weg aus der Sackgasse der Postmoderne zu finden. Dieser Weg zum selbstbestimmten Sein ist zweifellos ein Risiko, ebenso wie die 4PT vor der Gefahr steht, zu einem Simulacrum anstatt der existenziellen Wahrheit zu werden. Doch liegt die einzig entscheidende Frage darin, wer was riskiert. Entweder wir setzen uns selbst aufs Spiel oder jeder andere setzt uns aufs Spiel. Gerade für Europa wird dieser Weg anfangs ungewohnt und riskant sein, doch müssen wir ihn gehen, wenn es eine europäische Zukunft geben soll.

Wien, 29. September 2022

GELEITWORT VON ALAIN SORAL

WARUM WIR ALEXANDER DUGIN LESEN SOLLTEN

Wenn die Begriffe »links« und »rechts« im Westen wie in der übrigen Welt politisch bedeutungslos werden; wenn Liberale und Libertäre sich im Wesentlichen einig sind; wenn die drei großen politischen Theorien des 20. Jahrhunderts—Kapitalismus, Kommunismus und Faschismus—sich als letztlich unfähig zur friedlichen Führung der Völker erwiesen haben; was bleibt noch zu tun?

Alexander Dugin zufolge, von 2010 bis 2014 Professor der Soziologie und Geopolitik an der renommierten Lomonossow-Universität und nach wie vor einer der einflussreichsten Intellektuellen Russlands, bleibt nur eine einzige, radikale Lösung: die Erarbeitung eines neuen Ansatzes, einer Vierten Politischen Theorie.

Diese zu entwerfen, ist das Ziel des vorliegenden Buches.

Die Gedanken dieses genialen Moskauer Intellektuellen, die unsere westlichen ideologischen Spaltungen und medienkonditionierten Reaktionsmuster überwinden, werden einen Überraschungseffekt bei Konformisten nicht verfehlen, denn sie weisen uns die Rückwendung hin zu traditionellen Glaubensformen als den entschlossen zu beschreitenden und erfolgssicheren Weg in die Zukunft. Nach Dugin muss das primäre Angriffsziel der westliche Postmodernismus sein; gegen dieses thalassokratische Imperium müssen wir Krieg führen, diese morbide

Vermischung von »Gesellschaft des Spektakels«[1] und Konsumkultur, und gegen seinen Plan für den Endsieg im Kampf um die Weltherrschaft.

In *Die Vierte Politische Theorie* zeigt uns Dugin, dass eine multipolare, auf authentischen Werten gegründete Welt nur dann geschaffen werden kann, wenn man dem atlantischen Westen und seinen falschen Werten entschlossen den Rücken kehrt.

Und wie ist dies zu erreichen? Nur durch die bedingungslose Bewahrung der geopolitischen Souveränität der Großmächte auf dem eurasischen Kontinent — Russland, China, Iran und Indien —, die die Freiheit aller anderen Völker der Welt gewährleisten.

Man könnte *Die Vierte Politische Theorie*, ein regelrechtes Gefechtshandbuch für den kulturellen Guerillakrieg, als eine Ergänzung zu meinem eigenen *Comprendre l'Empire*[2] betrachten, das Freunde Dugins ins Russische übersetzt haben.

Dugin in Moskau sowie ich (und andere) in Paris sind uns in den wichtigsten theoretischen Punkten einig, obwohl wir uns zum ersten Mal im Januar 2011 getroffen, nie abgesprochen und diese Punkte auch zweifellos anders formuliert haben: das Bedürfnis nach einer Vereinigung der rechten Wertegemeinschaft und der linken Arbeiterbewegung; die dringende Notwendigkeit des Widerstands gegen das Imperium; die Berufung auf Tradition und viele weitere Konzepte.

Dies wiederum zeigt, dass die einzig sinnvolle Internationale die von guten Männern geführte Internationale des Geistes ist!

---

[1] Hier wird auf einen zentralen Begriff des französischen Philosophen Guy Debord (1931–1994) verwiesen, eines Gründers der marxistischen Situationistischen Internationale, dessen Ideen auf der radikalen Rechten wie Linken Einfluss hatten. Das Spektakel, wie er es in seinem Hauptwerk *Die Gesellschaft des Spektakels* schildert, ist eines der Mittel, durch die sich das kapitalistische Herrschaftssystem in der modernen Welt aufrechterhält: indem es alle authentischen menschlichen Erfahrungen auf bildliche Darstellungen in den Massenmedien reduziert und dadurch den Herrschenden die Kontrolle über die individuelle Realitätswahrnehmung ermöglicht. Hrsg.

[2] Alain Soral: *Comprendre l'Empire. Demain la gouvernance globale ou la révolte des Nations*, Paris 2011. Hrsg.

EINLEITUNG

SEIN ODER NICHTSEIN?

In der heutigen Welt scheint Politik der Vergangenheit anzugehören, zumindest wie wir sie gekannt haben. Der Liberalismus hat diejenigen seiner politischen Gegner hartnäckig bekämpft, die alternative Gesellschaftsmodelle anboten — nämlich Konservatismus, Monarchismus, Traditionalismus, Faschismus, Sozialismus und Kommunismus —, und er hatte sie zum Ende des 20. Jahrhunderts letztlich allesamt besiegt. Daher wäre die Annahme logisch gewesen, dass Politik liberal würde, während all seine bedeutungslos gewordenen und an den äußeren Rändern der Weltgesellschaft überdauernden Gegner ihre Strategien überdenken und eine neue, vereinte Front gemäß Alain de Benoists[1] »Peripherie gegen das Zentrum«[2] bilden

---

1 Alain de Benoist (geb. 1943) gründete 1968 das Groupement de recherche et d'études pour la civilisation européenne, die erste und prominenteste Gruppe der später sogenannten »Europäischen Neuen Rechten«, und bleibt ihr bekanntester Vertreter. Hrsg.

2 In einer am 12. Mai 1993 in Frankreich gehaltenen Rede rief Benoist zur Zurückweisung der herkömmlichen Links-Rechts-Dichotomie zugunsten der Begriffe »Zentrum« und »Peripherie« auf. Als Zentrum definierte er die verschiedenen Interessengruppen auf beiden Seiten des politischen Spektrums, die die vorherrschende Ideologie eines Landes vertreten, und als Peripherie alle Kräfte, die diese Ideologie ablehnen. Demnach sollten sich — ihm zufolge — Rechts- und Linksradikale naturgemäß verbünden, anstatt sich irgendwelchen Gruppen (wie Mainstream-Konservativen oder -Liberalen)

würden. Stattdessen nahm es zu Beginn des 21. Jahrhunderts einen anderen Verlauf.

Der Liberalismus, der immer darauf bestanden hatte, die Bedeutung der Politik herunterzuspielen, entschloss sich nach seinem Triumph zu ihrer totalen Abschaffung; möglicherweise, um den Aufstieg politischer Alternativen zu verhindern und seine ewige Herrschaft zu sichern, oder weil seine politische Agenda mangels ideologischer Konkurrenten, deren Vorhandensein Carl Schmitt[3] für unentbehrlich zur ordentlichen Entwicklung eines politischen Standpunkts hielt,[4] schlicht ungültig geworden war. Ungeachtet der Begründung hat der Liberalismus sein Möglichstes getan, um den Zusammenbruch der Politik sicherzustellen. Gleichzeitig hat der Liberalismus selbst einen Wandel vollzogen: Er ist von der Ebene der Gedanken, politischen Programme und Deklarationen auf die der Realität getreten, ist in das Fleisch des sozialen Gefüges eingedrungen, das von Liberalismus durchflutet wurde, und begann im Gegenzug, wie die natürliche Ordnung der Dinge zu erscheinen. Dies wurde nicht als politischer Prozess, sondern als ein naturgemäßer und organischer dargestellt. Als Folge einer solchen historischen

---

anzuschließen, die die geltende Ordnung akzeptieren, und sich dadurch kompromittieren. Hrsg.

3 Carl Schmitt (1888–1985) war ein bedeutender deutscher Jurist, der sich mit Politikwissenschaft, Geopolitik und Verfassungsrecht beschäftigte. Er war Teil der Konservativen Revolution der Weimarer Republik und unterstützte zu Beginn ihrer Herrschaft kurzzeitig die Nationalsozialisten, gleichwohl diese sich später gegen ihn wandten. Er ist in den Bereichen Recht und Philosophie nach wie vor höchst einflussreich. Hrsg.

4 Schmitt schrieb in der *Theorie des Partisanen* (Berlin 1963): »Der Feind ist unsere eigene Frage als Gestalt.« Bereits in seinen Nachkriegsaufzeichnungen hatte er diesen Begriff folgendermaßen definiert: »Historia in nuce. Freund und Feind. Der Freund ist, wer mich bejaht und bestätigt. Feind ist, wer mich in Frage stellt (Nürnberg 1947). Wer kann mich denn in Frage stellen? Im Grunde doch nur ich mich selbst. Der Feind ist unsere eigene Frage als Gestalt. Das bedeutet in concreto: Nur mein Bruder kann mich in Frage stellen; nur mein Bruder kann mein Feind sein.« Carl Schmitt: *Glossarium. Aufzeichnungen aus den Jahren 1947 bis 1958*, erw., ber. u. komm. Neuausg., Berlin 2015, S. 164.

Transformation haben alle anderen politischen Ideologien, die sich das letzte Jahrhundert hindurch leidenschaftlich befehdeten, ihre Geltung verloren. Konservatismus, Faschismus und Kommunismus haben zusammen mit ihren vielen Abwandlungen den Kampf verloren, und der siegreiche Liberalismus ist zum Lifestyle mutiert: Konsumismus, Individualismus und ein postmodernes Symptom des bruchstückhaften, sub-politischen Wesens. Die Politik wurde biopolitisch[5] und wechselte auf die individuelle und subindividuelle Ebene. Es zeigt sich, dass nicht nur die besiegten politischen Ideologien abgetreten sind, sondern die Politik selbst, und dass sogar der Liberalismus — in seinen ideologischen Erscheinungsformen — verschwunden ist. Deshalb ist es fast unmöglich geworden, sich eine alternative Form von Politik vorzustellen. Diejenigen, die dem Liberalismus widersprechen, finden sich in einer schwierigen Lage wieder — der siegreiche Feind hat sich aufgelöst und ist verschwunden; sie können nur noch gegen Luft ankämpfen. Wie kann man Politik betreiben, wenn es keine Politik gibt?

Es gibt nur einen Ausweg: die klassischen politischen Theorien zurückzuweisen, seien sie Gewinner oder Verlierer; unsere Vorstellungskraft anzustrengen, die Realität einer neuen Welt zu erfassen; die Herausforderungen der Postmoderne korrekt zu entschlüsseln und etwas Neues zu schaffen — etwas jenseits der politischen Auseinandersetzungen des 19. und 20. Jahrhunderts. Eine solche Herangehensweise lädt zur Entwicklung der Vierten Politischen Theorie ein — jenseits von Kommunismus, Faschismus und Liberalismus.

Um mit der Entfaltung einer Vierten Politischen Theorie voranzukommen, ist folgendes notwendig:

---

5   Biopolitik, wie sie Michel Foucault in seinem Werk *Sexualität und Wahrheit* (dt. Frankfurt/Main 1983–1986) sowie in seinen Vorlesungen definierte, ist das Mittel, mit dem ein politisches System die eigentlichen physischen, biologischen Leben der Beherrschten regelt, etwa in den Bereichen Gesundheit, Medizin, Sexualität, Fortpflanzung und Familienleben.

- die politische Geschichte der letzten Jahrhunderte aus neuen Blickwinkeln, jenseits der Bezugsrahmen und Klischees der alten Ideologien, neu zu bedenken;
- die Tiefenstruktur der vor unseren Augen entstehenden Weltgesellschaft zu erkennen;
- das Paradigma der Postmoderne richtig zu entschlüsseln;
- zu lernen, sich nicht politischen Ideen, Programmen oder Strategien entgegenzustellen, sondern dem objektiven Zustand der Dinge, dem sozialsten Aspekt der apolitischen, zersplitterten (Post-)Gesellschaft;
- und letztlich ein eigenständiges politisches Modell auszugestalten, das in einer Welt von Sackgassen und der ewigen Wiederkehr des Gleichen (nach Baudrillard: dem *Posthistoire*[6]) Ausweg und Ausblick bietet.

Dieses Buch dient exakt solchen Zwecken: als ein Einstieg in die Entwicklung einer Vierten Politischen Theorie anhand der Beispiele der ersten drei politischen Theorien sowie der nahe verwandten Theorien des Nationalbolschewismus und des Eurasianismus. Diese ist weder ein Dogma noch ein fertiges System oder ein abgeschlossenes Projekt. Sie ist eine Einladung zu politischer Kreativität, zum Ausdruck von Eingebungen und Ahnungen; eine Analyse neuer Bedingungen und ein Versuch, die Vergangenheit neu zu denken.

Wir sehen die Vierte Politische Theorie nicht als Einzelwerk oder das eines Autorenkreises, sondern als Tendenz eines breiten

---

6 Jean Baudrillard (1929–2007) war ein französischer Philosoph und Kulturtheoretiker und gilt als Vordenker der Postmoderne. In einigen seiner Werke, etwa *Die Illusion des Endes oder der Streik der Ereignisse* (dt. Berlin 1994), postulierte er, dass ein neues Zeitalter der Zivilisation beginne, in dem die Begriffe des marxistischen geschichtlichen Fortschritts und der Geschichte selbst keine Geltung mehr fänden. Demzufolge endet die Geschichte nicht, weil irgendein Ziel erreicht worden sind, sondern weil die Geschichte insgesamt irrelevant geworden ist. Hrsg.

Spektrums an Ideen, Forschungsarbeiten, Analysen, Prognosen und Projekten. Jeder, der in diese Richtung denkt, kann etwas Eigenes einbringen. Auf die eine oder andere Weise antworten mehr und mehr Intellektuelle, Philosophen, Historiker, Gelehrte und Denker auf diesen Appell.

Es ist bedeutungsvoll, dass das Buch *Gegen den Liberalismus*[7] des erfolgreichen französischen Intellektuellen Alain de Benoist, das von Amfora auf Russisch veröffentlicht wurde, den Untertitel *Zur Vierten Politischen Theorie* trägt. Gewiss gibt es viel über dieses Thema zu sagen, für Vertreter der alten Rechten wie auch der alten Linken — ja, wahrscheinlich selbst für Liberale, die den qualitativen Wandel ihrer eigenen politischen Basis planen, aus der die Politik verschwindet.

Für meine Heimat, Russland, hat die Vierte Politische Theorie zusätzlich eine immense praktische Bedeutung. Die Mehrheit der Russen leidet schwer an der Integration in die Weltgesellschaft. Sie empfindet sie als einen Raub ihrer Identität. Die liberale Ideologie wurde in den 1990er Jahren von der Bevölkerung fast einhellig abgelehnt. Gleichzeitig ist es aber leicht verständlich, dass der Rekurs auf die illiberalen politischen Ideologien des 20. Jahrhunderts — Kommunismus und Faschismus — in unserer Gesellschaft unwahrscheinlich ist, da sich ebendiese Ideologien historisch bereits als fehlgeschlagene Gegenbewegungen zum Liberalismus erwiesen haben — vom moralischen Preis des Totalitarismus ganz zu schweigen.

Um diese Leere zu füllen, bedarf Russland einer neuen politischen Idee. Liberalismus ist unpassend, aber Kommunismus und Faschismus sind inakzeptabel. Folglich benötigen wir eine Vierte Politische Theorie. Und wenn derlei für manchen eine Frage der freien Entscheidung sein mag, die Umsetzung politischen Willens, der stets sowohl einer These als auch ihrer Verneinung zugeleitet werden kann,

---

[7] Die Aufsatzsammlung *Protiv liberalisma: K tschetwertoi polititscheskoi teorii* wurde von Dugin in Zusammenarbeit mit Alain de Benoist für die russische Leserschaft zusammengestellt. Hrsg.

so ist es für Russland eine Frage von Leben und Tod, von »Sein oder Nichtsein« wie bei Hamlet.

Wenn Russland das Sein wählt, dann kennzeichnet dies zwangsläufig die Schöpfung einer Vierten Politischen Theorie. Andernfalls bleiben das Nichtsein und der stille Abgang von der geschichtlichen Bühne, um uns in einer globalisierten Welt aufzulösen, die wir weder geschaffen haben noch steuern.

1. DIE GEBURT DES KONZEPTS

Ende des 20. Jahrhunderts — Das Ende der Moderne

DAS 20. JAHRHUNDERT ist vorbei, aber wir beginnen erst jetzt, dies zu realisieren. Das 20. Jahrhundert war das Jahrhundert der Ideologie. Während in den vorangegangenen Jahrhunderten Religionen, Dynastien, Aristokratien und Nationalstaaten eine große Rolle im Leben von Völkern und Gesellschaften spielten, verlagerte sich die Politik im 20. Jahrhundert in ein rein ideologisches Gebiet und formte Weltkarte, Volksgruppen und Zivilisationen in einer neuen Gussform um. Teils verkörperten die politischen Ideologien überkommene, tiefere zivilisatorische Tendenzen; teils waren sie vollkommen neuartig.

Sämtliche politischen Ideologien, die im 20. Jahrhundert den Höhepunkt ihrer Verbreitung und ihres Einflusses erreichten, waren Produkte der »neuen Zeit«, also der Moderne, und enthielten — wenn auch auf unterschiedliche Weise und unter verschiedenen Zeichen — ihren Geist. Heute befreien wir uns rasant von dieser Epoche. Deshalb wird immer mehr von einer »Krise der Ideologie« und sogar vom »Ende der Ideologie« gesprochen.[1] (Deshalb wird in der Verfassung der Russischen Föderation die Existenz einer Staatsideologie ausdrücklich verneint.) Es ist höchste Zeit, sich näher mit dieser Frage zu beschäftigen.

---

1 Daniel Bell: *The End of Ideology. On the Exhaustion of Political Ideas in the Fifties*, Cambridge 1960.

Die drei großen politischen Theorien und ihr Schicksal im 20. Jahrhundert

Die drei grundlegenden Ideologien des 20. Jahrhunderts waren:

1. *Liberalismus* (links und rechts)
2. *Kommunismus* (neben dem Marxismus auch Sozialismus und Sozialdemokratie)
3. *Faschismus* (einschließlich Nationalsozialismus und anderer Varianten des »Dritten Wegs«[2] — Francos Nationalsyndikalismus, Peróns »Justicialismo«, Salazars Regime u.s.w.)

Sie kämpften untereinander bis zum Tod und prägten damit die ganze dramatische, blutige politische Geschichte des 20. Jahrhunderts. Es ist logisch, diese Ideologien (oder politischen Theorien) gemäß ihrer Bedeutung und der Reihenfolge ihres Auftretens (wie oben gezeigt) zu numerieren.

Die Erste Politische Theorie ist der *Liberalismus*. Er erschien zuerst (bereits im 18. Jahrhundert) und stellte sich als die stabilste und erfolgreichste Ideologie heraus, die den historischen Kampf gegen ihre Konkurrenten letztlich gewann. Durch diesen Sieg machte sie nebenbei ihren Anspruch auf das gesamte Erbe der Aufklärung geltend. Heute ist klar: Liberalismus passt besser als jede andere politische Theorie zum Zeitalter der Moderne. Gleichwohl wurde dieses Verhältnis (dramatisch, aktiv und manchmal überzeugend) angefochten — durch den Kommunismus.

Man kann den *Kommunismus* (zusammen mit dem Sozialismus in allen seinen Spielarten) mit gutem Grund als die Zweite Politische Theorie bezeichnen. Er trat nach dem Liberalismus auf, als kritische Reaktion auf die Etablierung des bourgeois-kapitalistischen Systems, dessen ideologischer Ausdruck der Liberalismus war.

---

2 »Dritter Weg« ist der Sammelbegriff für ein breites Spektrum an politischen und wirtschaftlichen Ideen, die die Dichotomie von liberaler Demokratie und Sozialismus aufzubrechen versuchen. Hrsg.

Der *Faschismus* schließlich ist die Dritte Politische Theorie. Der Faschismus verfocht seine eigene Auslegung des Wesens der Moderne (viele Forscher, insbesondere Hannah Arendt,[3] betrachten den Totalitarismus mit Recht als eine der politischen Formen der Moderne), mobilisierte aber auch die Ideen und Symbole der traditionellen Gesellschaft. In einigen Fällen führte das zu Eklektizismus; in anderen zu einem Streben der Konservativen, eine Revolution anzuführen, anstatt ihr zu widerstehen, und die Gesellschaft andersherum auszurichten (Arthur Moeller van den Bruck,[4] Dmitri Mereschkowski[5] und andere).

Der Faschismus ist später als die anderen großen politischen Theorien aufgetreten und vor ihnen wieder verschwunden. Die Allianz zwischen Erster und Zweiter Politischer Theorie hat ebenso wie die selbstmörderischen geopolitischen Trugschlüsse Hitlers sein vorzeitiges Ende herbeigeführt. Die Dritte Politische Theorie war

---

[3] Hannah Arendt (1906-1975) war eine deutsch-jüdische Politiktheoretikerin, die bei Martin Heidegger studiert hatte. Sie floh vor den Nationalsozialisten und lebte nahezu für den Rest ihres Lebens in den Vereinigten Staaten, wo sie zu einer der bedeutendsten Philosophinnen des 20. Jahrhunderts wurde. Dugin bezieht sich hier auf ihr Buch *Elemente und Ursprünge totaler Herrschaft* (dt. Frankfurt/Main 1955). Hrsg.

[4] Arthur Moeller van den Bruck (1876-1925) war einer der zentralen Autoren der Konservativen Revolution. Er ist vor allem für sein Buch *Das dritte Reich* (Berlin 1923) bekannt. Als Anhänger Nietzsches verfocht Moeller die Idee eines dritten deutschen Reichs, das die Weimarer Republik ablösen und eine Synthese aus Sozialismus und Nationalismus darstellen sollte, die die Bedürfnisse aller Bürger befriedigen, aber in einen hierarchischen, auf traditionellen Werten gründenden Rahmen eingebettet sein würde. Trotz Hitlers Vereinnahmung des Titels seines Buchs lehnte Moeller den Nationalsozialismus in einer vor seinem Selbstmord verfassten Notiz aufgrund dessen antiintellektuellen Wesens ab. Hrsg.

[5] Dmitri Mereschkowski (1865-1941) war ein russischer Romanschriftsteller mit stark mystischem Einschlag, der dem Symbolismus und dem »Silbernen Zeitalter« der russischen Literatur zugeordnet wird. Viele seiner Romane sind im Deutschen erschienen, u.a. *Der Tod der Götter*, *Auferstehung der Götter*, und *Leonardo da Vinci*. Er floh nach der Oktoberrevolution aus Russland und wurde zu einem glühenden Antikommunisten, der Mussolini und Hitler unterstützte. Hrsg.

das Opfer eines »Mordes«, oder vielleicht eines »Selbstmordes«, und hat im Gegensatz zur Ideologie der Sowjetunion nicht lange genug existiert, um Alter und natürlichen Verfall zu erleben. Daher wirkt dieses blutige, vampirische Gespenst, umgeben mit einer Aura des »absoluten Bösen«, anziehend auf den entarteten Geschmack der Postmoderne und wird noch immer als »Schwarzer Mann« gebraucht, um der Menschheit Angst einzujagen.

Mit seinem Verschwinden räumte der Faschismus das Feld für den Kampf zwischen der Ersten und Zweiten politischen Theorie. Diese Schlacht nahm die Gestalt des Kalten Kriegs an und schuf die strategische Geometrie einer bipolaren Welt, die beinahe ein halbes Jahrhundert Bestand hatte. Um 1991 hatte der Liberalismus den Sozialismus besiegt. Dies markierte den weltweiten Niedergang des Kommunismus.

In der Folge war am Ausgang des 20. Jahrhunderts die liberale Theorie als einzige politische Theorie der Moderne übriggeblieben, die überall auf der Welt breite Massen zu mobilisieren vermochte. Nun aber, da der Liberalismus alleine dasteht, reden alle einmütig vom »Ende der Ideologie«. Warum?

Das Ende des Liberalismus und der Anbruch des Postliberalismus

Es zeigt sich, dass der Triumph des Liberalismus, der Ersten Politischen Theorie, mit seinem Ende zusammenfiel. Das ist nur scheinbar ein Paradoxon.

Der Liberalismus war von Anfang an eine Ideologie. Er war nicht so dogmatisch wie der Marxismus, aber nicht weniger philosophisch, ansprechend und kultiviert. Er stand ideologisch gegen Marxismus und Faschismus und führte nicht nur einen technologischen Überlebenskampf, sondern erstritt sich darüber hinaus das Recht, seine eigene Zukunftsvision zu monopolisieren. Während die anderen, konkurrierenden Ideologien noch existierten, fuhr der Liberalismus fort, als Ideologie stärker zu werden, also als Zusammenstellung von Ideen, Standpunkten und Projekten, die für ein historisches Subjekt typisch sind. Jede der drei politischen Theorien hatte ihr eigenes Subjekt.

Das Subjekt des Kommunismus war die Klasse. Das Subjekt des Faschismus war im italienischen Faschismus unter Mussolini der Staat, im Nationalsozialismus Hitlers die Rasse. Im Liberalismus stellte das *Individuum*, befreit von allen Formen *kollektiver Identität* und ohne jede »Zugehörigkeit« (*l'appartenance*), das Subjekt dar.

Während es im ideologischen Kampf formale Gegner gab, konnten — zumindest theoretisch — ganze Nationen und Gesellschaften ihr bevorzugtes Subjekt auswählen — Klasse, Rasse, Staat oder Individuum. Der Sieg des Liberalismus hat diese Fragestellung beseitigt: das Individuum wurde zum maßgebenden Subjekt im Rahmen der gesamten Menschheit.

An diesem Punkt trat das Phänomen der Globalisierung auf den Plan; das Modell einer postindustriellen Gesellschaft verbreitet sich und die Postmoderne beginnt. Fortan ist das Subjekt Individuum nicht länger frei gewählt, sondern quasi verpflichtend. Der Mensch wird von seiner »Zugehörigkeit« zu einer Gemeinschaft und jeglicher kollektiven Identität entbunden; die Ideologie der »Menschenrechte« findet zumindest theoretisch weiten Anklang und wird praktisch zum Zwang.[6]

Unter dem Liberalismus wird die Menschheit, vollständig aus Individuen bestehend, naturgemäß zur Allgemeingültigkeit hingezogen und strebt danach, global und einheitlich zu werden. So entstehen die Vorhaben einer »Weltregierung« und des Globalismus.

Ein neues Stadium der technologischen Entwicklung ermöglicht die Unabhängigkeit von den Klassenstrukturen industrieller Gesellschaften, mit anderen Worten: den Postindustrialismus.

Die Werte des Rationalismus, Szientismus und Positivismus werden als »verschleierte Formen repressiver, totalitärer Politik« oder »große Legitimationserzählung« wahrgenommen und kritisiert.

---

6 Vgl. Alain de Benoist: *Kritik der Menschenrechte. Warum Universalismus und Globalisierung die Freiheit bedrohen*, Berlin 2004. Hrsg.

Gleichzeitig wird dies von der Verherrlichung totaler Freiheit und der Unabhängigkeit des Individuums von jeglicher Art von Grenze — einschließlich Vernunft, Moral, (sozialer, ethnischer, geschlechtlicher...) Identität, Disziplin und so weiter — begleitet. Das ist der Zustand der Postmoderne.

In diesem Stadium hört der Liberalismus auf, die Erste Politische Theorie zu sein, und wird zur einzigen postpolitischen Praxis. Fukuyamas »Ende der Geschichte«[7] tritt ein, die Wirtschaft in Form des globalen Kapitalmarktes ersetzt die Politik, und Staaten wie Nationen werden im Schmelztiegel der Globalisierung aufgelöst.

Nach seinem Sieg verschwindet der Liberalismus und verwandelt sich in eine andere Wesenheit — den Postliberalismus. Er hat nicht länger politische Dimensionen und steht auch nicht mehr für die freie Wahl, sondern wird stattdessen zu einer Art geschichtlich plangesteuertem »Schicksal«. Dies ist die Quelle der These der postindustriellen Gesellschaft: »Ökonomie als Schicksal«.

Daher fällt die Jahrtausendwende mit dem Ende der Ideologie zusammen — das heißt, aller drei Ideologien. Jede fand ein anderes Ende: die dritte wurde in ihrer »Jugend« ausgelöscht, die zweite starb an Altersschwäche, und die erste wurde als etwas anderes wiedergeboren — als Postliberalismus und »globale Marktgesellschaft«. Jedenfalls ist die Form, die alle drei politischen Theorien im 20. Jahrhundert angenommen hatten, nicht länger nützlich, wirksam oder bedeutsam. Sie können uns nicht die heutige Realität erklären oder aktuelle Ereignisse verstehen helfen; ebenso sind sie unfähig, auf die neuen globalen Herausforderungen zu reagieren.

---

7 Francis Fukuyama (geb. 1952) ist ein amerikanischer politischer Philosoph, der durch sein Buch *Das Ende der Geschichte. Wo stehen wir?* (dt. München 1992) bekannt wurde. Darin behauptete er, dass die Menschheit mit dem Triumph der liberalen Demokratie am Ende des Kalten Kriegs die perfekte Form der Herrschaft erreicht habe und die Überreste anderer Ideologien bald eingehen würden. Das Buch wurde von vielen als das Credo der politischen und wirtschaftlichen US-Weltherrschaft in den 1990er Jahren angesehen. Obwohl Fukuyama seinerzeit dem amerikanischen Neokonservatismus eng verbunden war, hat er sich in den letzten Jahren von dieser Bewegung distanziert. Hrsg.

Aus dieser Feststellung leitet sich das Bedürfnis nach der Vierten Politischen Theorie her.

Die Vierte Politische Theorie als Widerstand gegen den Status quo

Die Vierte Politische Theorie wird uns nicht einfach mühelos übergeben werden. Sie könnte entstehen oder nicht entstehen. Die Voraussetzung für ihr Erscheinen ist der Widerspruch. Gemeint ist der Widerspruch gegen den Postliberalismus als universale Praxis, gegen die Globalisierung, gegen die Postmoderne, gegen das »Ende der Geschichte«, gegen den Status quo und gegen die Trägheit des Zivilisationsprozesses am Beginn des 21. Jahrhunderts.

Der Status quo und die Trägheit setzen keinerlei wie auch immer geartete politische Theorie voraus. Eine globalisierte Welt kann nur durch die Marktgesetze und die universelle Moral der »Menschenrechte« beherrscht werden. Sämtliche politischen Entscheidungen werden durch technische ersetzt. Technik und Technologie ersetzen alles andere; Alain de Benoist nennt dies *la gouvernance*, »Steuerung«. An die Stelle von Politikern, die historische Entscheidungen treffen, treten Manager und Techniker, um die Logistik der Verwaltungsherrschaft zu optimieren. Massen von Menschen werden mit Massen identischer Objekte verglichen. Deshalb führt die postliberale Realität (genauer: Virtualität, die die Realität mehr und mehr ersetzt) direkt zur Beseitigung der Politik.

Man könnte einwenden, die Liberalen würden »lügen«, wenn sie vom »Ende der Ideologie« reden (siehe meine Debatte mit dem Philosophen Alexander Sinowjew),[8] dass sie »in Wirklichkeit«

---

8 Alexander Sinowjew, 1922–2006, war ein russischer Schriftsteller und Philosoph, der während des Zweiten. Weltkriegs in der Roten Armee mit Auszeichnung diente. Während der Breschnew-Ära wurde er zu einem der bekanntesten Logiker der Sowjetunion, aber auch bekannt für seine eher zurückhaltende Dissidenz gegenüber der Sowjetregierung. Nachdem er in den 1970ern einiges an regimekritischer Belletristik verfasst hatte, wurden ihm seine Ehrentitel entzogen und 1978 eine Ausreisegenehmigung nach Westdeutschland erteilt, wo er bis Mitte der 1980er weiter regimekritisch

Gläubige ihrer Ideologie bleiben und allen anderen Ideologien schlicht das Existenzrecht absprechen. Das stimmt so nicht ganz. Wenn der Liberalismus die Wandlung von ideologischer Neigung zum einzigen Inhalt der erlebbaren sozialen und technologischen Realität vollzogen hat, ist er nicht länger eine »Ideologie«; er ist eine existentielle Tatsache, eine »objektive« Seinsordnung, die in Frage zu stellen schwierig, ja absurd ist. Im Zeitalter der Postmoderne wird der Liberalismus aus der Sphäre des Subjekts in die des Objekts transponiert. Das wird, perspektivisch betrachtet, zur vollständigen Ersetzung der Realität durch die Virtualität führen.

Die Vierte Politische Theorie ist als eine Alternative zum Postliberalismus gedacht; nicht wie eine ideologische Ausrichtung im Verhältnis zu einer anderen, sondern wie eine gegen die Materie gerichtete Idee, wie das Mögliche, das gegen das Wirkliche ankämpft, wie ein bevorstehender oder gerade begonnener Angriff auf das bereits Bestehende.

Gleichzeitig kann die Vierte Politische Theorie keine Fortführung der Zweiten oder Dritten sein. Das Ende des Faschismus war ebenso wie das des Kommunismus kein zufälliges Missverständnis, sondern Ausdruck klarer geschichtlicher Logik. Beide haben den Geist der Moderne herausgefordert (der Faschismus fast offen, der Kommunismus in verschleierter Form[9]) und verloren.

Das bedeutet, dass die Auseinandersetzung mit der postmodernen Verwandlung des Liberalismus in die Form der Globalisierung qualitativ anders sein sollte; sie muss auf neuen Prinzipien beruhen und neue Strategien vorschlagen.

---

publizierte. Mit dem Aufstieg Gorbatschows und der Perestroika begann Sinowjew, den Kommunismus zu verteidigen, und betrachtete die postsowjetische Regierung Boris Jelzins als Teil einer auf die Zersetzung Russlands zielenden westlichen Verschwörung. 1999 kehrte er nach Russland zurück und wurde zum entschiedenen Globalisierungskritiker. Hrsg.

9 Vgl. hierzu die Behandlung der Sowjetzeit als eschatologische Sonderform der traditionellen Gesellschaft durch Michail S. Agurski oder Sergej Kara-Murza.

Nichtsdestoweniger ist der Ausgangspunkt dieser Ideologie eben die Ablehnung des Wesenskerns der Postmoderne. Dieser Ausgangspunkt ist möglich — aber weder garantiert noch schicksalhaft —, weil er dem menschlichen freien Willen und der menschlichen Seele entspringt, nicht einem gesichtslosen geschichtlichen Prozess.

Dieser Wesenskern jedoch ist (wie das Grundprinzip hinter der Moderne selbst: zuerst kaum wahrnehmbar, später aber mit einem so vollständig entfalteten Wesen, dass sie ihre internen Ressourcen ausschöpfte und sich der ironischen Wiederverwertung ihrer vorangegangenen Phasen zuwandte) etwas ganz Neues, zuvor unbekannt, das während früherer Stadien der Ideengeschichte und ideologischer Auseinandersetzungen nur gefühlsmäßig und bruchstückhaft zu erahnen war.

Die Vierte Politische Theorie ist ein »Kreuzzug« gegen

- die Postmoderne,
- die postindustrielle Gesellschaft,
- das liberale Gedankengut in der Praxis
- und die Globalisierung sowie ihre logistischen und technischen Grundlagen.

Wenn die Dritte Politische Theorie den Kapitalismus von rechts und die Zweite ihn von links kritisiert hat, so wird das neue Stadium nicht länger diese politische Topographie aufweisen: Es ist unmöglich, in bezug auf den Postliberalismus noch von links und rechts zu sprechen. Es gibt nur zwei Haltungen: Konformität (das Zentrum) und Dissens (die Peripherie). Beide Positionen sind global.

Die Vierte Politische Theorie ist die Verbindung zu einem gemeinsamen Projekt und entsteht aus einem gemeinsamen Antrieb hin zu allem, was während der Errichtung der »Gesellschaft des Spektakels«, der Konstruktion der Postmoderne, verworfen, umgestürzt und erniedrigt wurde. »Der Stein, den die Bauleute verworfen haben, der ist zum Eckstein geworden.«[10] Der Philosoph Alexander Sekatski wies mit Recht auf die Bedeutung der »Randnotizen« bei der Bildung einer neuen philosophischen Epoche hin und schlug den Begriff »Trümmermetaphysik« als Metapher hierfür vor.

Der Kampf um die Postmoderne

Die Vierte Politische Theorie hat es mit der Reinkarnation eines alten Feindes zu tun. Sie ficht den Liberalismus an, ähnlich wie die Zweite und die Dritte Politische Theorie der Vergangenheit, aber unter neuen Rahmenbedingungen. Die wesentliche Neuartigkeit dieser Rahmenbedingungen liegt in der Tatsache, dass der Liberalismus als einzige der drei großen politischen Ideologien Anspruch auf das Erbe des Geistes der Moderne erheben kann und damit auch das Recht erlangte, das »Ende der Geschichte« nach seinen eigenen Prämissen zu gestalten.

Theoretisch hätte das Ende der Geschichte auch anders aussehen können: ein »planetarisches Reich«, wenn die Nazis gesiegt, oder »Weltkommunismus«, wenn die Kommunisten recht behalten hätten. Das »Ende der Geschichte« hat sich jedoch eben als liberal erwiesen. Der Philosoph Alexandre Kojève[11] hat dies als einer der ersten vorhergesagt; seine Gedanken wurden von Francis Fukuyama später umformuliert.[12] Da dies der Fall ist, verlieren alle Einsprüche gegen die Moderne und ihre Thesen, gegen die sich die Vertreter der Dritten und in größerem Umfang der Zweiten Politischen Theorie wandten, an Bedeutung. Sie verloren den Kampf um die Moderne, während die Liberalen triumphierten. Aufgrunddessen kann die Streitfrage der Moderne — und übrigens auch der Modernisierung — von der Tagesordnung gestrichen werden. Nun beginnt der Kampf um die Postmoderne.

---

10 Mk 12, 10.

11 Alexandre Kojève: *Hegel. Eine Vergegenwärtigung seines Denkens. Kommentar zur »Phänomenologie des Geistes«*, hrsg. v. Iring Fetscher, Stuttgart 1958.

12 Francis Fukuyama: *Das Ende der Geschichte*, München 1992.

An dieser Stelle eröffnen sich neue Perspektiven für die Vierte Politische Theorie. Die derzeit verwirklichte Art der Postmoderne, also die postliberale Postmoderne, macht die strenge Logik der Moderne selbst zunichte — nach Erreichen des Ziels verlieren die dazu notwendig gewesenen Schritte ihre Bedeutung. Der Druck des ideologischen Gehäuses wird weniger unnachgiebig. Die Diktatur der Ideen wird durch die der Dinge, Kennwörter und Barcodes ersetzt. Im Gewebe der postmodernen Realität entstehen neue Löcher.

Wie die Dritte und die Zweite politische Theorie, gedacht als eschatologische Varianten des Traditionalismus, einst versuchten, in ihrem Kampf gegen den Liberalismus — die Erste Politische Theorie — die Moderne zu »reiten«, besteht heute eine Chance, mit der Postmoderne etwas ähnliches zu vollbringen, besonders unter Ausnutzung dieser »neuen Löcher«.

Der Liberalismus hat tadellose Waffen zur Niederhaltung seiner direkten Alternativen entwickelt, was der Grund seines Sieges war. Aber genau dieser Sieg birgt das größte Risiko für den Liberalismus. Wir brauchen nur die neuen Schwachstellen im globalen System zu orten und seine Kennwörter zu entschlüsseln, um uns in sein System einhacken zu können. Wir müssen es zumindest versuchen. Die Ereignisse des 11. September 2001 haben die technologische Machbarkeit aufgezeigt. Die Internetgesellschaft kann auch ihren unerbittlichsten Gegnern von Nutzen sein. In jedem Fall müssen wir zuallererst die Postmoderne und unsere neue Situation nicht weniger tiefgehend begreifen, als Marx die Struktur des Industriekapitalismus verstanden hat.

Die Vierte Politische Theorie muss ihre »finstere Beseeltheit« aus der Postmoderne ziehen — der Auflösung des Programms der Aufklärung und der Heraufkunft der Gesellschaft der Simulakren —, indem sie dies alles nicht als Schicksal, sondern als Ansporn zum Kampf auffasst.

Die Vergangenheit und die Verlierer überdenken

Die Zweite und die Dritte politische Theorie sind als Ausgangspunkte für den Widerstand gegen den Liberalismus unannehmbar, besonders aufgrund ihrer eigentümlichen Selbstverständnisse, ihrer Bezugspunkte und Vorgehensweisen. Beide positionierten sich als Anwärter auf die essentielle Verkörperung der Moderne und sind an diesem Unterfangen gescheitert. Es hält uns aber nichts davon ab, die Tatsache ihres Scheiterns positiv umzudeuten und ihre Sünden in Tugenden zu verkehren. Da die geschichtliche Logik der Neuzeit uns die Postmoderne gebracht hat, enthielt sie auch die geheime Essenz der Neuzeit, die uns erst am Ende offenbart wurde.

Die Zweite und die Dritte Politische Theorie verstanden sich selbst als Kandidaten für den Ausdruck des modernen Zeitgeists. Diese Ansprüche stürzten in sich zusammen. Alles, was mit den unerfüllten Vorhaben der vergangenen Ideologien zusammenhängt, ist für die Schöpfer der Vierten Politischen Theorie nicht von Interesse. Ihre Niederlagen jedoch sollten wir nicht zu ihren Nachteilen zählen, sondern vielmehr als einen Vorteil betrachten: Durch ihren Untergang haben sie bewiesen, dass sie nicht dem Geist der Moderne angehörten, der seinerseits zur postliberalen Matrix geführt hat. Hierin liegen ihre Vorteile. Dies bedeutet zudem, dass die Vertreter der Zweiten und der Dritten Politischen Theorie bewusst oder unbewusst auf Seiten der Tradition standen, auch wenn sie die die notwendigen Schlussfolgerungen nicht gezogen oder diesen Umstand nicht einmal bemerkt haben.

Wir müssen die Zweite und die Dritte Politische Theorie neu prüfen und auswählen, was an ihnen verworfen werden muss und was einen Eigenwert hat. Als vollständige Ideologien, die sich wortwörtlich beweisen wollen, sind sie theoretisch wie praktisch vollständig nutzlos. Gleichwohl könnten sich gewisse randständige Elemente, die im allgemeinen nicht zur Anwendung gekommene Ideen vertraten und die peripher oder im Schatten geblieben sind (man erinnere sich an die »Trümmermetaphysik«!), unerwartet als ausgesprochen wertvoll und durchtränkt von Bedeutung und intuitiver Einsicht erweisen.

Allerdings müssen wir die Zweite und die Dritte Politische Theorie in jedem Fall auf neue Art überdenken und zuvor unser Vertrauen auf die ideologischen Strukturen, die ihre »Orthodoxie« ausmachten, ablegen. Die Orthodoxie ist ihr uninteressantester und wertlosester Aspekt. Es wäre weitaus ertragreicher, sie querzulesen: »Marx positiv von rechts gesehen«, oder »Evola positiv von links gesehen«.[13] Ein solch faszinierendes »nationalbolschewistisches«[14] Unterfangen im

---

13 Julius Evola (1898–1974) war der wichtigste italienische Vertreter des Traditionalismus, also ein Gegner der Moderne zugunsten einer Lebensweise im Einklang mit den Lehren der überlieferten heiligen Texte. Versuche, sein Werk auf alternative Weise zu fassen, versammelt Heft 6 der neuen Folge der Zeitschrift *Junges Forum*: *Evola von links! Metaphysisches Weltbild, antibürgerlicher Geist* (2006). Hrsg.

14 Die Nationalbolschewistische Partei Russlands entstand 1992 kurz nach dem Zusammenbruch der Sowjetunion und strebte an, in die Fußstapfen der ursprünglichen Nationalbolschewisten der 1920er Jahre zu treten. Ihre anfänglichen Führer waren Eduard Limonow und Dugin, wiewohl letzterer bald die Partei verließ, um mit der Nationalbolschewistischen Front eine eigene zu gründen, und den Nationalbolschewismus 2001 zugunsten der Eurasianistischen Bewegung ganz aufgab. Die Nationalbolschewistische Partei wurde von der russischen Regierung mehrfach verboten, aber ihre Mitglieder agitieren weiter. Noch etliche anderen Gruppierungen in Russland und anderswo nennen sich Nationalbolschewisten. Die nationalbolschewistische Ideologie, die nach dem Ersten Weltkrieg als Versuch einer Synthese von Kommunismus und Nationalismus entstand, wurde ursprünglich von einigen Vertretern der deutschen Konservativen Revolution ausformuliert, etwa Ernst Jünger und Ernst Niekisch. Der Nationalbolschewismus fand während des Russischen Bürgerkriegs auch Anhänger bei den antisowjetischen »Weißen« und sogar unter sowjetischen Kommunisten, obwohl Lenin und Stalin ihn ablehnten. Nichtsdestoweniger tauchten Elemente der Ideologie im Stalinschen Nationalismus wieder auf, der in den 1930er Jahren begann. Hrsg.

Geiste Nikolai W. Ustrialows[15] oder Ernst Niekischs[16] allein reicht jedoch nicht aus. Eine schematische Addition der Zweiten zur Dritten Theorie wird uns als solche nirgendwohin führen. Nur im Rückblick können wir ihre Gemeinsamkeiten präzise herausarbeiten, die dem Liberalismus unversöhnlich entgegenstanden. Diese methodologische Übung ist nützlich zum Aufwärmen, ehe wir zu einer vollwertigen Ausarbeitung der Vierten Politischen Theorie übergehen.

Eine wirklich bedeutungsvolle und entschiedene Betrachtung der Zweiten und der Dritten Politischen Theorie ist nur auf der Grundlage einer bereits entwickelten Vierten Politischen Theorie möglich. Die Postmoderne und ihre Gegebenheiten (die globalistische Welt, »Governance« oder »Mikromanagement«, die Marktgesellschaft, der Menschenrechtsuniversalismus, der real existierende Kapitalismus usw.) stellen das hauptsächliche Objekt der Vierten Politischen Theorie dar. Gleichwohl wird ihnen jeglicher Eigenwert radikal abgesprochen.

Die Wiederkehr von Tradition und Theologie

Die Tradition (Religion, Hierarchie und Familie) und ihre Werte wurden am Anbruch der Moderne gestürzt. Tatsächlich sind alle drei

---

15 Nikolai Ustrialow (1890–1937) war ein panslawistischer Professor, der nach der Russischen Revolution aus der Sowjetunion floh und sich den »Weißen« anschloss. Ursprünglich Antikommunist, versuchte er später, Elemente des Sowjetkommunismus mit russischem Nationalismus zusammenzuführen. Er kehrte in dem Glauben, die Idee des Nationalbolschewismus würde tragfähiger, 1935 in die Sowjetunion zurück, wurde aber der Spionage beschuldigt und 1937 während der Großen Säuberung hingerichtet. Hrsg.

16 Ernst Niekisch (1889–1967) war deutscher Politiker und anfangs Kommunist, strebte aber ab den 1920er Jahren nach einer Fusion von Kommunismus und Nationalismus. Er gab die Zeitschrift *Widerstand* heraus und benutzte für sich und seine Anhänger die Bezeichnung Nationalbolschewisten. Den Nationalsozialismus lehnte Niekisch als nicht ausreichend sozialistisch ab und kam deshalb 1937 in Haft, wo er nahezu erblindete. Nach seiner Freilassung 1945 unterstützte er die Sowjetunion und zog nach Ostdeutschland, wurde jedoch durch die sowjetische Behandlung der Arbeiter desillusioniert und kehrte 1953 in den Westen zurück. Hrsg.

politischen Theorien als künstliche ideologische Konstruktionen von Menschen konzipiert worden, die auf unterschiedliche Weise den »Tod Gottes« (Friedrich Nietzsche), die »Entzauberung der Welt« (Max Weber)[17] und das »Ende des Heiligen« erfasst hatten. Dies war der Kern des neuen Zeitalters der Moderne: Der Mensch ersetzte Gott; Philosophie und Wissenschaft ersetzten die Religion; die rationalen, mächtigen und technologischen Gebilde traten an die Stelle der Offenbarung.

Wenn aber die Moderne sich in der Postmoderne erschöpft, so wird mit ihr gleichzeitig auch das Zeitalter der unmittelbaren »Theomachie«[18] zu einem Ende kommen. Postmoderne Menschen stehen der Religion nicht feindselig, sondern eher gleichgültig gegenüber. Darüber hinaus sind im allgemeinen einige Aspekte der Religion, wie der Satanismus und die »dämonische Beschaffenheit« postmoderner Philosophen, ziemlich reizvoll für viele postmoderne Individuen. Jedenfalls ist die Zeit, in der die Tradition verfolgt wurde, vorbei, auch wenn dies gemäß der Logik des Postliberalismus wahrscheinlich zur Schaffung einer neuen, globalen Pseudoreligion führen wird, die auf dem Ausschuss grundverschiedener synkretistischer Kulte, ungezügelt chaotischem Ökumenismus und »Toleranz« fußt.[19] Auch wenn diese Entwicklung in gewisser Weise noch erschreckender ist als direkter, unkompliziert dogmatischer Atheismus und Materialismus, könnte die abnehmende Verfolgung des Glaubens eine Möglichkeit eröffnen, wenn die Vertreter der Vierten Politischen

---

17 Der Deutsche Max Weber (1864–1920) gilt als einer der Begründer der Soziologie. Hauptwerk: *Die protestantische Ethik und der »Geist« des Kapitalismus*, Berlin 1904/1905. Hrsg.

18 Θεομαχία, altgriechisch für »Götterschlacht«, bezeichnet sowohl den Kampf unter Göttern als auch eine Auflehnung gegen sie. Hrsg.

19 Für eine traditionalistische Sicht hierzu siehe René Guénon: *Le règne de la quantité et les signes des temps*, Paris 1945; sowie Charles Upton: *The System of Antichrist: Truth and Falsehood in Postmodernism and the New Age*, Hillsdale 2005. Hrsg.

Theorie folgerichtig und kompromisslos die Ideale und Werte der Tradition verteidigen.[20]

Ein politisches Programm, das die Moderne einst geächtet hat, kann jetzt ohne Vorbehalte in Gang gesetzt werden. Es erscheint nicht länger tollkühn und zum Scheitern verurteilt, da in der Postmoderne alles tollkühn und zum Scheitern verurteilt wirkt, einschließlich ihrer »glanzvollsten« Seiten. Nicht von ungefähr sind die Helden der Postmoderne Freaks und Monster, Transvestiten und Abartige — so sieht es das Stilgesetz vor. Vor dem Hintergrund der Clownerie der Welt kann nichts und niemand »zu altmodisch« wirken, nicht einmal die Gefolgsleute der Tradition, die die Gebote des modernen Lebens verachten. Die Richtigkeit dieser Annahme wird nicht nur durch die bedeutenden Errungenschaften des islamischen Fundamentalismus bewiesen, sondern auch durch den wachsenden Einfluss extrem altertümlicher protestantischer Sekten (Dispensionalisten,[21] Mormonen und ähnlichen) auf die amerikanische Außenpolitik. George W. Bush zog nach eigener Aussage in den Irakkrieg, weil »Gott mich anwies, in den Irak einzufallen«.[22] Das steht im Einklang mit den Lehren seiner protestantisch-methodistischen Lehrer.

---

20 Dugin verwendet den Begriff der Tradition im Sinne René Guénons, Julius Evolas und Frithjof Schuons, also als ein Besteck transzendental-metaphysischer Prinzipien, das im Herzen aller authentischen Religionen liege und auch bei unterschiedlichen exoterischen Praktiken und Doktrinen erhalten bleibe. Hrsg.

21 Beim Dispensationalismus handelt es sich um eine im 19. Jahrhundert entstandene evangelikale Bewegung, die an die fleischliche Wiederkunft Christi glaubt, der vor dem Weltuntergang tausend Jahre lang herrschen und die Versprechen Gottes an Israel einlösen wird, indem er die Juden ins Heilige Land zurückführt; zuvor jedoch würden die wahren Gläubigen in den Himmel entrückt und ließen nur die Ungläubigen zurück, die unter den prophezeiten, der Wiederkunft Christi vorausgehenden Katastrophen leiden müssten. Im heutigen Amerika ist der Dispensationalismus besonders bei evangelikalen Bewegungen wie Baptisten und Pfingstlern offenkundig und hat zum Aufstieg des christlichen Zionismus in der amerikanischen Politik geführt. Hrsg.

22 Laut etlichen Nachrichtenagenturen und Augenzeugen erklärte US-Präsident Bush im Juni 2003 bei einem Treffen mit palästinensischen Führern in Ägypten

Die Vierte Politische Theorie kann sich auf der Suche nach Inspirationen daher ohne Vorbehalte allem Vormodernen zuwenden. Den »Tod Gottes« anzuerkennen, wird nicht länger ein zwingendes Gebot für diejenigen sein, die relevant bleiben wollen. Die Menschen in der Postmoderne sind derart schicksalsergeben, dass sie diesen Umbruch nicht mehr begreifen können — »Bitte, wer ist gestorben?« In gleicher Weise können aber auch die Schöpfer der Vierten Politischen Theorie dieses »Ereignis« vergessen: »Wir glauben an Gott, aber ignorieren die, die über seinen Tod reden, wie wir auch das Gerede von Wahnsinnigen ignorieren.«

Dies markiert die Wiederkehr der Theologie und wird zu einem essentiellen Element der Vierten Politischen Theorie. Wenn das geschieht, wird die Postmoderne (Globalisierung, Postliberalismus und die postindustrielle Gesellschaft) nur allzu leicht als »Reich des Antichristen« erkannt werden (oder als eine seiner Entsprechungen in den anderen Religionen — »Daddschāl« für Muslime, »Erev Rav« für Juden, »Kali-Yuga« für Hindus usw.). Das ist nicht bloß eine Metapher, mit der man Massen mobilisieren kann, sondern eine religiöse Tatsache — die Tatsache der Apokalypse.

Mythen und Archaismus in der Vierten Politischen Theorie

Wenn der Atheismus im kommenden Zeitalter seinen verpflichtenden Charakter für die Vierte Politische Theorie verliert, wird trotzdem auch die Lehre der monotheistischen Religionen, die einst selbst andere sakrale Kulturen verdrängten, nicht die ultimative Wahrheit sein (oder besser: vielleicht, vielleicht auch nicht). Theoretisch sind den Möglichkeiten einer vertieften Aufarbeitung der uralten, archaischen Werte keine Grenzen gesetzt, die nach einem angemessenen Prozess des Begreifens und Verstehens ihren Platz im neuen ideologischen Gebilde einnehmen können. Indem sie den Zwang ausschalten, die Theologie dem Rationalismus der Moderne anzupassen, machen

---

den Anwesenden, Gott habe ihm den Einmarsch in Afghanistan und Irak befohlen. Das Weiße Haus dementierte diese Berichte. Hrsg.

Anhänger der Vierten Politischen Theorie sich frei, um die rationalistisch geprägten theologischen und dogmatischen Elemente monotheistischer Gesellschaften (besonders in ihren Spätphasen) ausblenden zu können. Der Rationalismus führte zum Erscheinen des Deismus auf dem Trümmerfeld der christlich-europäischen Kultur;[23] auf ihn folgten im Verlauf der schrittweisen Entwicklung des Programms der Moderne Atheismus und Materialismus.

Nicht nur die höchsten, über dem Geist angesiedelten Glaubenssymbole können zur neuen Rüstung wiederaufgenommen werden, sondern auch die irrationalen Aspekte von Kulten, Riten und Legenden, die die Theologen früherer Zeitalter ratlos zurückließen. Wenn wir den Gedanken des der Moderne inhärenten Fortschritts zurückweisen — denn diese ist offensichtlich an ihr Ende gelangt —, gewinnt für uns alles Überlieferte allein dadurch an Wert und Glaubwürdigkeit, dass es altertümlich ist. »Altertümlich« heißt gut — je altertümlicher, desto besser.

Das Paradies ist die älteste aller Schöpfungen. Die Träger der Vierten Politischen Theorie müssen danach streben, es in nächster Zeit wiederzuentdecken.

Heidegger und das »Ereignis«

Zuletzt können wir die tiefste — ontologische! — Grundlage der Vierten Politischen Theorie identifizieren. An dieser Stelle sollten wir unsere Aufmerksamkeit nicht nur auf Theologien und Mythologien richten, sondern auch auf die reflexive philosophische Erfahrung eines bestimmten Denkers, der den einzigartigen Versuch der Konstruktion einer fundamentalen Ontologie unternommen hat — die allumfassendste, paradoxeste, profundeste und eindringlichste Untersuchung des Seins. Ich rede von Martin Heidegger.

---

23 Der Deismus, ein Produkt der Aufklärung, entstand im 17. und 18. Jahrhundert. Ihm zufolge könne die Existenz Gottes unabhängig von der Kirchenlehre logisch deduziert werden, und auch wenn Gott das Universum erschaffen habe, so greife er doch nie in seinen Lauf ein, wodurch göttliche Offenbarungen oder Wunder ausgeschlossen seien. Hrsg.

1. DIE GEBURT DES KONZEPTS

Das Konzept Heideggers sieht in Kürze wie folgt aus: Zu Anbeginn des philosophischen Denkens stellten die Menschen (genauer gesagt: Europäer; noch genauer: die Griechen) die Frage des Seins ins Zentrum ihres Denkens. Indem sie das Sein zu ihrem Hauptthema machten, liefen sie jedoch Gefahr, aufgrund der komplizierten Beziehung zwischen Sein und Denken, zwischen dem reinen Sein (»Seyn«) und seinem Ausdruck in der erlebbaren Welt, dem Seienden, sowie zwischen der menschlichen Erfahrung des In-der-Welt-Seins (»Dasein«) und dem Sein an sich (Sein) durcheinanderzukommen. Daran ist schon Heraklit in seiner Lehre von *Physis*[24] und *Logos*[25] gescheitert.[26] Des weiteren ist es offensichtlich, dass im Werk des Parmenides[27] und schließlich bei Platon, der die Gedanken zwischen dem Menschen und seiner Existenz einordnete und die Wahrheit als das definierte, was ihnen gleichkam (die referentielle Erkenntnistheorie), das Versagen seinen Höhepunkt erreicht hatte. Dies gebar die Entfremdung, führte schließlich zum »rechnenden Denken« und dann zur Entwicklung der Technik. Nach und nach verlor der Mensch das reine Sein aus dem Blick und beschritt den Pfad des Nihilismus. Das Wesen der Technik, das auf das Verhältnis der Technologie zur Welt gründet, drückt diesen immerfort zunehmenden Nihilismus aus. In der Neuzeit erreicht diese Tendenz ihren Höhepunkt — die technische Entwicklung, das »Ge-stell«,[28] verdrängt endgültig das Sein und setzt dem »Nichts« die Krone auf. Heidegger hasste den Liberalismus zutiefst und hielt ihn für einen Ausdruck des »Ursprungs des rechnenden Denkens«, das im Herzen des »abendländischen Nihilismus« liege.

---

24 »Natur«, oder, genauer gesagt: »das Seiende«. Hrsg.
25 »Sinn, Vernunft« Die Griechen glaubten, es gäbe einen λόγος, der das gesamte Universum ordne. Hrsg.
26 Heraklit (ca. 535–475 v. Chr.) war ein vorsokratischer Philosoph. Hrsg.
27 Parmenides war ein vorsokratischer Philosoph des 5. vorchristlichen Jahrhunderts. Hrsg.
28 Als »Gestell« bezeichnete Heidegger das Wesen der Technik als Modus der menschlichen Existenz in der modernen Welt. Hrsg.

Die Postmoderne, deren volle Entfaltung Heidegger nicht mehr miterlebt hat, ist in jedem Sinne die endgültige Seinsvergessenheit; es ist jene »Mitternacht«, in der das Nichts (der Nihilismus) aus allen Rissen quillt.[29] Heideggers Philosophie war jedoch nicht hoffnungslos pessimistisch. Er glaubte, das Nichts selbst sei die Kehrseite des reinen Seins, die — auf höchst paradoxe Weise! — die Menschheit an ihre Existenz gemahnen werde. Wenn wir die Logik hinter der Seinsentfaltung richtig entschlüsseln, kann sich die denkende Menschheit im Augenblick ihrer höchsten Gefährdung blitzartig retten. »Wo aber Gefahr ist, wächst das Rettende auch«, zitierte Heidegger ein Gedicht Friedrich Hölderlins.[30]

Mit dem Begriff »Ereignis« bezeichnete Heidegger diese jähe Wiederkehr des Seins. Es ereignet sich genau zur tiefsten Mitternacht der Welt — der dunkelsten Stunde der Geschichte. Heidegger selbst schwankte unentwegt, ob dieser Punkt erreicht sei oder »noch nicht ganz«. Das ewige »noch nicht« …

Die Philosophie Heideggers könnte sich als die Achse erweisen, um die alles kreist — von den überdachten Zweiten und Dritten Politischen Theorien bis hin zur Wiederkehr von Theologie und Mythologie.

Daher liegt im Herzen, im magnetischen Zentrum der Vierten Politischen Theorie der Entwicklungsverlauf hin zum nahenden »Ereignis«, das der siegreichen Wiederkehr des Seins an genau dem Punkt konkrete Form geben wird, an dem die Menschheit seiner ein für allemal vergisst, sodass auch seine letzten Spuren verschwinden.

---

29 In Friedrich Hölderlins Gedicht »Brot und Wein« versinnbildlicht die Nacht symbolisch unser Weltalter, in dem die Götter des alten Griechenlands und Christus die Welt verlassen haben und nur noch die Dichter sich bemühen, ihr Andenken bis zu ihrer Wiederkehr zu bewahren. Das Gedicht hat Heidegger in seinem Aufsatz »Wozu Dichter?« ausführlich diskutiert; vgl. Martin Heidegger: *Holzwege*, Frankfurt/Main 1950. Hrsg.

30 Martin Heidegger, *Holzwege*, S. 248.

Die Vierte Politische Theorie und Russland

Heutzutage verstehen viele Menschen intuitiv, dass Russland keinen Platz hat in der »schönen neuen Welt« von Globalisierung, Postmoderne und Postliberalismus. Zuerst einmal schaffen der Weltstaat und die Weltregierung allmählich alle Nationalstaaten insgesamt ab. Noch viel wichtiger ist die Tatsache, dass die gesamte russische Geschichte eine dialektische Auseinandersetzung mit dem Westen und gegen die westliche Kultur ist, ein Kampf für die Erhaltung unserer eigenen, oft nur erahnten, *russischen* Wahrheit, unserer eigenen messianischen Idee und unserer eigenen Auffassung vom »Ende der Geschichte« — ob sie nun in der Moskauer Orthodoxie, dem weltlichen Reich Peters des Großen oder der kommunistischen Weltrevolution ihren Ausdruck fand. Die größten russischen Geister haben klar gesehen, dass sich der Westen auf den Abgrund zubewegte. Wenn wir uns heute ansehen, wohin neoliberale Wirtschaft und postmoderne Kultur die Welt gebracht haben, dann hat sich diese Intuition, die Generationen von Russen auf der Suche nach Alternativen angetrieben hat, als voll und ganz im Recht erwiesen.

Die aktuelle Weltwirtschaftskrise ist nur der Anfang. Das Schlimmste steht noch bevor. Die Trägheit der postliberalen Politik ist von einem solchen Ausmaß, dass ein ein Kurswechsel unmöglich ist: Um den Westen zu retten, wird die entfesselte »faustische Technik« Spenglers nach effizienteren, aber rein technisch-technologischen Mitteln suchen.[31] Dies ist die neue Phase im Einsetzen des »Gestells«, die den nihilistischen Schandfleck des Weltmarkts über den gesamten Erdball ausdehnt. Während sie sich von Krise zu Krise und von einer Blase zur nächsten bewegen, machen die Weltwirtschaft und die Strukturen der postindustriellen Gesellschaft die Nacht der

---

31 Der deutsche Philosoph Oswald Spengler (1880–1936) wird als eine der Hauptfiguren der Konservativen Revolution in der Weimarer Republik betrachtet. Sein wichtigstes Werk war *Der Untergang des Abendlandes* (2 Bde., 1918/1922). Darin formulierte er die Theorie, dass alle Zivilisationen einen unvermeidlichen Zyklus von Aufstiegs- und Verfallsperioden durchliefen, wobei der zeitgenössische Westen gerade in eine Verfallsperiode eintrete. Hrsg.

Menschheit immer schwärzer und schwärzer. Die Dunkelheit ist tatsächlich so undurchdringlich, dass wir allmählich vergessen, dass überhaupt Nacht ist. »Was ist Licht?« fragen sich Menschen, die es nie erblickt haben. Beispielsweise haben 2008 beim Ausbruch der Finanzkrise Tausende Amerikaner eine Demonstration abgehalten, um von der Regierung noch eine weitere Marktblase zu erbetteln. Geht es noch deutlicher?

Es ist offensichtlich, dass Russland einen anderen Weg beschreiten muss, nämlich seinen eigenen. Hierin allerdings liegen die Frage und das Paradoxon. Es wird nicht so einfach sein, der Logik der Postmoderne in einem einzigen Land zu entgehen. Das sowjetische Modell hat es versucht und ist kollabiert. Von diesem Punkt an haben sich die ideologische Situation ebenso wie das strategische Kräftegleichgewicht unumkehrbar verändert. Für Russland werden eine Art technologisches Wunder oder eine Strategie der Täuschung nicht ausreichen, um sich selbst und andere zu retten. Die Weltgeschichte hat ihre Eigenlogik. Und das »Ende der Ideologie« ist kein zufälliges Scheitern, sondern der Auftakt zum nächsten Akt — offenbar dem Letzten.

In dieser Situation hängt die Zukunft Russlands gänzlich von unseren Anstrengungen ab, die Vierte Politische Theorie auf den Weg zu bringen. Wir werden nicht weit kommen und das Unvermeidliche nur hinauszögern, wenn wir versuchen, die von der Globalisierung gebotenen Optionen auf lokaler Ebene zu sortieren und den Status quo oberflächlich zu verbessern. Die Herausforderung der Postmoderne ist von immenser Bedeutung: Sie wurzelt in der Logik der Seinsvergessenheit sowie der existentiellen (ontologischen) und seelischen (theologischen) Entwurzelung der Menschheit. Darauf mit umwerfenden Innovationen und PR-Surrogaten zu reagieren, ist unmöglich. Daher müssen wir auf die philosophischen Grundlagen der Geschichte zurückgreifen und eine metaphysische Anstrengung unternehmen, um die derzeitigen Probleme zu lösen — die weltweite Wirtschaftskrise, die der unipolaren Weltordnung entgegenwirkt, ebenso wie die Erhaltung und Stärkung der Souveränität usw.

Es ist schwer zu sagen, was bei der Entwicklung dieser Theorie herauskommen wird. Eines ist klar: Sie kann keine individuelle Anstrengung oder auf eine kleine Gruppe von Menschen beschränkt sein. Diese Aufgabe muss eine gemeinsame und kollektive sein. In dieser Angelegenheit können uns Vertreter anderer Kulturen und Völker, sowohl in Europa als auch in Asien, wirklich behilflich sein, denn sie spüren die eschatologische Spannung des Hier und Jetzt ebenso deutlich und suchen ebenso verzweifelt einen Ausweg aus der globalen Sackgasse wie wir.

Vorab kann aber schon einmal festgestellt werden, dass sich die russische Variante der Vierten Politischen Theorie, die auf der Ablehnung des Status quo mit ihren praktischen wie theoretischen Dimensionen gründet, auf das »russische Ereignis« konzentrieren wird. Dabei wird es sich um eben jenes einmalige und außergewöhnliche Ereignis handeln, auf das viele Generationen von Russen gewartet und hingelebt haben, von der Geburt unserer Nation bis zum nahenden Ende aller Tage.

2. »DASEIN« ALS AKTEUR

Stufen und Hindernisse in der Entwicklung der Vierten Politischen Theorie

Als Vertreter einer zyklischen Geschichtsauffassung und Gegner von Francis Bacon und seiner Erkenntnistheorie[1] möchte ich trotzdem eine fortschreitende Entwicklung und Anpassung unserer Herangehensweise an konkrete Themen und Gedankengebäude vorschlagen. Wir haben den Begriff »Konservatismus« wiederholt definiert. Wir haben eine Reihe von Konferenzen und wissenschaftlichen Symposien über die Vierte Politische Theorie abgehalten. Gehen wir davon aus, dass diese Bemühungen, deren Ergebnisse in Magazinen,[2] Aufsatzsammlungen, Monographien und auf Websites veröffentlicht worden sind, nicht erfolglos gewesen sind und der Leser einigermaßen mit ihnen vertraut ist. Ich schlage daher vor, fortzufahren.

Ich möchte anhand konkreter Beispiele vorführen, was unternommen wurde, um die Diskussion der Vierten Politischen Theorie

---

1   Dem englischen Philosophen Francis Bacon (1561–1626) wird die Begründung des Begriffs und der wissenschaftlichen Methode des Empirismus zugeschrieben, wonach Erkenntnis einzig aus sinnlicher Wahrnehmung hervorgehen kann und Theorien nur durch wiederholbare Beobachtungen der Welt bewiesen werden können. Hrsg.

2   Das 2009 erschienene erste Heft der Zeitschrift *Russkoe Wremja* (Russische Zeit) war ganz dem Thema Konservatismus gewidmet. Siehe auch A. G. Dugin: »The Fourth Political Theory«, *Profile* 48 (603), 22. Dezember 2008.

voranzubringen, und anschließend die feststellbaren Resultate der Aktivitäten des Zentrums für Konservatismusforschung der Soziologischen Fakultät der Moskauer Lomonossow-Universität und des St. Petersburger Konservativen Clubs der Fakultät für Philosophie der Staatlichen Universität St. Petersburg vorstellen. Dazu zählen zwei kürzlich im hervorragenden Amphora-Verlag (St. Petersburg) veröffentlichte Bücher: Alain de Benoists *Gegen den Liberalismus: Auf dem Weg zur Vierten Politischen Theorie* und mein eigenes Buch *Die Vierte Politische Theorie*. Das Buch des Philosophen Alain de Benoist, der während der »Tage der Philosophie« an der Staatlichen Universität St. Petersburg gesprochen hat, ist ein Abriss seiner Ansichten zu Philosophie und Politikwissenschaft bezüglich der wichtigsten Themen unserer Zeit: Globalisierung, wirtschaftliche und soziale Krise, europäische Integration, neue politische und soziale Entwicklungen, russisch-europäische Verständigung, Humanismus und so fort. All diese Probleme werden von einem kritischen Standpunkt gegenüber der liberalen Ideologie aus angesprochen, der ersten und stabilsten der politischen Theorien, die die Welt beherrscht. Nach dem Zusammenbruch des Kommunismus konkurrenzlos, wurde sie das Hauptziel derjenigen Kritiker, denen die verheerenden Folgen des Status quo in der Politik, der gesellschaftlichen Sphäre, der Wirtschaft, der Kultur, der Ideologie usw. deutlich bewusst sind und die nach einer Alternative suchen. Die anderen Alternativen zum Liberalismus — Kommunismus und Faschismus — wurden jede auf ihre Art von der Geschichte überwunden und verworfen und haben sich als wirkungslos und inkompetent erwiesen. Deshalb muss anderswo nach Alternativen zum Liberalismus gesucht werden. Der in Frage kommende Bereich ist als der Bereich der Vierten Politischen Theorie vorgesehen. Ein solcher Ansatz entspricht genau der Frage: »Konservatismus — Zukunft oder Alternative?« Wenn wir eine Alternative betrachten und sie mit dem vorhandenen Zukunftsentwurf vergleichen, sollten wir klar nachvollziehen können, was die Alternative ersetzen wird. Die Antwort ist einfach: den Liberalismus als bestimmenden Diskurs der

Welt. Aus diesem Grund sollte die einzige bedeutende Alternative logischerweise gegen den Liberalismus gerichtet sein; daher der Titel des Buches von Alain de Benoist. Nichtsdestoweniger bleibt die Frage: Kann der Konservatismus diese Rolle ausfüllen? Die Antwort hörten wir zum Teil im Vortrag Benoists, in dem er die liberale Fortschrittslehre kritisierte. Diese philosophische Herangehensweise sieht im Konservatismus die logischste Alternative zum Liberalismus, als eine entweder relativierende oder den Fortschritt gänzlich zurückweisende Weltanschauung. Es bleibt also, die in Frage kommende Art von Konservatismus festzustellen: Der Liberalkonservatismus[3] kann es offensichtlich nicht sein, da er nur eine Spielart des Liberalismus ist. Daher können wir nach dem Ausschlussprinzip eine These aufstellen: Wir müssen die Alternative zum Liberalismus in den nichtliberalen Versionen des Konservatismus suchen. Das alles ist logisch, da Benoist selbst als Philosoph mit konservativen Ansichten bekannt ist (er wird gelegentlich als ein Vordenker der europäischen »Neuen Rechten« bezeichnet), aber die besondere Art von Konservatismus, die ihm vorschwebt, lässt sich seinem Buch leicht entnehmen.

Es gibt noch einen weiteren erwähnenswerten Aspekt am Titel von Benoists Buch. Viele Leser werden sich an ein anderes ideologisches Manifest gegen den Liberalismus erinnern, *After Liberalism* von Immanuel Wallerstein.[4] Trotz der Ähnlichkeit ihrer Titel und des Ziels ihrer Kritik gibt es zwischen ihnen einen signifikanten Unterschied. Wallerstein kritisiert den Liberalismus von links — vom neomarxistischen Standpunkt aus. Und er betrachtet den Liberalismus, also bourgeoise Demokratie und Kapitalismus, wie jeder Marxist, als eine geschichtliche Entwicklungsphase, die fortschrittlicher als die vorherigen (etwa Feudalismus und Sklaverei) ist, aber den zwangsläufig folgenden unterliegen muss: Sozialismus, Kommunismus usf. Wir sprechen über Kritik »von links« und, in gewisser Hinsicht,

---

3 Dugin bezieht sich auf konservative Strömungen innerhalb des Rahmens der liberalen freien Marktwirtschaft, etwa die US-Republikaner oder die britischen Tories. Hrsg.

4 Immanuel Wallerstein: *After Liberalism*, New York 1995.

von der Zukunft her, wie es der Titel von Wallersteins Buch zum Ausdruck bringt — *After Liberalism*, »Nach dem Liberalismus«. Das ist ein typisches Merkmal des Marxismus. Für Benoist sind weder die Überlegenheit des Liberalismus über frühere Gesellschaftsformen noch die Vorteile einer kommunistischen Zukunft selbstverständlich. Deshalb besteht trotz der Ähnlichkeit der Titel ein fundamentaler Unterschied zwischen den Ausgangspositionen der beiden Autoren: Bei Wallerstein haben wir es mit Kritik »von links« zu tun, bei Benoist mit Kritik »von rechts«. Ein weiterer Unterschied hat mit ihrem jeweiligen Verhältnis zum Liberalismus zu tun. Nach Wallerstein ist das Ende des Liberalismus gemäß der soziopolitischen und -ökonomischen Geschichtslogik eine vorherbestimmte Folgerung, weshalb er anstandslos über ein »Nach« schreibt. Bei Benoist bleibt die Frage offen: Den Liberalismus muss man bekämpfen, doch gibt es in diesem moralisch und historisch gerechtfertigten Kampf keinen gesicherten Ausgang. Es ist wichtig, hier und jetzt gegen den Liberalismus zu kämpfen, seine Schwachpunkte zu erkennen und eine alternative Weltanschauung zu schaffen — aber die Zukunft liegt in unseren Händen, sie ist offen und nicht vorherbestimmt. Wallerstein sieht die Welt, wie jeder Marxist, mehr oder weniger mechanisch, während Benoist organischer Denker und Holist ist, wie jeder (echte) Konservative.

Der letzte Punkt, auf den ich im Zusammenhang mit den Ideen von Alain de Benoist und ihrer Bedeutung hinweisen möchte, ist seine Auffassung von Carl Schmitts Konzept des »vierten Nomos der Erde« — das ist die Beziehung zwischen Politikwissenschaft sowie »Politischer Theologie« und der Geopolitik sowie dem neuen Modell der politischen Organisation des Raumes.[5]

Ich für meinen Teil habe in dem Buch *Die Vierte Politische Theorie* die drei großen politischen Theorien der Vergangenheit — Liberalismus, Marxismus (Sozialismus) and

---

[5] Carl Schmitt: *Der Nomos der Erde im Völkerrecht des Jus Publicum Europaeum*, Berlin 1950.

Faschismus (einschließlich Nationalsozialismus) — untersucht, ihre Gesamtbilanz gezogen und versucht, die Entwicklungshorizonte der Vierten Politischen Theorie jenseits aller drei Ideologien klarzustellen. Das ist natürlich weit entfernt von jeglichem Dogmatismus oder dem Vorschlag für eine allumfassende Antwort auf das beschriebene Problem. Nichtsdestoweniger waren das ganz konkrete Schritte zur Vorbereitung einer Auseinandersetzung mit dieser Frage. Ich möchte einige Anmerkungen zur Entwicklung dieses Themas machen, ohne das bereits von mir und Alain de Benoist Dargelegte zu wiederholen.[6]

Der Charakter der Vierten Politischen Theorie ist nun klar, insofern sie sich durch ihre Gegnerschaft definiert. Sie ist weder Faschismus noch Kommunismus noch Liberalismus. Im Prinzip ist diese Art der Negation ausgesprochen bedeutungsvoll. Sie verkörpert unsere Entschlossenheit zur Überwindung der gewohnten ideologischen und politischen Paradigmen ebenso wie der Trägheit der Klischees im politischen Denken. Das allein ist bereits eine äußerst reizvolle Einladung an den freien, kritischen Geist. Ich verstehe nicht, warum gewisse Leute angesichts des Konzepts der Vierten Politischen Theorie nicht sofort eine Flasche Champagner öffnen, tanzen und jubeln und die Entdeckung neuer Möglichkeiten feiern. Letzten Endes ist dies eine Art philosophisches Neujahrsfest — ein aufregender Sprung ins Unbekannte. Das »alte Jahr« sah das Ringen der drei politischen Ideologien, das Abermillionen Leben forderte. Alle Kritik des Liberalismus war entweder faschistisch oder kommunistisch. Über diese kritischen Herangehensweisen sind wir mittlerweile hinausgewachsen, aber die älteste dieser Ideologien — der Liberalismus — ist noch immer da. Der Liberalismus ist ein Relikt des »alten Jahres«; er ist ein Rückstand, ein Stück zweifelhafte Vergangenheit, das nicht ordnungsgemäß dem Vergessen überantwortet wurde. Er ist bereits tot, aber will nicht verschwinden. Er ist, kurz gesagt, eine Chimäre,

---

6 Dieser Abschnitt ist nicht in der ursprünglichen, russischen Ausgabe von *Die Vierte Politische Theorie* enthalten. Hrsg.

»der Drache, der die Sonne verschlungen hat«,[7] oder »die bösen Geister, die das Schneemädchen vor Neujahr entführt haben«.[8] Der Liberalismus verkörpert in gewissem Sinne alles, was Vergangenheit ist. Durchbruch und Neuanfang tragen den Namen »Vierte Politische Theorie«.

Um die Wichtigkeit dieser Kritik zu unterstreichen und besonders hervorzuheben, dass es sich dabei um eine radikale Ablehnung der drei politischen Theorien (Liberalismus, Kommunismus und Faschismus) sowie ihrer Spielarten handelt, schlage ich vor, über die positiven Aspekte der Vierten Politischen Theorie zu nachzudenken. Es ist bereits ein bedeutender Erfolg, dass wir geklärt haben, wogegen wir stehen — das bedarf eingehenden Begreifens. Der bloße Gedanke, Faschismus, Kommunismus und Liberalismus ein Ende zu bereiten, ist enorm befreiend. Die Vierte Politische Theorie proklamiert: »Sag ›Nein‹ zum Faschismus, ›Nein‹ zum Kommunismus und ›Nein‹ zum Liberalismus!« »Der Liberalismus wird nicht funktionieren!« Er »wird nicht durchkommen«! (*¡No pasarán!*),[9] wie einst auch der Faschismus gescheitert ist (*no ha pasado*).[10] Auch die Berliner Mauer ist gefallen; von der einzigen sichtbaren Barriere, die die Kommunisten gegen die liberalen Kapitalisten errichteten, ist nichts als Staub geblieben. Auch die Kommunisten sind »nicht durchgekommen«. Die Liberalen sind ihrerseits nicht übriggeblieben, um durchzukommen — und sie

---

7 Nach alten chinesischen und persischen Legenden entsteht eine Sonnenfinsternis, indem ein Drache die Sonne frisst. Hrsg.

8 In der russischen Märchentradition ist Snegurotschka (das Schneemädchen) die Enkelin von Djed Moros (Väterchen Frost), der russischen Entsprechung des Weihnachtsmanns. Nachdem die Sowjetunion das Weihnachtsfest abgeschafft hatte, wurden Bescherung usw. auf Neujahr verschoben, was bis heute russische Tradition geblieben ist. In modernen Fassungen des klassischen Märchens wird das Mädchen vor Neujahr von bösen Geistern wie der Hexe Baba Jaga entführt und muss von Djed Moros gerettet werden. Hrsg.

9 *¡No pasarán!* war ein Schlachtruf der Kommunisten im spanischen Bürgerkrieg. Als der Nationalistenführer Franco 1939 Madrid eroberte, antwortete er darauf mit *Hemos pasado* (»Wir sind durchgekommen!«). Hrsg.

10 Span.: »ist nicht durchgekommen«. Hrsg.

werden nicht durchkommen! Aber damit sie nicht durchkommen, reichen die Trümmer der Berliner Mauer nicht aus, wie auch die Mauer selbst unzureichend war. Die Mauer war da, doch sie wurde überwunden. Noch nutzloser sind die düsteren Schatten des Dritten Reichs, seine *Nezalezhnye*,[11] die nur brutale, asoziale Jugendliche und die perversen Träume von Sadomasochisten inspirieren.

Im folgenden sollten wir uns aus der nihilistischen Phase der Vierten Theorie in etwas Konstruktives hineinbewegen. Sobald die drei politischen Theorien als systematisiertes Ganzes verworfen sind, können wir sie von einer anderen Warte aus zu betrachten versuchen. Genauer gesagt, werden sie als ideologische Gesamtsysteme abgelehnt, jede mit anderen Argumenten. Wie alle Systeme bestehen sie aus Elementen, die ihnen nicht gehören. Die drei politischen Ideologien verfügen über einzigartige philosophische Systeme, Gruppierungen und Erklärungsmuster und repräsentieren jeweils ein Ganzes, das sich strukturell aus ihren »hermeneutischen Zirkeln« und fundamentalen Glaubenssätzen herleitet. Sie sind, was sie sind, als ein *Ganzes*. Wenn man sie in ihre Bestandteile zerlegt, verlieren sie ihren Sinnzusammenhang und werden bedeutungslos. Liberalismus, Marxismus (ob nun sozialistischer oder kommunistischer Art) und Faschismus (einschließlich Nationalsozialismus) sind keine Bestandteile allumfassender liberaler, marxistischer oder faschistischer Ideologien. Zwar ist es nicht so, dass sie gänzlich neutral seien, aber außerhalb ihrer strengen ideologischen Zusammenhänge lässt sich ein anderer oder neuer Sinn in ihnen finden oder entdecken. Die positiven Aspekte in der Entwicklung der Vierten Politischen Theorie beruhen auf diesem Prinzip. Die drei politischen Ideologien neu zu prüfen und sie auf unkonventionelle Art zu analysieren, kann uns gewisse Hinweise auf den substantiellen Inhalt unserer eigenen Theorie liefern.

---

11 Russ.: »Wiedergänger«. So bezeichnen Russen Nazisympathisanten in der westlichen Ukraine. Hrsg.

In jeder der drei Ideologien gibt es ein klar definiertes historisches Subjekt.

Das historische Subjekt der liberalen Ideologie ist das Individuum. Das Individuum wird als rationale, mit einem Willen (der Moral) ausgestattete Einheit begriffen. Das Individuum ist sowohl Voraussetzung als auch Ziel des Liberalismus. Als bestehende Gegebenheit ist es sich allerdings oft nicht seiner Identität als Individuum bewusst. Alle Formen kollektiver Identität — ethnisch, national, religiös, ständisch und so weiter — behindern das Individuum darin, sich seiner Individualität bewusst zu werden. Der Liberalismus ermutigt das Individuum dazu, sich selbst zu verwirklichen, also sich von allen sozialen Identitäten und Abhängigkeiten freizumachen, die es von außen einschränken und definieren. Das ist die Bedeutung von Liberalismus (engl. *liberty*; lat. *libertas*): der Aufruf zur »Befreiung« von allem, was dem Selbst äußerlich ist. Zudem haben liberale Theoretiker (insbesondere John Stuart Mill) unterstrichen, dass es um die »Freiheit *von*« geht,[12] also die Loslösung von Bindungen, Identifikationen und Restriktionen, die dem Willen des Individuums auferlegt werden. Über den Zweck dieser Freiheit schweigen die Liberalen sich aus. Irgendein normatives Ziel aufzustellen, ist in ihren Augen eine Beschränkung des Individuums und seiner Freiheit. Deshalb trennen sie die »Freiheit *von*«, welche sie als moralischen Imperativ der sozialen Entwicklung ansehen, streng von der »Freiheit *zu*« — der normativen Festlegung, wie, warum und wozu diese Freiheit genutzt werden sollte. Letzteres bleibt dem Ermessen des historischen Subjekts überlassen — mit anderen Worten: dem Individuum.

Das historische Subjekt der Zweiten Politischen Theorie ist die Klasse. Die gesellschaftliche Klassenstruktur und der Konflikt

---

12 John Stuart Mill (1806–1873) war ein englischer Philosoph des Utilitarismus und einer der wichtigsten Theoretiker des Liberalismus. In seinem Werk *Über die Freiheit* (dt. Stuttgart 2008) schlug er vor, dass das Individuum und nicht der Staat die Grundlage des Gemeinwesens sein und jeder Staatsbürger völlige moralische und wirtschaftliche Freiheit ausüben solle, sofern seine Handlungen keinen anderen Staatsbürgern schadeten. Hrsg.

zwischen Ausbeutern und ausgebeuteten Klassen stehen im Mittelpunkt des dramatischen Geschichtsbilds der Kommunisten. Geschichte ist Klassenkampf. Die Politik ist Ausdruck desselben. Das Proletariat ist ein dialektisches historisches Subjekt, das dazu berufen ist, sich von der Herrschaft der Bourgeoisie zu befreien und eine Gesellschaft auf neuen Grundlagen aufzubauen. Das einzelne Individuum wird hier als bloßer Teil eines klassenbezogenen Ganzen aufgefasst und erlangt eine gesellschaftliche Existenz nur im Prozess der Schärfung des Klassenbewußtseins.

Das Subjekt der Dritten Politischen Theorie schließlich ist entweder der Staat, wie im italienischen Faschismus, oder die Rasse, wie im deutschen Nationalsozialismus. Im Faschismus basiert alles auf dem Rechtshegelianismus, denn Hegel selbst hielt den preußischen Staat für den Gipfel der historischen Entwicklung, in der der subjektive Geist vervollkommnet werde. Giovanni Gentile, ein Hegelianer, wendete dieses Konzept auf das faschistische Italien an.[13] Im deutschen Nationalsozialismus ist das historische Subjekt die »arische Rasse«, die den Rassisten zufolge »den ewigen Kampf gegen die untermenschlichen Rassen führt«.[14] Die haarsträubenden Folgen dieser Ideologie sind zu gut bekannt, als dass wir bei ihnen verweilen müssten. Gleichwohl war es diese ursprüngliche Bestimmung des historischen Subjekts, die den Kern der kriminellen Praktiken der Nationalsozialisten bildete.

Die Definition eines historischen Subjekts ist die allgemeine Grundlage politischer Ideologien und bestimmt ihre Struktur.

---

13 Der italienische Philosoph Giovanni Gentile (1875–1944) prägte den Begriff des »aktualen Idealismus«, wonach der Idealismus nur insoweit relevant sei, als er auf das Leben selbst angewandt werden könne, anstatt reine Spekulation zu bleiben. Er vertrat auch die korporativistische Idee, wonach das Leben des Individuums nur in bezug auf den Staat eine Bedeutung erlange. Er war von 1922 an bis zu seiner Ermordung durch Partisanen überzeugter Faschist, Mitglied des Faschistischen Großrats und galt als offizieller Philosoph des italienischen Faschismus. Hrsg.

14 Alfred Rosenberg: *Der Mythus des 20. Jahrhunderts. Eine Wertung der seelisch-geistigen Gestaltenkämpfe unserer Zeit*, München 1930.

Deshalb muss die Vierte Politische Theorie diesbezüglich in radikalster Weise handeln, indem sie all diese Konstrukte als Anwärter auf das historische Subjekt verwirft. Historisches Subjekt ist weder das Individuum noch die Klasse noch der Staat oder die Rasse. Dies ist das anthropologische und historische Axiom der Vierten Politischen Theorie.

Wir haben vorausgesetzt, dass uns klar ist, wer oder was nicht das historische Subjekt sein kann. Wer oder was aber kann es sein?

Wir haben Raum geschaffen und die Frage korrekt gestellt. Wir haben das Problem herausgestellt, das historische Subjekt der Vierten Politischen Theorie zu bestimmen. Hier gähnt nun ein Abgrund, der außerordentlich interessant und signifikant ist.

Auf dem Weg in die Tiefen dieses Abgrunds stellen wir vier Hypothesen auf, die einander nicht ausschließen und sowohl gemeinsam als auch einzeln überprüft werden können.

Die erste Hypothese regt an, alle Arten von Bewerbern um die Rolle eines historischen Subjekts, die die klassische politische Theorie bestimmt haben, hinter uns zu lassen und anzunehmen, dass das Subjekt der Vierten Politischen Theorie eine Art Komplex ist — nicht Individuum, Klasse, Staat, Rasse oder Nation an sich, sondern eine gewisse Kombination derselben. Dies ist die Hypothese eines zusammengesetzten Subjekts.

Die zweite Hypothese geht das Problem von der Phänomenologie her an. Stellen wir alles, was wir über das historische Subjekt wissen, außerhalb des Rahmens der klassischen Ideologien, wenden die Husserlsche[15] Methode der *Epoché*[16] darauf an und versuchen, jene

---

15 Edmund Husserl (1859–1938) war ein einflussreicher jüdisch-österreichischer Philosoph und einer der Lehrer Martin Heideggers. Er begründete um 1900 die philosophische Schule der Phänomenologie, vor allem durch sein zweibändiges Buch *Logische Untersuchungen* (Halle 1900/01). In *Ideen zu einer reinen Phänomenologie und phänomenologischen Philosophie* (Halle 1913) baute er seine Theorien weiter aus. Hrsg.

16 Im phänomenologischen Sinne bedeutet *Epoché* eine Aussetzung dessen, was den Weg zu den Phänomenen versperrt. In der Praxis erfordert dies eine bewusste Unterbrechung der eigenen Tendenz, Interpretationen der Erfahrungen

2. »DASEIN« ALS AKTEUR

»Lebenswelt«[17] empirisch zu definieren, die sich vor uns entfalten wird — die Lebenswelt des Politischen, die frei ist von Metaphysik oder Theologie.[18] Ist es möglich, politische Geschichte ohne ein Subjekt zu betrachten? Geschichte an sich? Immerhin gab es in der Theorie geschichtliche Epochen, in denen zwar Politik existierte, aber kein Subjekt im philosophischen, cartesianischen Sinne. Natürlich wurde rückblickend selbst dieses »Präsubjekt« der politischen Geschichte im Einklang mit diversen Ideologien uminterpretiert. Wenn wir aber Ideologien wie den drei politischen Theorien nicht mehr trauen, ist ihre geschichtliche Rekonstruktion für uns kein Axiom. Wenn wir politische Geschichte nach Art der »Annales-Schule« Fernand Braudels untersuchen,[19] so bietet sich uns die Chance, ein eher vielstimmiges Bild von ihr zu entdecken und unser

---

und Wahrnehmungen anderer mit persönlichen Annahmen zu überlagern. So kann die Tendenz, sich bei der Interpretation von Phänomenen auf persönliche Überzeugungen zurückzuziehen, zu einer Pseudodoxie führen, die zu falschen Schlussfolgerungen über die subjektiven Wahrnehmungsrealitäten anderer führt. Bei der Interpretation können die von den Teilnehmern geschilderten Wahrnehmungen verfälscht werden, wenn der Forscher seine persönlichen Erfahrungen nicht außer Acht lässt. Aufgrund der menschlichen Tendenz, sich auf persönliche Erfahrungen zu verlassen, schlägt Husserl zu Beginn der Cartesianischen Meditationen vor, dass wir einen neuen Anfang machen, jeder für sich selbst und in sich selbst, und verweist damit auf den außerordentlich persönlichen Kontext der *Epoché*. Hrsg.

17 »Lebenswelt« ist der Husserlsche Begriff für die außerhalb menschlicher Wahrnehmung liegende Welt der Objekte. Hrsg.
18 Carl Schmitt: *Politische Theologie. Vier Kapitel zur Lehre von der Souveränität*, 10. Aufl., Berlin 2015.
19 Die historiographische Schule der *Annales* wurde 1929 gegründet und schlug in den 1950ern eine neue Richtung ein, als Fernand Braudel (1902–1985) die Leitung der Gruppe übernahm. Braudel hielt die Geschichtsschreibung für zu sehr auf kurzzeitige Ereignisse fokussiert, etwa Krisen und herausragende Ereignisse, während der langfristigen Entwicklung der Geschichte und über lange Zeitspannen hinweg konsistenten Phänomenen nicht genug Beachtung geschenkt werde. Kontinuitäten sind nach Ansicht dieser Schule sehr viel wichtiger als plötzliche Veränderungen. Sie lehnte auch die marxistische Lehre des historischen Materialismus ab. Hrsg.

Verständnis des Themas zu erweitern. Im Sinne Peter Bergers[20] können wir die Aussicht auf eine »Entsäkularisierung« eröffnen – quer durch die Geschichte haben häufig religiöse Organisationen als politische Subjekte fungiert – oder gemeinsam mit Carl Schmitt[21] den Einfluss der Tradition auf politische Entscheidungen (im Sinne von Schmitts Doktrin des »Dezisionismus«) neu durchdenken.[22] Das Fortschrittsdogma zu verwerfen, wird ein weites Feld politischer Akteure enthüllen, die bis zum Anbruch der Neuzeit und darüber hinaus operierten, was zum konservativen Ansatz passt. Uns steht jedoch frei, unsere offene Suche danach fortzusetzen, was in Zukunft das historische Subjekt ersetzen könnte – vielleicht im Rahmen der exotischen Hypothesen von Deleuze und Guattari über das Rhizom,[23] einen »organlosen Körper«, »Mikropolitik« und so weiter, oder – mit Baudrillard und Derrida[24] – vor dem Horizont der Protogeschichte

---

20 Peter L. Berger (Hrsg.): *The Desecularization of the World. Resurgent Religion and World Politics*, Grand Rapids 1999.

21 Carl Schmitt: *Die Diktatur. Von den Anfängen des modernen Souveränitätsgedankens bis zum proletarischen Klassenkampf*, 8., korr. Aufl., Berlin 2015.

22 Nach Schmitt ist die Gültigkeit eines bestimmten moralischen oder gesetzlichen Gebots keineswegs von seiner spezifischen Natur abhängig, sondern einzig von der verantwortlichen Autorität.

23 Das Rhizomkonzept nach Deleuze und Guattari: »1 und 2: Prinzipien der Konnexion und Heterogenität: Irgendein Punkt im Rhizom kann verbunden werden mit irgendeinem anderen und muss es sein. Ein Rhizom hört nicht auf, semiotische Kettenglieder, Machtorganisationen, Fälle aus den Künsten, den Wissenschaften und sozialen Kämpfen zu verbinden.« »3: Prinzip der Mannigfaltigkeit: Nur wenn das Mannigfaltige wirklich als Substantiv behandelt wird, als Mannigfaltigkeit, dann hat es keine Beziehung mehr zum Einen als Subjekt oder Objekt, als natürlicher oder geistiger Realität, als Bild und Welt.« usf. Vgl. Gilles Deleuze u. Félix Guattari: *Tausend Plateaus. Kapitalismus und Schizophrenie II*, Berlin 1992.

24 Der französische Philosoph Jacques Derrida (1930–2004) gilt gemeinhin als der wichtigste Kopf der Postmodernisten. Sein Werk hatte seit den 1970ern enorme Auswirkungen auf Philosophie und Literaturtheorie. Auf ihn geht die Technik der »Dekonstruktion« zurück, wonach kein Text und keine Idee auf eine einzelne Bedeutung reduziert werden, sondern vielmehr jeder Text auf

(Text, Dekonstruktion, *Différance*[25] und dergleichen). Sie bieten uns neue — und diesmal nicht gänzlich konservative — Möglichkeiten. Es lohnt daher nicht, sie vorschnell zu verwerfen, bloß weil ihre Schöpfer dem Marxismus mit Sympathie gegenüberstanden und Verbindungen zur politischen Linken unterhielten.

Die dritte Hypothese handelt davon, die phänomenologische Methode aufzubrechen und einige Schritte vorauszustürmen: Wir könnten vorschlagen, das »Dasein«[26] Heideggers als Subjekt der Vierten Politischen Theorie zu betrachten. In der Heideggerschen Philosophie wird das »Dasein« anhand seiner existentiellen Struktur ausführlich beschrieben, wodurch es ermöglicht wird, auf ihm ein komplexes, ganzheitliches Modell aufzubauen, dessen Fortentwicklung beispielsweise zu einem neuen Verständnis von Politik führen wird. Viele Forscher haben aus den Augen verloren, dass Heidegger besonders in seiner mittleren Schaffensperiode zwischen 1936 und 1945 eine vollständige Philosophiegeschichte um den Begriff des »Daseins« herum entwickelte, die — rückblickend betrachtet — die Grundlage einer vollwertigen und gutentwickelten politischen Philosophie bilden kann.

Wenn wir die Hypothese des »Daseins« akzeptieren, erhalten wir daher sofort eine ausführliche Orientierung, um uns durch die Konstruktion von Geschichte hindurchzufinden, wie sie für politische Theorie notwendig ist. Ist das »Dasein« das Subjekt, dann bildet die Vierte Politische Theorie eine fundamentale ontologische Struktur auf Grundlage der existentiellen Anthropologie. Wir

---

viele verschiedene, auch widersprüchliche, Weisen gedeutet werden könne, so dass es niemals eine allein gültige Interpretation gebe. Hrsg

25 Den Begriff *Différance* hat Derrida geprägt. Die Bedeutung ist komplex, bezieht sich aber im wesentlichen auf seine Behauptung, dass Wörter eher dadurch definiert seien, wie sie eine Art von Objekt von anderen Objekten begrifflich trennen, als durch das, was sie repräsentieren. Hrsg.

26 Martin Heidegger: »Zeit und Sein«; in: ders.: *Zur Sache des Denkens*, 2. Aufl., Tübingen 1976.

können die Marschrichtung skizzieren, um diese Herangehensweise zu beschreiben:

- »Dasein« und der Staat;
- »Dasein« und soziale Schichtung;
- »Dasein« und Macht (Wille zur Macht);
- Sein und Politik;
- Horizonte politischer Zeitlichkeit;
- existentielle Räumlichkeit und Phänomenologie der Grenzen;
- der Fürst und das Nichts;
- Parlament, Wahl und das »Sein zum Tode«;
- Bürgerschaft und die Rolle der Hirten des Seins;
- Abstimmung und Absichtlichkeit;
- Authentisches und Unauthentisches in der Jurisprudenz;
- Existenzphilosophie der Jurisprudenz;
- Revolution und Götterflucht;
- Urbanisierung und Haus des Seins.

Natürlich ist das nur ein kursorischer Umriss von Interessengebieten der neuen politischen Wissenschaft.

Die vierte Hypothese wendet sich dem Konzept des »Imaginären« (*l'imaginaire*) zu. Dieses Thema wurde in den Werken Gilbert Durands detailliert behandelt,[27] deren grundlegende Gedanken ich in meinem Buch *Soziologie der Vorstellung* bespreche.[28] Vorstellung geht als Struktur dem Individuum, der Gemeinschaft, Klasse, Kultur, Rasse (sofern diese als soziologisches Phänomen existiert, was strittig

---

27 Gilbert Durand: *Les Structures anthropologiques de l'imaginaire*, Paris 1960.
28 Alexander Dugin: *Sotsiologija woobraschenija. Wedenie v strukturnuiu sotsiologiju*, Moskau 2010.

ist) sowie dem Staat voraus. Durand zufolge, der die Gedanken von Carl Gustav Jung und Gaston Bachelard weiterentwickelte,[29] formt die Vorstellung den Inhalt der menschlichen Existenz aus den ihr innewohnenden innerlichen, ursprünglichen und unabhängigen Strukturen. Die Deutung politischer Vorgänge in der Geschichte *a posteriori*[30] ist für die »Soziologie der Vorstellung« keine Schwierigkeit und liefert beeindruckende Ergebnisse. Wenn wir die Vorstellung mitsamt ihrer Fähigkeit zur Projektion als autonomen Akteur in der politischen Sphäre auffassen und ihr eine Art »legalen Status« zuerkennen, gelangen wir im Endeffekt zu einer faszinierenden und völlig unentwickelten Denkrichtung. Obwohl die Studenten von 1968[31] »Freiheit für die Vorstellungskraft« forderten, haben sie damals die Vorstellung kaum als Mitbewerber um eine besondere politische Subjektivität erkannt. Sie blieben — als Teil des Liberalismus, wenn auch »von links« — gefangen im Individuum und in der Klasse (zum Beispiel im Marxismus, wenn auch in streng psychoanalytisch überarbeiteter Form).

Auf der Suche nach dem Subjekt der Vierten Politischen Theorie müssen wir uns mutig in einen neuen hermeneutischen Zirkel vorwagen. Die Vierte Politische Theorie ist das Ganze, das naturgemäß noch nicht hinreichend beschrieben und definiert worden ist. Sie besteht aus den Vorstellungen von ihrem Subjekt, das bereits in vorläufiger Form angedeutet wurde. Indem wir uns aber ständig zwischen der Ungewissheit über das Ganze und der über seine Teile hin und her

---

29 Gaston Bachelard (1884–1962) war ein französischer Philosoph, der Psychologie und Epistemologie auf die Wissenschaftsphilosophie anwandte. Er hatte Einfluss auf die Postmodernisten. Hrsg.

30 Lat.:»im nachhinein«, d.h. anhand von Beobachtungen. Hrsg.

31 Das Jahr 1968 steht symbolisch für eine Reihe wirkungsvoller linker Protestbewegungen von Studenten und anderen auf der ganzen Welt; die bemerkenswertesten fanden in Paris statt, wo sich die Mehrheit der französischen Arbeiter dem studentischen Aufruf zum Streik anschloss. Obwohl diese Streiks ihre erklärten Ziele verfehlten, mussten ab diesem Zeitpunkt in Frankreich und anderswo die traditionellen Gesellschaftsordnungen zugunsten liberalerer Positionen weichen. Hrsg.

bewegen, erkennen wir schrittweise immer klarer, was auf dem Spiel steht. Dieser Prozess, der mit dem Ablegen alles Vorangegangenen beginnt (d.h. der Zurückweisung der alten hermeneutischen Zirkel: Liberalismus und Individuum, Marxismus und Klasse, Faschismus/Nationalsozialismus und Staat/Rasse), wird früher oder später zur Entwicklung einer neuen, konstruktiveren Idee führen. Ihre Struktur wird weiter geklärt werden, wenn ihre Hermeneutik auf deutlich absurde, unlösbare Widersprüche stößt oder sonstwie keinen Bezug zur realen Welt mehr hat. Das heißt, dass die Entwicklung der Vierten Politischen Theorie — nachdem sie von einem bestimmten Punkt aus begonnen hat — wissenschaftliche und rationale Charakterzüge ausbilden wird, die einstweilen kaum erkennbar sind hinter der Macht ihrer bahnbrechenden Ahnungen und ihrer revolutionären, übermenschlichen Aufgabe, die alten Ideologien zu überwinden.

Der gesamte hermeneutische Zirkel der Vierten Politischen Theorie sollte im »Vierten Nomos der Erde« enthalten sein.[32] Diese Einbindung wird seinen Inhalt noch genauer herausarbeiten und insbesondere das kolossale epistemologische Potential der Geopolitik offenbaren. Letztere kann neben ihren rein praktischen und anwendungsorientierten Zielen auch als umfassende Einladung zu räumlichem Denken in einem postmodernen Szenario gesehen werden, während das einstmals die Moderne beherrschende geschichtliche Denken bedeutungslos wird. In meinen Werken habe ich zahlreich über das philosophische und soziologische Potential der Geopolitik geschrieben.[33] Räumlichkeit ist eine der wichtigsten existentiellen Komponenten des »Daseins«; dementsprechend kann die Berufung

---

[32] Carl Schmitt stellte die These auf, dass das sich durch Kolonialismus über die ganze Welt ausweitende Europa eine globale Gesellschaftsordnung etabliert habe, die erstmals zur Schöpfung eines internationalen Rechtssystems insbesondere in bezug auf bewaffnete Konflikte geführt habe. Schmitt hielt diese Ordnung jedoch für im Niedergang begriffen; die Heraufkunft einer neuen Weltordnung stehe möglicherweise unmittelbar bevor. Hrsg.

[33] Alexander Dugin: *Konflikte der Zukunft. Die Rückkehr der Geopolitik*, Kiel 2014.

auf den Vierten Nomos der Erde mit der dritten Subjekt-Hypothese der Vierten Politischen Theorie verknüpft werden.

Nun können wir das Problem der Schöpfung einer Vierten Politischen Theorie aus einer anderen Richtung angehen und untersuchen, welche Aspekte der drei klassischen Modelle sich in diese Theorie integrieren lassen.

Ehe wir aber bestimmen, was an den drei alten Ideologien entlehnenswert erscheint, nachdem wir sie neutralisiert, entkontextualisiert und aus ihren eigenen hermeneutischen Zirkeln gerissen haben, ist es wichtig, nochmals kurz die Aspekte zu nennen, die entschieden verworfen werden müssen.

Wenn wir mit Faschismus und Nationalsozialismus anfangen, müssen wir an dieser Stelle alle Arten von Rassismus entschieden zurückweisen. Rassismus hat den Zusammenbruch des Nationalsozialismus in historischem, geopolitischem und theoretischem Sinne verursacht. Es war nicht nur ein historischer, sondern auch ein philosophischer Zusammenbruch. Rassismus basiert auf dem Glauben an die angeborene Überlegenheit einer Rasse gegenüber einer anderen. Es war der Rassismus, nicht irgendein anderer Aspekt des Nationalsozialismus, der zu unermesslichem Leid auf beiden Seiten ebenso führte wie zum Zusammenbruch Deutschlands und der Achsenmächte, ganz zu schweigen von der Zerstörung des gesamten ideologischen Projekts des Dritten Wegs. Die verbrecherische Praxis der Auslöschung ganzer Bevölkerungsgruppen (Juden, Zigeuner und Slawen) aufgrund ihrer Rasse war ganz klar in der nationalsozialistischen Rassenlehre verwurzelt – das ist es, was uns am Nationalsozialismus bis heute entzürnt und schockiert. Der Antisemitismus Hitlers sowie die Doktrin, Slawen seien Untermenschen und müssten kolonisiert werden, haben Deutschland in den Krieg gegen die Sowjetunion geführt und Millionen Leben gekostet. In der Tat haben die Deutschen aufgrund dessen ihre politische Freiheit und das Recht, an der politischen Geschichte teilzunehmen, für eine lange Zeit verloren, wenn nicht für immer. Heute bleibt ihnen nur ihre Wirtschaft und bestenfalls noch der Umweltschutz. Die Anhänger des Dritten Wegs wurden als ideologisch Ausgestoßene am Rande der Gesellschaft zurückgelassen. Es war Rassismus in Theorie und Praxis, der alle anderen Aspekte des Nationalsozialismus und Faschismus kriminalisiert hat, weshalb diese Weltanschauungen zu Objekten von Flüchen und Schmähungen geworden sind.

Der Rassismus Hitlers ist jedoch nur eine Form von Rassismus — die offensichtlichste, unverblümteste und biologistischste und daher die abstoßendste. Es gibt andere Formen des Rassismus — kulturellen Rassismus, wonach es hohe und niedrige Kulturen gibt; zivilisatorischen Rassismus, der zivilisierte von ungenügend zivilisierten Völkern unterscheidet; technologischen Rassismus, demzufolge der technische Entwicklungsstand das Hauptkriterium des Werts einer Gesellschaft sei; sozialen Rassismus, der im Sinne der protestantischen Prädestinationslehre die Reichen als die Besten und Größten gegenüber den Armen betrachtet; ökonomischen Rassismus, wobei die gesamte Menschheit nach materiellem Wohlstand beurteilt wird; und evolutionären Rassismus, nach dessen Lehre menschliche Gesellschaften das Resultat biologischer Fortentwicklung sind und sich die grundlegenden Prozesse der Evolution — Überleben der Angepasstesten, natürliche Auslese und so fort — in ihnen bis heute fortsetzen. Europäische und amerikanische Gesellschaften sind von diesen Arten von Rassismus fundamental betroffen und trotz intensiver Bemühungen nicht in der Lage, sie zu beseitigen. Da sich jeder bewusst ist, wie abstoßend dieses Phänomen ist, tabuisiert man den Rassismus im Westen. Daraus aber wird schnell eine Hexenjagd — neue Parias, denen »Faschismus« vorgeworfen wird, sind seine Opfer, oft scheinbar grundlos. So werden eben diese politische Korrektheit und ihre Normen in eine totalitäre Disziplinierung durch politische, rein rassistische Ausgrenzungen transformiert. Auf diese Weise ist der institutionalisierte Antirassismus der französischen Linksliberalen zur Drehscheibe des »Rassenhasses« geworden. Selbst Afrikaner fallen dem Faschismusvorwurf zum Opfer. So war es etwa bei der hemmungslosen Verleumdungskampagne gegen den bekannten schwarzen Kabarettisten Dieudonné M'bala M'bala, der es gewagt hatte, in seinem Programm gewisse hässliche Seiten des zeitgenössischen französischen Establishments zu karikieren, darunter auch den »Antirassismus« von Organisationen wie Ras l'front, SOS Racisme und so weiter. Was geschah? Der schwarze Komiker M'bala M'bala wurde als »braun« abgestempelt, also des »Faschismus« und »Rassismus« beschuldigt.

Die neuesten Arten von Rassismus sind Glamour, Mode und die jeweils aktuellen Trends der Informationstechnologie. Deren Normen setzen Models, Designer, die Prominenten der politischen Parteien und jene, die immer die allerneuesten Smartphone- und Notebookmodelle besitzen wollen. Die Frage von Konformität oder Nichtkonformität mit dem Glamourkodex liegt im Kern der Massenstrategien sozialer Segregation und kultureller Apartheid. Heutzutage wird das nicht mehr direkt mit der Wirtschaft in Verbindung gebracht, sondern gewinnt allmählich eigene soziologische Eigenheiten: Dies ist das Gespenst der Glamourdiktatur — die neue Generation des Rassismus.

Die Fortschrittsideologie ist selbst strukturell rassistisch. Die Behauptung, die Gegenwart sei besser und erfüllender als die Vergangenheit, und die ständigen Versicherungen, die Zukunft werde noch besser sein als die Gegenwart, sind Diskriminierungen gegen Vergangenheit und Gegenwart sowie eine Erniedrigung aller, die zuvor gelebt haben, eine Beleidigung von Ehre und Würde unserer und fremder Ahnen und eine Verletzung der Rechte der Toten. In vielen Kulturen spielen die Toten eine wichtige soziale Rolle. Sie werden als in gewissem Sinne noch lebend betrachtet, als in dieser Welt anwesend und an ihrem Leben teilhabend. Das gilt für alle altertümlichen Kulturen und Zivilisationen. Milliarden von Erdenbewohnern glauben bis heute daran. In der chinesischen Zivilisation, die auf dem Totenkult und der Ehrfurcht der Lebenden vor ihnen aufgebaut worden ist, wird es als ein hoher sozialer Status angesehen, tot zu sein, der in mancherlei Hinsicht den der Lebenden übertrifft. Die Fortschrittsideologie vertritt den moralischen Genozid an den vergangenen Generationen — mit anderen Worten: *echten* Rassismus.

Genauso fragwürdig ist die Idee der Modernisierung, wenn sie aus sich selbst heraus für eine Tugend gehalten wird. An ihr lassen sich die offensichtlichen Merkmale des Rassismus leicht erkennen.

Unzweifelhaft rassistisch ist die Idee der unipolaren Globalisierung. Sie beruht auf der Vorstellung, dass Geschichte und Werte der westlichen und insbesondere der amerikanischen Gesellschaft universellen Gesetzen gleichkämen, und versucht, auf künstlichem Wege eine Weltgesellschaft auf der Grundlage eigentlich orts- und geschichtsspezifischer Werte zu konstruieren — Demokratie, Markt, Parlamentarismus, Kapitalismus, Individualismus, Menschenrechte und unbegrenzte technologische Entwicklung. Diese Werte sind lokal und entstehen aus der spezifischen Entwicklung einer einzelnen Kultur, und die Globalisierung versucht, sie der gesamten Menschheit als universal und selbstverständlich aufzuzwingen. Dieser Versuch nimmt implizit an, die Werte aller anderen Völker und Kulturen seien unvollkommen, unterentwickelt und sollten der Modernisierung und Standardisierung unterworfen werden, um das westliche Modell nachzustellen.

Globalisierung ist daher nicht mehr als ein weltweit angewandtes Modell westeuropäischen oder vielmehr angelsächsischen Ethnozentrismus', der die reinste Manifestation rassistischer Ideologie darstellt.

Es ist ein essentielles Kennzeichen der Vierten Politischen Theorie, dass sie alle Formen und Varianten des Rassismus sowie alle Arten der normativen Hierarchisierung von Gesellschaften auf ethnischer, religiöser, sozialer, technologischer, wirtschaftlicher oder kultureller Grundlage ablehnt. Man kann Gesellschaften miteinander vergleichen, aber nicht behaupten, dass eine von ihnen objektiv besser als die anderen sei. Eine solche Einschätzung ist immer subjektiv, und jeder Versuch, eine subjektive Bewertung in den Stand einer Theorie zu erheben, ist Rassismus. Ein solcher Versuch ist unwissenschaftlich und inhuman. Die Unterschiede zwischen Gesellschaften, welcher Art auch immer, können in keiner Form die Überlegenheit der einen über die andere bedeuten. Dies ist ein zentrales Axiom der Vierten

Politischen Theorie. Darüber hinaus greift Antirassismus, wenn er sich unmittelbar gegen die nationalsozialistische Ideologie (also die Dritte Politische Theorie) wendet, damit mittelbar auch den Kommunismus mit seinem Klassenhass an, ebenso wie den Liberalismus mit seiner Fortschrittsideologie und den ihm innewohnenden Formen ökonomischen, technologischen und kulturellen Rassismus. Statt auf einer unipolaren Welt beharrt die Vierte Politische Theorie auf einer multipolaren Welt, und statt auf Universalismus auf einem Pluriversalismus, was Alain de Benoist in seinem Buch brillant klargemacht hat.

Indem wir die Linie der Ablehnung sämtlicher Formen und Varianten des Rassismus, einschließlich der dem Nationalsozialismus innewohnenden biologischen Theorien, klar herausstellen, können wir feststellen, was die Vierte Politische Theorie ihm entlehnen könnte. Wenn wir jede Einflüsterung des Rassismus mit Nachdruck zurückweisen, zerstören wir tatsächlich den »hermeneutischen Zirkel« der nationalsozialistischen Ideologie und neutralisieren seinen Inhalt, was seine Integrität und wesentlichen Grundlagen untergräbt. Ohne Rassismus ist Nationalsozialismus nicht länger Nationalsozialismus, weder theoretisch noch praktisch, und er wird harmlos und entgiftet. Wir können jetzt furchtlos damit fortfahren, ihn objektiv zu analysieren, um die Inhalte darin ausfindig zu machen, die in die Vierte Politische Theorie integriert werden könnten.

Wir verzeichnen einen positiven Bezug zum *Ethnos*,[34] einen Ethnozentrismus, der auf die Art des Daseins zielt, die sich innerhalb der Struktur des *Ethnos* selbst herausbildet und über diverse Stufen hinweg intakt bleibt, einschließlich der hochausdifferenzierten Gesellschaftsformen, die ein Volk im Laufe seiner Geschichte entwickeln mag. Dieses Thema hat in bestimmten philosophischen Richtungen der Konservativen Revolution[35] tiefe Resonanz gefunden

---

34 Griechisch für »Nation« im Sinne einer Abstammungsgemeinschaft. Hrsg.

35 Der Begriff »Konservative Revolution« wurde zuerst von Hugo von Hofmannsthal geprägt und bezeichnet heute eine lose zusammenhängende Gruppe antiliberaler deutscher Intellektueller zur Zeit der Weimarer Republik. Es gab eine große Vielfalt von Ansichten innerhalb der Konservativen

(zum Beispiel bei Carl Schmitt mit seiner Theorie des »Völkerrechts«, Adam Müller,[36] Arthur Moeller van den Bruck usf.), ebenso in der Deutschen Schule der Ethnosoziologie (Wilhelm Mühlmann,[37] Richard Thurnwald[38] und andere). *Ethnos* hat den größten Wert für die Vierte Politische Theorie als kulturelles Phänomen; als Gemeinschaft in Sprache, Glauben, Alltagsleben, gemeinsamen Ressourcen und Zielen; als einer »gefälligen Landschaft« (Lew Gumiljow)[39] eingeschriebene organische Entität; als ein verfeinertes System für die Gestaltung von Modellen des Ehelebens; als ein stets einzigartiges Mittel zur Herstellung einer Beziehung zur Außenwelt; als die Matrix der »Lebenswelt« (Edmund Husserl) und die Quelle aller »Sprachspiele« (Ludwig Wittgenstein).[40] Natürlich war die Ethnizität der Mittelpunkt weder des Nationalsozialismus noch des

---

Revolutionäre, aber generell wandten sie sich gegen demokratischen Kapitalismus und Kommunismus zugunsten einer Synthese aus Traditionen und spirituellen Werten der Aristokratie mit dem Sozialismus. Hrsg.

36 Adam Müller (1779–1829) war ein deutscher Ökonom und Gegner der liberalen Theorien Adam Smiths. Müller forderte eine Rückkehr zu Ethik und Religion im Wirtschafts- und Gesellschaftsleben. Hrsg.

37 Wilhelm Mühlmann (1904–1988) war ein deutscher Soziologe und Anthropologe, der unter dem nationalsozialistischen Regime ethnologische Projekte betreute, aber nach dem Krieg rehabilitiert wurde. In seinen Schriften lehrte er, eine Ethnie könne nicht durch Blutsverwandtschaft definiert werden, sondern ausschließlich durch ihre kulturellen Traditionen und ethnographischen Charakteristika. Hrsg.

38 Richard Thurnwald (1869–1954) war ein österreichischer Ethnologe, dem die Gründung der ethnosoziologischen Schule zugeschrieben wird. Hrsg.

39 Lew Gumiljow (1912–1992) war ein sowjetischer Anthropologe, der Unterschiede zwischen den Ethnien mit geologischen Faktoren zu erklären versuchte, besonders in seiner Schrift *Ethnogenese und die Biosphäre der Erde* (1979). Der moderne Eurasianismus hat ihm viel zu verdanken. Gumiljow ging beispielsweise davon aus, dass die Steppe die »gefällige Landschaft« der Mongolen gewesen sei, weshalb sie zu einem Leben außerhalb ihrer Grenzen nicht imstande gewesen seien und die nomadische Lebensweise nicht hätten aufgeben wollen. Hrsg.

40 »Sprachspiele« sind nach Wittgenstein Sprachformen, die sich vom normalen Sprachgebrauch abgespalten haben, wie etwa die Kindersprache, die simpler als die korrekte Sprache ist. Hrsg.

Faschismus. Doch ist Liberalismus als Ideologie, die generell nach der Befreiung von allen Formen kollektiver Identität verlangt, völlig unverträglich mit *Ethnos* und Ethnozentrismus und ist Ausdruck eines systembedingten theoretischen und technologischen Ethnozids.

Auch die marxistische Ideologie hat dem *Ethnos* in der Annahme nicht viel Beachtung geschenkt, dass das Volk in einer Klassengesellschaft überwunden würde und keine Spur von ihm in einer bourgeoisen, geschweige denn einer proletarischen Gesellschaft übrigbliebe. Auf dem Weg hin zur Letzteren wird der Grundsatz des »proletarischen Internationalismus« absolut. Dem *Ethnos* wurde nur in dissidenten Strömungen des »Dritten Wegs« Beachtung geschenkt, die — gemessen am politischen Mainstream — eher bedeutungslos waren, auch wenn der orthodoxe Nationalsozialismus die organische Entwicklung des ethnosoziologischen Bereichs durch sein rassistisches Dogma blockierte.

So oder so: Es gibt allen Grund, *Ethnos* und Ethnozentrismus (Wilhelm Mühlmann) als Kandidaten für das Subjekt der Vierten Politischen Theorie in Betracht zu ziehen. Gleichzeitig müssen wir uns wieder und wieder vergegenwärtigen, dass wir Ethnien im Plural betrachten, ohne eine Art von Hierarchie establieren zu wollen: Ethnien sind unterschiedlich, aber jede ist in sich selbst universal; Ethnien leben und entwickeln sich, aber ihr Leben und ihre Entwicklung passen nicht in ein spezifisches Paradigma, sie sind offen und immer verschieden; Ethnien vermischen und trennen sich, aber weder das eine noch das andere ist *per se* gut oder schlecht — Ethnien schaffen selbst die Kriterien, nach denen andere jedes Mal in anderer Weise beurteilt werden. Wir können aus diesem Umstand zahlreiche Schlüsse ziehen. Insbesondere können wir den Begriff der »Politik« relativieren, der dem normativen Wert der Stadt, der *Polis*, und folglich dem städtischen Modell gemeinschaftlicher (oder gesellschaftlicher) Selbstorganisation entstammt. Der »Dorfstaat« Richard Thurnwalds ist als ein allgemeines Paradigma zu betrachten.[41] Der »Dorfstaat« ist eine alternative Betrachtung der Politik vom Standpunkt eines im Einklang mit seiner Umwelt lebenden *Ethnos*. Diese Sichtweise spiegelt nicht etwa die Stadt wider, indem sie ihre Struktur auf den Rest des Landes projiziert, sondern ist eine dörfliche oder provinzielle. Sie entspringt dem Standpunkt der für die klassische Politik peripheren Regionen, die gleichwohl das Zentrum der Vierten Politischen Theorie bilden. Dies ist aber nur ein Beispiel für die Möglichkeiten, die sich uns eröffnen, wenn wir das Volk als historisches Subjekt akzeptieren. Ebenso zeigt es die Möglichkeiten, die der Transformation selbst grundlegendster politischer Konzepte innewohnen, und wie drastisch die Revision eines etablierten Dogmas wirken kann.

Reden wir nun darüber, was sich vom Kommunismus, der Zweiten Politischen Theorie, übernehmen ließe. Zunächst aber sollten wir beschließen, was es zu verwerfen gilt, um seinen hermeneutischen Zirkel zu zerstören. Vor allem anderen sind die kommunistischen Doktrinen des historischen Materialismus und Fortschritts als Einbahnstraße auf unser Ansinnen nicht anwendbar. Wir haben bereits vom rassistischen Element gesprochen, das der Fortschrittslehre innewohnt. In besonders abstoßender Weise zeigt es sich im historischen Materialismus, der nicht nur der Zukunft den Vorrang vor der Vergangenheit zuspricht und damit die »Rechte der Ahnen« brutal vergewaltigt, sondern auch die lebende »menschliche Gesellschaft« (Thurnwald) einem von der Menschheit unabhängig agierenden mechanischen System gleichsetzt, dessen Gesetze für alle monoton und gleichförmig sind. Materialistischer Reduktionismus und wirtschaftlicher Determinismus bilden den widerwärtigsten Aspekt des Marxismus. In der Praxis drückte er sich in der Vernichtung des seelischen und religiösen Erbes der marxistisch beherrschten Gesellschaften aus. Arrogante Verachtung der Vergangenheit, vulgärmaterialistische Interpretation spiritueller Kultur, ausschließlicher

---

41 Richard Thurnwald: *Die menschliche Gesellschaft in ihren ethno-soziologischen Grundlagen*, Bd. 1, Berlin 1931.

Fokus auf ökonomische Faktoren, positive Einstellung gegenüber der Schöpfung einer neuen Gesellschaft durch die »Diktatur des Proletariats« und die Idee der Klasse als alleinigem historischen Subjekt—all diese Anteile des Marxismus lehnt die Vierte Politische Theorie ab. Ohne diese Komponenten ist der Marxismus (oder, im weiteren Sinne, der Sozialismus) nicht mehr er selbst und zerfällt in einzelne Teile, die kein gemeinsames Ganzes bilden.

Der Marxismus ist von Bedeutung, wenn es um seine Beschreibung des Liberalismus, die Diagnose der Widersprüche des Kapitalismus, seine Kritik des bourgeoisen Systems und die Enthüllung der Wahrheit hinter der bourgeois-demokratischen Agenda von Ausbeutung und Versklavung geht, die als »Fortschritt« und »Befreiung« verkauft wird. Das kritische Potential des Marxismus ist höchst nützlich und vielseitig anwendbar. Es könnte sehr wohl in das Arsenal der Vierten Politischen Theorie integriert werden. Wenn es dazu kommen sollte, wird der Marxismus jedoch nicht als eine Ideologie auftreten, die Antworten—vernünftig und axiomatisch begründete Antworten—für auftretende Probleme aller Art anbietet, sondern dezidiert als Mythos oder kluge soziologische Methode. Der für uns akzeptable Marxismus ist ein mythischer, soziologischer Marxismus.

Als Mythos erzählt uns der Marxismus die Geschichte vom paradiesischen Ursprungszustand (›Urkommunismus‹), der allmählich verlorengegangen sei (›beginnende Arbeitsteilung und Stratifizierung der primitiven Gesellschaft‹). Die Widersprüche würden dann anwachsen, bis zu einem Punkt am Ende der Welt, an dem sie in ihrer beispielhaftesten, reinsten Form wiedergeboren werden, als die Konfrontation zwischen Arbeit und Kapital. Das Kapital—Bourgeoisie und liberale Demokratie—soll alles Böse der Welt—Ausbeutung, Entfremdung—Lügen und Gewalt verkörpern. Die Arbeit soll einen großen Traum und eine uralte Erinnerung an das »Gemeinwohl« darstellen, dessen Inbesitznahme (in Form des »Mehrwerts«) durch eine bösartige Minderheit alle Probleme des modernen Lebens heraufbeschworen habe. Die Arbeit (das Proletariat) müsse die inneren Widersprüche dieser Sachlage erkennen und sich gegen ihre Herren erheben, um eine neue Gesellschaft und das Paradies auf Erden zu errichten: den Kommunismus. Nur werde dies nicht der naturgemäße Urkommunismus sein, sondern ein künstlicher, wissenschaftlicher, in dem das über Jahrhunderte und Jahrtausende der Entfremdung angehäufte Gefälle der »Kommune«, der »Gemeinschaft« dienen würde. Auf diese Weise würde der Traum Realität.

Dieser Mythos fügt sich nahtlos in die Struktur des eschatologischen Bewußtseins ein, das eine besondere Rolle in den Mythologien aller Stämme und Völker spielt, ganz zu schweigen von den hochdifferenzierten Religionen. Das allein spricht für ihn, so dass wir uns äußerst sorgfältig mit dem Marxismus auseinandersetzen sollten.

Auf der anderen Seite ist der Marxismus als eine Sozialwissenschaft enorm nützlich, um die Mechanismen der Entfremdung und Mystifikation zu enthüllen, die der Liberalismus zur Rechtfertigung seiner Vorherrschaft als Beweis seiner »Richtigkeit« nutzt. Da der Marxismus in seiner polemischen, aktivistischen Form selbst ein Mythos ist, gibt er ein exzellentes Werkzeug zur Enttarnung der bourgeoisen »großen Erzählungen« ab, um die Glaubwürdigkeit des liberalen Pathos umzustürzen. In dieser Funktion—»gegen den Liberalismus«—kann er unter den neuen Bedingungen effektiv genutzt werden: Schließlich existieren wir ja auch unter dem Kapitalismus weiter, und die marxistische Kritik an ihm sowie der Kampf gegen ihn bleiben daher auf der Tagesordnung, selbst wenn die alten Gestaltungen dieses Kampfes irrelevant geworden sind.

Der Marxismus liegt in der Beschreibung seines Feindes oft richtig, besonders bei der Bourgeoisie. Seine Versuche, sich selbst zu verstehen, führen jedoch ins Scheitern. Der erste und prominenteste Widerspruch ist die unerfüllte Marxsche Prognose über die Gesellschaftsformen, die für sozialistische Revolutionen am empfänglichsten seien. Er war zuversichtlich, dass diese in den hochindustrialisierten Ländern Westeuropas stattfinden würden, wo die

Fabrikproduktion einen hohen Entwicklungsstand erreicht hatte und es ein großes städtisches Proletariat gab. Solche Revolutionen seien in agrarischen Staaten und Ländern mit »asiatischer« Produktionsweise aufgrund ihrer gemutmaßten Rückwärtsgewandtheit unmöglich. Im 20. Jahrhundert geschah alles genau andersherum. Sozialistische Revolutionen und sozialistische Gesellschaften gab es in ländlichen Staaten mit traditioneller, bäuerlicher Bevölkerung, während in den hochentwickelten Nationalstaaten Europas und Amerikas nichts Vergleichbares passierte. Jedoch ließ das marxistische Dogma selbst in den Staaten, wo der Sozialismus obsiegte, keine Revision seiner eigenen logischen Grundannahmen zu, wie etwa eine Neubewertung der Rolle vorindustrieller Faktoren oder eine ehrliche Einschätzung der wahren Macht des Mythos. In seinen westlichen und sowjetischen Spielarten erwies sich die Selbstbewertung des Marxismus als fragwürdig und unpräzise. Trotz seiner berechtigten Kritik am Liberalismus irrte sich der Marxismus über sich selbst, was ihn an einem bestimmten Punkt zum Untergang verdammte. Am Ende brach er selbst dort zusammen, wo er triumphiert hatte. Und dort, wo er laut Marx hätte siegen sollen, hat der Kapitalismus die Oberhand gewonnen; das Proletariat ist in der Mittelschicht aufgegangen und in der Konsumgesellschaft verschwunden, allen Erwartungen und Vorhersagen zum Trotz. Schlussendlich wurden aus den revolutionären Kommunisten Europas kleinbürgerliche Clowns, die eine gelangweilte und abgestumpfte demokratische Öffentlichkeit bespaßten.

Wenn der Marxismus selbst zu einer angemessenen Selbstbetrachtung unfähig war, so hindert uns nichts daran, diese im Kontext der Vierten Politischen Theorie nachzuholen. Es gibt ein mustergültiges Buch Alain de Benoists, *Aus rechter Sicht*[42], in dem er die erneute Lektüre verschiedener politischer Autoren (der Rechten wie der Linken) aus dem Blickwinkel der »Neuen Rechten« empfiehlt. Dieses Buch markierte den Anbeginn der Bewegung der »Neuen Rechten« in Europa. Es enthält nicht nur eine Kritik jener

---

42 Alain de Benoist: *Aus rechter Sicht. Eine kritische Anthologie zeitgenössischer Ideen*, 2. Bd., Tübingen 1983/84.

Ideen, die der »Alten Rechten« als Dogma dienten, sondern auch eine »revolutionäre« und gutgemeinte Exegese von Schriftstellern wie dem Kommunisten Antonio Gramsci,[43] aus der Sicht der Rechten beurteilt. Es ist genau diese Lesart von Marx — »von rechts«, vom Standpunkt der Mythen und aus einer archaischen und ganzheitlichen Soziologie heraus —, die besonders gut in unsere Gegenwart passen würde.

Was können wir zu guter Letzt dem Liberalismus entnehmen? Auch hier müssen wir, wie immer, mit den Aspekten beginnen, die nicht übernommen werden dürfen. Vielleicht findet sich in diesem Fall alles hinreichend klar und detailliert beschrieben in Alain de Benoists Schrift *Gegen den Liberalismus*, auf die ich mich in meinen Ausführungen fortlaufend und bewusst beziehe. Der Liberalismus ist der Hauptfeind der Vierten Politischen Theorie, die exakt als totaler Gegensatz zu ihm aufgebaut wird. Dennoch gibt es auch hier, ebenso wie bei den anderen politischen Theorien, wichtige und nebensächliche Punkte. Der Liberalismus beruht als Ganzes auf dem Individuum als grundlegendem Bestandteil. Diese Individuen werden kollektiv, aber voneinander isoliert, als das Ganze angenommen. Vielleicht liegt es daran, dass sich der »hermeneutische Zirkel« des Liberalismus als der langlebigste erwiesen hat: Er hat die kleinste Umlaufbahn um sein Subjekt — das Individuum. Um diesen Zirkel zu zertrümmern, müssen wir gegen das Individuum zuschlagen, es abschaffen und an den äußersten Rand politischer Überlegungen verbannen. Der Liberalismus ist sich dieser Gefahr bewusst und zieht deshalb wieder und wieder in den Kampf gegen alle Ideologien und Theorien — seien sie gesellschaftlicher, philosophischer oder politischer Natur —, die

---

43 Antonio Gramsci (1891–1937) war ein italienischer Kommunist, der von den Faschisten eingesperrt wurde. Er entwickelte die Theorie der kulturellen Hegemonie, wonach (kurz gefasst) sich keine politische Gruppe an der Macht halten kann, ohne die Mitglieder einer Gesellschaft zuerst davon zu überzeugen, dass die von ihr propagierten Ideen den Normalzustand darstellen, und sich dadurch zu legitimieren. Somit ist die Kontrolle über den Kulturbetrieb einer Gesellschaft die Voraussetzung für den Machterhalt, nicht etwa, das Erbe einer Revolution anzutreten. Diese Vorstellung hatte großen Einfluss auf die europäische Neue Rechte. Hrsg.

über das Individuum hinausgreifen und seine Identität in einen größeren Zusammenhang integrieren. Die Neurosen und Ängste im pathogenen Kern der liberalen Philosophie sind in *Die offene Gesellschaft und ihre Feinde*[44] deutlich herausgestellt, einem neoliberalen Klassiker von Karl Popper. Er hat den Faschismus und den Kommunismus auf der Grundlage miteinander verglichen, dass beide Ideologien das Individuum in eine überindividuelle Gemeinschaft einfügen, in ein Ganzes, eine Totalität, die Popper umgehend als »Totalitarismus« kennzeichnete. Nachdem wir das Individuum als grundlegende Figur des gesamten politischen und gesellschaftlichen Systems zersetzt haben, können wir dem Liberalismus ein Ende bereiten. Das lässt sich natürlich nicht so leicht erreichen. Nichtsdestoweniger ist jetzt offensichtlich, dass der schwächste (und der stärkste) Aspekt der Ersten Politischen Theorie in seinem direkten Zugriff auf das *Individuum* liegt, das unbedingt es selbst bleiben soll, ganz allein in seiner eigenen autonomen Individualität, Einzigartigkeit, Besonderheit und Befangenheit. So oder so kann die Vierte Politische Theorie die Phobien Poppers zu ihren Gunsten deuten. (Diese haben ihn und seine Anhänger zu den eigenartigsten Schlüssen geführt; vielsagend sind seine dümmliche Kritik an Hegel, die wie eine Rufmordkampagne formuliert war, und seine gegen Platon und Aristoteles gerichteten Faschismusvorwürfe!) Da wir verstehen, was der Feind am meisten fürchtet, schlagen wir die Theorie vor, dass jede menschliche Identität akzeptabel und gerechtfertigt ist, abgesehen von der des Individuums. Der Mensch ist alles andere als ein Individuum. Wir müssen einen Liberalen genau beobachten, wenn er ein Axiom dieser Art liest oder hört. Ich glaube, das würde ein beeindruckendes Schauspiel abgeben — seine ganze »Toleranz« wird sich auf der Stelle verflüchtigen. »Menschenrechte« werden allen verliehen werden, bis auf denjenigen, der es wagt, etwas in unserem Sinne zu äußern.

---

44 Karl Popper: *Die offene Gesellschaft und ihre Feinde*, 2 Bd., 8. Aufl., Tübingen 2003.

Der Liberalismus muss besiegt und vernichtet, das Individuum von seinem Podest herabgeholt werden. Gibt es trotzdem etwas, das wir dem Liberalismus entnehmen könnten — diesem Liberalismus, der hypothetisch geschlagen ist und seinen Bezugspunkt verloren hat?

Ja, da ist etwas. Es ist die Idee der Freiheit. Gemeint ist nicht nur die Idee der »Freiheit zu« — derselben substantiellen Freiheit, die Mill in seinem liberalen Programm zurückwies, das sich auf die »Freiheit von« konzentrierte. Wir müssen die Freiheit in all ihren Bedeutungen und Betrachtungsweisen bejahen. Die Vierte Politische Theorie sollte eine Theorie absoluter Freiheit sein, aber nicht im Verbund mit absoluter Not wie beim Marxismus (diese Korrelation verweigert der Freiheit ihren Kerninhalt). Nein, Freiheit kann beliebiger Art sein, frei von jedem Zusammenhang oder einem Mangel desselben, in alle Richtungen und auf jedes Ziel gerichtet. Die Freiheit ist der größte Wert der Vierten Politischen Theorie, denn sie überschneidet sich mit ihrem Zentrum und ihrem dynamischen, energetischen Kern.

Der Unterschied ist, dass diese Freiheit als menschliche Freiheit begriffen wird, nicht als Freiheit des Individuums — als Freiheit verliehen von Ethnozentrismus, und Freiheit des Daseins, kulturelle und gesellschaftliche Freiheit, die Freiheit zu jedweder Subjektivität außer der eines Individuums. Indem es sich in die entgegengesetzte Richtung bewegte, kam das europäische Denken vor langer Zeit zu einem anderen Schluss: »Der Mensch (als Individuum) ist ein Gefängnis ohne Mauern« (Jean-Paul Sartre);[45] soll heißen, die Freiheit des Individuums ist ein Gefängnis. Um wahre Freiheit zu erlangen, müssen wir über die Grenzen des Individuums hinausgehen. In diesem Sinne ist die Vierte Politische Theorie eine Theorie der Befreiung, des Ausbruchs aus den Gefängnismauern, hinein in die Außenwelt, die dort anfängt, wo das Hoheitsgebiet der individuellen Identität endet.

Freiheit steckt immer voller Chaos, ist aber auch offen für neue Möglichkeiten. Wenn man sie in den engen Rahmen der Individualität einsperrt, wird das Ausmaß der Freiheit mikroskopisch klein und

---

45   Jean-Paul Sartre: *L'âge de raison*, Paris 1945.

schließlich unwirklich. Dem Individuum wird Freiheit gewährt, weil der ihm mögliche Gebrauch davon extrem begrenzt ist — sie wird auf den kleinen Bereich seiner Individualität und darauf, worüber es unmittelbare Kontrolle hat, beschränkt bleiben. Das ist die Kehrseite des Liberalismus: Im Kern ist er totalitär, duldet keine Unterschiede und steht vor allem der Verwirklichung eines großen Willens entgegen. Er ist nur dazu in der Lage, kleine Menschen zu tolerieren; er schützt nicht so sehr die Menschenrechte als vielmehr die des kleinen Menschen. Dieser »kleine Mensch« kann alles tun dürfen, wird aber trotz all seines Begehrens rein gar nichts tun können. Doch jenseits des kleinen Menschen, auf der anderen Seite des »minimalen Humanismus'«, kann man gerade so den nächstgelegenen Ausblick auf wirkliche Freiheit erhaschen. Gleichwohl kommen dort auch große Risiken und ernste Gefahren ins Spiel. Wenn er die Grenzen der Individualität hinter sich gelassen hat, kann ein Mensch von den Elementen des Lebens und den Gefahren des Chaos erdrückt werden. Vielleicht will er Ordnung schaffen. Dieses Recht steht ihm absolut zu — das Recht eines großen Mannes (*homo maximus*) — eines echten Mannes von »Sein und Zeit« (Martin Heidegger). Und wie jede Ordnung kann sich diese Ordnung, die kommende Ordnung, individuell manifestieren. Nichtsdestoweniger ist das keine Individualität, sondern Individuation; kein leeres Kreisen um das Bedeutungslose, das von liberalen Autoritäten kommt, sondern das wirkliche Ausführen von Aufgaben ebenso wie die Zähmung rastloser und erregender Willenshorizonte.

Der Träger der Freiheit wird in diesem Fall das Dasein sein. Die vorangegangenen Ideologien haben das Dasein auf ihre je eigene Art und Weise von seiner Bedeutung entfremdet, es eingeschränkt und auf unterschiedliche Weisen eingesperrt, wodurch es seine Authentizität verlor. Jede dieser Ideologien setzte eine trübselige Puppe, das »Man«, an die Stelle des Daseins. Die Freiheit des Daseins liegt in der Verwirklichung der Möglichkeit, authentisch zu sein. das heißt: das Sein anstelle des Da zu verwirklichen. »Dasein« besteht aus »Da« und »Sein«. Um zu verstehen, wo dieses »Da« verortet ist, müssen wir es betonen und ihm auf den Grund gehen. Damit aber das »Sein« wie ein Springbrunnen ins »Da« einfließt, müssen wir all diese Aspekte zusammenführen — diesen gesamten hermeneutischen Zirkel in den Bereich der vollständigen Freiheit übertragen. Folglich ist die Vierte Politische Theorie gleichzeitig eine grundlegende, ontologische Theorie, deren Kern die Erkenntnis der Wahrheit des Seins einschließt.

Ohne Freiheit können wir niemanden zur Existenz zwingen. Selbst, wenn wir die ideale Gesellschaft errichteten, und selbst, wenn wir jeden zwingen würden, sich angemessen zu verhalten und im Rahmen des korrekten Paradigmas zu handeln, könnten wir niemals ein solches Ergebnis garantieren. Das resultiert aus der menschlichen Freiheit, das Sein zu wählen. Natürlich wird der Mensch nur allzu oft zur »unauthentischen« Existenz des Daseins hingezogen, versucht, dem Problem auszuweichen, und unterwirft sich Gerede und Selbstironie. Befreites Dasein wird vielleicht gerade *nicht* den Weg zum Sein wählen, sondern könnte stattdessen im Verborgenen bleiben und die Welt — einmal mehr — mit seinen Trugbildern und Ängsten, Sorgen und Plänen zumüllen. Das »Dasein« zu wählen, könnte die Vierte Politische Theorie an sich korrumpieren und zu einer Karikatur ihrer selbst machen. Das Risiko besteht, aber das Sein selbst ist auch ein Risiko. Die einzige Frage lautet: »Wer riskiert was?« Entweder riskierst du alles, oder alles und jeder setzt dich einem Risiko aus. Doch nur das, was die Freiheit vermehrt, wird die Wahl eines authentischen Seins Realität werden lassen — die Einsätze sind nur dann wirklich hoch, wenn die Gefahr unbegrenzt ist.

Im Gegensatz zu anderen politischen Theorien will die Vierte Politische Theorie nicht lügen, beschwichtigen oder verführen. Sie ruft uns dazu auf, gefährlich zu leben, riskant zu denken, all das zu befreien und hinauszulassen, was nicht nach innen zurückgeschoben werden kann. Die Vierte Politische Theorie vertraut dem Schicksal des Seins und vertraut ebenso das Schicksal dem Sein an.

Jede streng konstruierte Ideologie ist stets ein Scheinbild und damit unauthentisch, also bedeutet sie immer einen Mangel an

Freiheit. Die Vierte Politische Theorie sollte deshalb nicht vorschnell zu einem Set grundlegender Axiome werden. Es ist vielleicht besser, einige Dinge unausgesprochen zu lassen, die durch Erwartungen und Andeutungen, Behauptungen und Ahnungen entdeckt werden können. Die Vierte Politische Theorie sollte völlig offen sein.

3. KRITIK DER GLEICHFÖRMIGEN PROZESSE

Die Idee der Modernisierung beruht auf dem Fortschrittsgedanken. Wenn wir den Begriff »Modernisierung« verwenden, meinen wir gewiss Fortschritt, lineare Akkumulation und einen gewissen stetigen Vorgang. Wenn wir von »Modernisierung« reden, setzen wir Entwicklung, Wachstum und Evolution voraus. Es ist dasselbe semantische System. Wenn wir also von den »uneingeschränkt positiven Errungenschaften der Modernisierung« reden, stimmen wir einem sehr wichtigen Grundparadigma zu — der Vorstellung, die menschliche Gesellschaft würde sich (weiter) entwickeln, voranschreiten, wachsen und immer besser werden. Anders ausgedrückt: Wir teilen eine spezielle Vision des historischen Optimismus.

Dieser historische Optimismus gilt für die drei klassischen politischen Ideologien (Liberalismus, Kommunismus und Faschismus). Er wurzelt im wissenschaftlichen, gesellschaftlichen, politischen und sozialen Weltbild der Geistes- und Naturwissenschaften des 18. und 19. Jahrhunderts, als der Gedanke von Fortschritt, Entwicklung und Wachstum als ein nicht anzuzweifelndes Axiom galt. Mit anderen Worten: Dieser ganze Strauß von Axiomen war ebenso wie die gesamte Geschichtsschreibung und Zukunftsanalyse in den Geistes- und Naturwissenschaften des 19. Jahrhunderts auf dem Fortschrittsglauben aufgebaut. Wir können die Entwicklung dieses

Themas — des Fortschrittsglaubens — leicht in den drei politischen Ideologien verfolgen.

Wenden wir uns dem klassischen Liberalismus des Soziologen Herbert Spencer zu.[1] Er behauptete, die Entwicklung der menschlichen Gesellschaft sei die nächste Stufe der Evolution der Tiere; es bestehe eine Verbindung und Kontinuität zwischen Tierwelt und gesellschaftlicher Entwicklung.[2] Dementsprechend könnten alle Gesetze der Tierwelt, die nach Darwinschen Muster zu Entwicklung, Verbesserung und Evolution führen, auf die Gesellschaft projiziert werden. Dies ist die Grundlage der bekannten Theorie des »Sozialdarwinismus«, dessen klassischer Vertreter Spencer war. Wenn laut Darwin Überlebenskampf und natürliche Selektion im Tierreich die Evolution vorantrieben, so musste sich nach Spencer der gleiche Prozess in der menschlichen Gesellschaft vollziehen. Und: Je perfekter der Überlebenskampf (zwischen Spezies, innerhalb einer Spezies, Starke gegen Schwache, der Wettbewerb um Ressourcen und Genuss) sei, desto perfekter werde unsere Gesellschaft. Die Frage ist, wie man diesen Ausleseprozess vorantreiben kann. Laut Spencer ist dies das Hauptthema des liberalen Modells und der Sinn sozialen Fortschritts. Wenn wir also Liberale egal welcher Ausrichtung sind, dann haben wir diesen »zoologischen« Ansatz gesellschaftlicher Entwicklung geerbt, der auf dem Vernichtungskampf der Starken gegen die Schwachen beruht.

Trotzdem enthält Spencers Theorie einen wichtigen Punkt. Er war der Ansicht, dass es zwei Phasen der gesellschaftlichen Entwicklung gebe. Die erste Phase liege vor, wenn der Überlebenskampf mit roher Gewalt ausgetragen wird; dies ist typisch für die archaische Welt. Die

---

1 Herbert Spencer (1820-1903) war Evolutionstheoretiker und Zeitgenosse Darwins. Er prägte in seinem Buch *Principles of Biology* 1864 den Begriff »Überleben des Angepasstesten«, um das Darwinsche Konzept der natürlichen Auslese zu beschreiben. Darwin selbst übernahm Spencers Begriff später. Spencer wandte die Theorien Darwins auch auf den sozialen Bereich an, was Darwin niemals tat. Hrsg.

2 Herbert Spencer: *Essays: Scientific, Political, and Speculative*, 3 Bd., New York 1891.

zweite Phase trete ein, wenn der Kampf subtiler, mit ökonomischen Mitteln, ausgetragen wird. Wenn sich die bürgerliche Revolution ereignet, hört der Überlebenskampf nicht auf. Spencer zufolge nimmt er neue, weiter fortgeschrittene, effizientere Formen an; er verlagert sich auf das Feld des Marktes. Dort überleben die Stärksten — also die Reichsten. An die Stelle des mächtigsten Feudalherren, eines Helden, eines Machtmenschen oder Führers, der einfach alles beschlagnahmt, was rings um sein Gemeinwesen zu haben ist, und dabei alles Eigentum anderer Nationen und Rassen wegnimmt, um es mit der herrschenden Volksgruppe oder Kaste zu teilen, tritt nun der Kapitalist, der dasselbe aggressive, tierische Prinzip auf den Markt, die Firma und die Handelsgesellschaft anwendet. Der Übergang von der Gewalt- zur Geldordnung bedeutet nach Spencer keine Vermenschlichung des Prozesses, sondern unterstreicht lediglich seine größere Effektivität. Soll heißen: Der Kampf in der Marktsphäre zwischen den Starken (also Reichen) und Schwachen (also Armen) wird effizienter und führt zu immer höheren Ebenen der Entwicklung, bis superreiche, superstarke und superentwickelte Länder auftreten. Der Fortschritt, Spencer und im weiteren Sinne dem Liberalismus zufolge, ist immer das Wachstum wirtschaftlicher Macht, da dies den tierischen Überlebenskampf, die Kriegführung starker Nationen und die Kasten im gesellschaftlichen Rahmen vorkapitalistischer Staaten fortwährend verfeinert. Daher beinhaltet die liberale Fortschrittsidee eine animalische Form der Aggression, die als Hauptantrieb der sozialen Entwicklung betrachtet wird. Mit mehr wirtschaftlicher Freiheit vergrößert sich auch die Wirkmacht feindlicher Übernahmen, von Angriffen, Fusionen und Aufkäufen. Der liberale Diskurs, konkret die Analyse des liberalen Ideologen, ist ein völlig *animalischer* Diskurs. In einem solchen System bedeuten »fortgeschrittenere« Gesetze oder die weiter entwickelten, »moderneren« Herstellungstechniken nicht gleichzeitig mehr Menschlichkeit; sie bedeuten mehr Möglichkeiten zur effektiveren Machtausübung der Starken, während den Schwachen nur die Kapitulation oder, falls sie noch etwas Kraft haben, das Weiterkämpfen bleibt. In diesem Sinne hat die moderne Ideologie des Wirtschaftswachstums, die wir bei Liberalen wie Alan Greenspan und Ben Bernanke finden, Grundlage und Ursprung im Kampf zwischen den Spezies, sprich: in der wildwüchsigen Vernichtung der Schwachen durch die Starken oder der Absicherung der Starken auf Kosten der Schwachen. Statt des Kampfes zwischen Raubtieren und Pflanzenfressern haben wir die »Goldene Milliarde«[3] mit ihren eigenen »Königen der Tiere« (die New Yorker Börse und die Weltbänker, die alles, was zu haben ist, verschlingen und dabei die Wälder der Erde in »soziale Infrastruktur« verwandeln).

Wenn wir also von »Modernisierung« im liberalen Sinne sprechen, meinen wir notwendigerweise die Verschärfung einer sozialen, politischen, kulturellen, spirituellen und informatorischen Lage, in der die totale Aggression der Starken gegen die Schwachen umgesetzt werden kann.

Die amerikanische Liberale Ayn Rand[4] (Greenspan[5] war einer ihrer größten Bewunderer) begründete eine ganze Philosophie, den »Objektivismus«,[6] die auf folgendem schonungslosen Gedankengang fußt: Wenn jemand reich ist, dann ist er gut. Sie erreichte die Grenzen der Weberschen[7] Theorie über den Ursprung des Kapitalismus in der

---

3 »Goldene Milliarde« steht in Russland für den Glauben, dass ein relativ kleiner, in den reichsten westlichen Ländern ansässiger Anteil der Weltbevölkerung den größten Teil der Weltressourcen verbrauche. Hrsg.

4 Ayn Rand (1905–1982), russisch-amerikanische Schriftstellerin und Philosophin, vertrat eine Extremform des individualistischen Kapitalismus, die sie Objektivismus nannte. Hrsg.

5 Alan Greenspan (geb. 1926) war von 1987 bis 2006 Vorsitzender der US-Notenbank. Ab den 1960er Jahren war Greenspan Teil des engsten Kreises um Rand und war einer der prominentesten Objektivisten. Obwohl sie anfangs ziemlich populär waren, gerieten viele seiner politischen Ansichten in die Kritik. Es gibt zahlreiche Behauptungen, er habe Entwicklungen Vorschub geleistet, die zur amerikanischen Subprime-Hypothekenkrise führten, die wiederum die Weltfinanzkrise ins Rollen brachte. Hrsg.

6 Ayn Rand: *Kapitalismus: Das unbekannte Ideal*, Berlin 1999. Hrsg.

7 Max Weber (1864–1920) gilt als einer der Begründer der Soziologie. Hauptwerk: *Die protestantische Ethik und der »Geist« des Kapitalismus*. Hrsg.

protestantischen Ethik und postulierte, der »Reiche« sei immer und zwangsläufig der »Gute«, beinahe ein Heiliger, während der »arme« Mann böse, faul, schlecht und verdorben sei — ein »Sünder«. Armut bedeutet nach Ayn Rand, ein sündiger Schurke zu sein, während Reichtum der Heiligkeit gleichkommt. Sie schlug die Einrichtung einer »Verschwörung« der Reichen (also der starken, klugen, geheiligten und mächtigen Kapitalisten) gegen jede Art von Arbeiterbewegung, Bauern und alle, die soziale Gerechtigkeit fordern oder schlicht arm sind, vor. Ein solcher Kreuzzug der Reichen gegen die Armen ist der Grundgedanke der »objektivistischen« Ideologie. Menschen wie Greenspan und sein Nachfolger bei der Federal Reserve, Bernanke, sind »Objektivisten« — das heißt, sie interpretieren Modernisierung, Fortschritt, wirtschaftliches Wachstum und Weiterentwicklung auf liberale Weise.

Wenn wir die Modernisierung wie liberale Demokraten auffassen, sind wir dazu eingeladen, in diesen furchtbaren Überlebenskampf in seiner höchsten Intensität einzusteigen und uns ihnen anzugleichen, um ebenso um einen Platz am Futtertrog der Globalisierung zu buhlen. Globalisierung ist in diesem Fall das neue Schlachtfeld im Überlebenskampf, im Ringen zwischen Arm und Reich.

Natürlich sind die philosophischen und moralischen Prämissen dieser Anschauung der Modernisierung dem russischen Volk aufgrund seiner Geschichte und Kultur völlig wesensfremd. Wir lehnen diese Art von Modernisierung uneingeschränkt ab, und wer sie uns aufzuzwingen versucht, wird dafür teuer bezahlen.

Auch im Kommunismus gibt es die Idee des streng in eine Richtung verlaufenden Fortschritts. Marx war der Ansicht, dass Veränderungen der gesellschaftlichen Verhältnisse, die zur Verbesserung und Fortentwicklung von Gesellschaft und Wirtschaft führen, früher oder später in die kommunistische Revolution des Proletariats münden würden, die den durch die Entwicklung entfremdender Technologien angehäuften Reichtum umverteilen sollte. Die Expropriation der Expropriateure werde kommen. Auch wenn dies nicht geschehen ist, treten die Marxisten dafür ein, der Fortentwicklung des Kapitalismus ihren Lauf zu lassen. Auch Marx sah die Geschichte positiv, als Fortschritt, und betrachtete sie als eine Geschichte von Wachstum und Verbesserung, vom Minus zum Plus, vom Einfachen zum Komplexen.

Vielsagend ist, dass Marx und Engels den Löwenanteil von *Das Kommunistische Manifest*[8] der Kritik eben jener antibürgerlichen politischen Philosophien gewidmet haben, die vom Marxismus abwichen, insbesondere der feudalen, reaktionären und nationalistischen. Sie wollten dadurch betonen, dass sich »ihr Kommunismus« auf andere Weise gegen die Bourgeoisie richtete als die Kritik der rechten Antikapitalisten. In Wahrheit stehen Marxisten im Vergleich zu all den anderen »reaktionären« und »konservativen« Projekten auf der Seite der Bourgeoisie und versuchen, ihren Sieg zu befördern, weil er dem Narrativ des geschichtlichen Fortschritts und der Logik der Modernisierung entspricht. Aus diesem Grund lehnt der Marxismus alle Formen des Konservatismus ab. Die Widersprüche zwischen Kommunisten und Kapitalisten verschärfen sich umso mehr, als der Triumph des Kapitalismus unumkehrbar und abgeschlossen wird. An dieser Stelle treten die Kommunisten als Avantgarde des Proletariats in die Geschichte ein und treiben den geschichtlichen Fortschritt voran — hin zu Sozialismus und Kommunismus.

Erneut erkennen wir den Darwinismus im Marxismus, einschließlich der vollständigen Übernahme evolutionärer Ideen sowie seines Glaubens an die Wundermacht von wissenschaftlichem Fortschritt und technologischer Entwicklung.

Wir haben diese Art der »Modernisierung« im 20. Jahrhundert durchlebt und für sie mehr als teuer bezahlt; das Volk hat eindeutig nicht das geringste Verlangen danach, solche Experimente zu wiederholen. Deshalb wird dieser Modernisierungsentwurf nicht funktionieren — und zusätzlich wird niemand für ihn eintreten.

Merkwürdigerweise ist auch der Faschismus eine evolutionäre Bewegung. Man erinnere sich an Friedrich Nietzsche, der von der

---

8 Gareth Stedman Jones: *Das kommunistische Manifest von Karl Marx und Friedrich Engels. Einführung, Text, Kommentar*, München 2012.

»blonden Bestie« und dem »Willen zur Macht« sprach, welcher die Geschichte vorantreibe. Nietzsche war Evolutionist und glaubte, der Logik der Fortentwicklung der Spezies gemäß werde der Mensch vom Übermenschen abgelöst werden, ebenso wie der Urmensch einst den Affen ablöste. Er schrieb: »Was ist der Affe für den Menschen? Ein Gelächter oder eine schmerzliche Scham. Und ebendas soll der Mensch für den Übermenschen sein: ein Gelächter oder eine schmerzliche Scham.«[9] Die Nationalsozialisten entwickelten eine rassische Auslegung dieses Gedankens: Die weiße Rasse sei »weiter entwickelt« als die schwarze, gelbe oder jede andere und habe daher das »Recht« auf die Weltherrschaft. Hier finden wir die gleiche fortschrittsgläubige Ausrichtung, ebenso die Ideen von Fortentwicklung und Verbesserung; all das führt zur Annahme rassischer Überlegenheit, begründet damit, dass die weißen Nationen über verfeinerte industrielle Produktionsweisen verfügen, andere Volksgruppen aber nicht.

Heute wird der Faschismus für seinen rassistischen Anteil abgelehnt und kritisiert, doch vergessen wir dabei, dass genauso wie die anderen beiden politischen Theorien der Moderne auch diese Ideologie auf den Ideen von Fortschritt und Evolution aufgebaut ist. Wenn wir uns die Essenz der nationalsozialistischen Ideologie und die Rolle von Fortschritt und Evolution darin vergegenwärtigten, würde die Verbindung zwischen Rassismus und Evolution offenkundig werden. Diese Verbindung findet sich — in getarnter Form — auch im Liberalismus und sogar im Kommunismus. In der Ideologie des freien Markts und ebenso in der Diktatur des Proletariats finden wir, wenn auch keinen biologischen, so doch kulturellen, technologischen und ökonomischen Rassismus.

Auf die eine oder andere Weise entstammen alle drei Ideologien derselben Strömung: der Idee von Wachstum, Entwicklung, Fortschritt, Evolution und der stetigen, zunehmenden Verbesserung der Gesellschaft. Sie alle betrachten die Welt und den gesamten

---

9 Friedrich Nietzsche: *Also sprach Zarathustra: Ein Buch für Alle und Keinen*, 2. Aufl., Leipzig 2004, S. 10.

geschichtlichen Prozess als lineares Wachstum. Sie interpretieren diesen Prozess auf unterschiedliche Weise und messen ihm unterschiedliche Bedeutungen zu, doch akzeptieren sie alle die Unumkehrbarkeit der Geschichte und ihren progressiven Charakter.

Folglich ist die Modernisierung ein Konzept, das uns direkt zu den drei klassischen politischen Ideologien zurückführt. Darüber hinaus erkennen wir die gemeinsame Grundlage, die alle drei Ideologien durch den Fortschrittsgedanken und die positive Bewertung des Konzepts der »Modernisierung« vereint. Heutzutage werden all diese Ideologien nach und nach ausrangiert. Das ist hinsichtlich Faschismus und Kommunismus unübersehbar, aber beim Liberalismus etwas weniger offensichtlich, obwohl auch dieser die Mehrheit der Weltbevölkerung mittlerweile weniger und weniger zufriedenstellt und sich zugleich zu etwas anderem transformiert, als er in der »klassischen« Zeit der Moderne gewesen ist. In der Folge ist es an der Zeit, die Frage der Suche nach einer Vierten Politischen Theorie jenseits der ersten drei zu stellen. Zusätzlich spiegelt unsere radikale Ablehnung der drei klassischen Theorien unsere Haltung zu dem ihnen Gemeinsamen wider — also unsere Haltung zu Modernisierung, Fortschritt, Evolution, Entwicklung und Wachstum.

Der amerikanische Wissenschaftler Gregory Bateson,[10] ein Theoretiker der Ethnosoziologie, Kybernetik und Ökologie sowie Psychoanalytiker und Linguist, beschrieb den gleichförmigen Prozess in seinem Buch *Geist und Natur*.[11] Der gleichförmige Prozess ist die Idee von stetigem Wachstum, stetiger Akkumulation, Entwicklung, stetigem Fortschritt, alles begleitet vom Anwachsen eines einzigen Indikators. In der Mathematik hängt dies mit der Vorstellung monotonen Werts zusammen; mit anderen Worten: unablässig

---

10 Gregory Bateson (1904–1980) war ein englischer Anthropologe und Kybernetiker, dessen Werk ein breites Spektrum an Fachgebieten abdeckte. In seiner späteren Schaffensperiode versuchte er, eine »Metawissenschaft« der Epistemologie zu begründen. Hrsg.

11 Gregory Bateson: *Geist und Natur. Eine notwendige Einheit*, 4. Aufl., Frankfurt/Main 1995.

steigenden Werten — daher »monotone Funktionen«. Gleichförmige Prozesse sind solche, die immer nur in eine Richtung verlaufen, indem etwa alle ihre Indikatoren ohne Konjunkturschwankungen und Oszillationen stetig ansteigen. Nachdem er die gleichförmigen Prozesse auf drei Ebenen — der der Biologie (Leben), der der Mechanik (Dampfmaschinen, Verbrennungsmotoren) und der der gesellschaftlichen Phänomene — untersucht hatte, schlussfolgerte Bateson, dass ein solcher Prozess bei seinem Eintreten in der Natur die betroffene Spezies sofort vernichtet; wenn es um eine künstliche Vorrichtung geht, versagt diese; wenn wir eine Gesellschaft betrachten, so geht sie zugrunde und verschwindet. Der gleichförmige Prozess ist — biologisch betrachtet — mit dem Leben unvereinbar; er ist ein antibiologisches Phänomen. Gleichförmige Prozesse kommen in der Natur einfach nicht vor. Alle Vorgänge, die nur eine einzige Sache anhäufen oder eine bestimmte Eigenschaft betonen, führen zum Tode. Bei keiner biologischen Spezies gibt es gleichförmige Prozesse, von den Einzellern bis hin zu den komplexesten Organismen. Sobald ein solcher Prozess beginnt, treten Abartige, Riesen, Zwerge und andere Launen der Natur auf. Sie sind behindert, lebensunfähig, steril, und das Leben selbst verwirft sie.

Die Lösung des Problems der gleichförmigen Prozesse war eine der wichtigsten Herausforderungen bei der Entwicklung von Dampfmaschinen. Wie sich herausstellte, ist der wichtigste Bestandteil einer jeden Dampfmaschine der Fliehkraftregler. Wenn eine Dampfmaschine ihre Arbeitsdrehzahl erreicht, muss die Dampfzufuhr gedrosselt werden; andernfalls setzt ein gleichförmiger Prozess ein, alles beginnt, mitzuschwingen, und die Maschine läuft unbegrenzt immer schneller bis zur Explosion. Hier eine Lösung zu finden und den gleichförmigen Prozess in der Mechanik zu vermeiden, war das grundlegende theoretische, mathematische, physikalische und technische Problem der frühen Industrialisierung. Es zeigte sich, dass der gleichförmige Prozess nicht nur mit dem Leben unvereinbar ist, sondern auch mit der ordnungsgemäßen Funktionsweise einer mechanischen Vorrichtung. Bei der Gestaltung eines Geräts muss der gleichförmige Prozess vermieden werden; zu verhindern sind also eindimensionaler Fortschritt, eindimensionale Evolution und eindimensionale Entwicklung ebenso wie das Einbringen von Wachstum in einen geschlossenen Kreislauf.

Indem er die Soziologie analysierte, konnte Bateson zeigen, dass es in realen Gesellschaften keine gleichförmigen Prozesse gibt. Gleichförmige Prozesse, etwa lineares Bevölkerungswachstum, führten meist zu Kriegen, die die Population wieder verminderten. In unserer heutigen Gesellschaft sehen wir ebenso einen beispiellosen technologischen Fortschritt wie eine unglaubliche moralische Zersetzung.

Betrachten wir die Beweislage ohne evolutionäre Voreingenommenheit, so werden wir begreifen, dass gleichförmige Prozesse nur in der menschlichen Vorstellung existieren; das heißt, sie sind rein ideologische Konstrukte. Bateson hat vorgeführt, dass es sie weder in biologischer noch in mechanischer oder sozialer Wirklichkeit gibt.

Auch Marcel Mauss,[12] ein bekannter französischer Soziologe, kritisierte den gleichförmigen Prozess. Er schilderte im von ihm mitverfassten Text *Essai sur la nature et la fonction du sacrifice*[13] und besonders in seinem Essay *Die Gabe*[14] die große Bedeutung, die traditionelle Gesellschaften der Zerstörung—oder Opferung—überschüssiger Güter beimaßen. Der Überschuss wurde als ausschweifend, *Licho*[15] und wucherhaft angesehen. *Licho* verkörpert das Böse, Wucher ist der

---

[12] Der Soziologe Marcel Mauss (1872–1950) hatte großen Einfluss auf die Anthropologie, insbesondere auf Claude Lévi-Strauss. Hrsg.

[13] Henri Hubert u. Marcel Mauss: »Essai sur la nature et la fonction du sacrifice«; in: dies.: *Mélanges d'histoire des religions*, 2. Aufl., Paris 1929.

[14] Marcel Mauss: *Die Gabe: Die Form und Funktion des Austauschs in archaischen Gesellschaften*, Frankfurt/Main 1968.

[15] In der urtümlichen russischen Mythologie war *Licho* ein Geist des Unglücks und Elends. Das Wort selbst ist gleichbedeutend mit »böse« und etymologisch verwandt mit *lischnii*, also »zuviel«. Dugin verwendet auch die ursprüngliche Bedeutung des Begriffs *lichva*, ein altes Wort für Wucher und ebenfalls mit *licho* verwandt. Hrsg.

Zins auf geliehenes Kapital und Ausschweifung ist das Eigentum, das den persönlichen Bedarf übersteigt. Ernteüberschüsse etwa wurden in traditionellen Gesellschaften als unheilvoll betrachtet. Die urtümliche Weltanschauung basierte auf dem Glauben, dass eine Zunahme auf einem Gebiet einer Abnahme auf einem anderen entspräche. Ein Überschuss musste deshalb schnellstmöglich vernichtet werden. Zu diesem Zweck organisierte die Gemeinschaft entweder ein Festmahl und verzehrte dort alles überschüssige Essen bis zum Erbrechen, oder aber sie brachte es den Göttern als Opfer dar, verteilte es unter die Armen oder vernichtete es. Darin liegt der Ursprung eines besonderen Rituals, des Potlatch,[16] das das absichtliche Weggeben oder Zerstören überflüssigen Privateigentums zeitigt.

Marcel Mauss wies nach, dass der Glaube an die Destruktivität gleichförmiger Prozesse zu den Grundlagen der menschlichen Gesellschaftlichkeit gehört. Die Gesellschaft kann nur stark bleiben, indem sie den gleichförmigen Prozess von sich weist und Wachstum in einen Kreislauf umwandelt.

Émile Durkheim, Pitirim Sorokin und Georges Gurvitch, die wichtigsten Soziologen des 20. Jahrhunderts und wesentlichen Klassiker soziologischen Denkens, waren entgegen der Soziologen des 19. Jahrhunderts — wie etwa Auguste Comte oder Herbert Spencer — der Ansicht, es gebe keinen sozialen Fortschritt. Fortschritt ist demnach kein objektives gesellschaftliches Phänomen, sondern vielmehr ein artifizielles Konzept, eine Art wissenschaftlich formulierter Mythos. Wenn wir Gesellschaften erforschen, können wir nur über die unterschiedlichen Typen derselben sprechen. Es gibt kein allgemeingültiges Kriterium, um höher entwickelte von weniger entwickelten Gesellschaften zu unterscheiden. Lucien Lévy-Bruhl[17] wollte

---

16 Das Potlatch ist ein Brauch, den verschiedene nordamerikanische Indianerstämme trotz Verbotsbemühungen durch kanadische und US-Behörden im 19. und im frühen 20. Jahrhundert bis heute pflegen. Hrsg.

17 Lucien Lévy-Brühl (1857–1939) war ein französischer Philosoph, der postulierte, es gebe zwei grundlegende menschliche Geisteshaltungen: die »primitive« und die »westliche«, die evolutionär verknüpft seien. Hrsg.

beweisen, dass Wilde vorlogisch und moderne Menschen logisch denken.[18] Claude Lévi-Strauss[19] hingegen zeigte,[20] dass Wilde ähnlich wie wir denken und lediglich über eine anders aufgebaute Taxonomie verfügen, also nicht »weniger« Logik als wir besitzen; vielleicht besitzen sie sogar noch mehr und denken auf eine verfeinerte Weise.

Hinsichtlich der Phasen gesellschaftlicher Entwicklung haben der größte amerikanische Kulturanthropologe, Franz Boas[21], und seine Anhänger ebenso wie Claude Lévi-Strauss und seine Schule bewiesen, dass wir im anthropologischen Rahmen nicht davon ausgehen können, dass sich der moderne Mensch aus »archaischen« und »primitiven« Stämmen entwickelt habe. Primitive und ihre Gesellschaften sind einfach nur andere Menschen und andere Gesellschaften. Moderne Menschen sind eine Gruppe, archaische Menschen eine andere. Gleichwohl sind sie auch Menschen, nicht weniger als wir. Sie sind keine unterentwickelte Version von uns. Sie haben andersartige Kinder, die weder Mythen noch Märchen kennen, weil ihnen diese im Gegensatz zu unseren Kindern nicht beigebracht werden. Auch die Erwachsenen sind anders; ihre Erwachsenen kennen die Mythen, während unsere nicht an sie glauben. *Unsere* Erwachsenen und unsere nüchterne und zweckmäßige Gesellschaft ähneln eher *ihren* Kindern. Die Erwachsenen primitiver Stämme können Mythen erzählen, an die sie aufrichtig glauben, und wissen, dass sie die Wundertaten ihrer Vorfahren wie auch deren Seelen in ihrem eigenen Leben verkörpern; dazwischen gibt es für sie keinen Unterschied. Im Gegensatz dazu sind die Kinder primitiver Gesellschaften von Zynismus, Pragmatismus, Skeptizismus und dem Anliegen, alles auf materielle Ursachen zurückzuführen, gekennzeichnet. Das bedeutet nicht, dass moderne Gesellschaften dem primitiven Zustand entwachsen wären

---

18 Lucien Lévy-Bruhl: *Die geistige Welt der Primitiven*, München 1927.
19 Claude Lévi-Strauss (1908–2009) war der einflussreichste Anthropologe des 20. Jahrhunderts. Hrsg.
20 Claude Lévi-Strauss: *Das wilde Denken*, 9. Aufl., Frankfurt/Main 1994.
21 Franz Boas (1858–1942) war ein deutschstämmiger amerikanischer Anthropologe, der den Grundstein der modernen Anthropologie legte. Hrsg.

und diesen überwunden hätten; wir haben unsere Gesellschaft bloß anders, weder besser noch schlechter, eingerichtet und sie auf anderen Grundlagen und Werten aufgebaut.

In den Kulturwissenschaften und der Philosophie zeigten Nikolai Danilewski,[22] Oswald Spengler, Carl Schmitt, Ernst Jünger,[23] Martin Heidegger und Arnold Toynbee,[24] dass alle Prozesse der Philosophie- und Kulturgeschichte zyklische Phänomene sind. Auch der russische Historiker Lew Gumiljow war in seiner Version des zyklischen Geschichtsverlaufs dieser Ansicht, die er in seiner berühmten Theorie der *Passionarnost* (etwa »Leidenschaftlichkeit«) ausführte.[25] Sie alle räumten ein, dass es Weiterentwicklung, aber auch Verfall gibt. Wer *nur* auf Wachstum und Entwicklung baut, der handelt

---

22 Der russische Philosoph Nikolai Danilewski (1822–1885) vertrat ein zyklisches Modell des Lebens von Zivilisationen, ähnlich dem späteren Ansatz Spenglers. Hrsg.

23 Ernst Jünger (1895–1998) war einer der prominentesten Vertreter der deutschen Konservativen Revolution, was aber nur eine Phase seines langen und wechselhaften Lebens war. Er zog als Freiwilliger auf deutscher Seite in den Ersten Weltkrieg und erhielt die höchste Auszeichnung, den Orden Pour le Mérite. Nach dem Krieg schrieb er zahlreiche Bücher, engagierte sich in der deutschen Politik, experimentierte mit psychedelischen Drogen und bereiste die Welt. Er blieb dem Nationalsozialismus gegenüber zunächst ambivalent, trat aber nicht in die Partei ein und wandte sich in den späten 1930er Jahren gegen ihn. Nach Ausbruch des Zweiten Weltkriegs trat er wiederum in die Wehrmacht ein und diente als Hauptmann in Paris, wo er mehr Zeit mit Picasso und Cocteau als mit der Durchsetzung der Besatzung verbrachte. Seine Einwände gegen die Nationalsozialisten hatten Einfluss auf die Verschwörer des Stauffenbergkreises, was zu seiner Entlassung aus der Wehrmacht führte. Nach dem Krieg näherten sich die politischen Ansichten Jüngers allmählich einer Art aristokratischen Anarchismus an. Hrsg.

24 Der britische Historiker Arnold J. Toynbee (1889–1975) verfasste zwischen 1934 und 1961 das zwölfbändige Werk *A Study of History* (dt. *Der Gang der Weltgeschichte*, Zürich 1949 u. 1958) über zivilisatorische Zyklen. Hrsg.

25 Gumiljow betrachtete *Passionarnost* als den Grad der Vitalität in einer bestimmten ethnischen Gruppe oder Zivilisation, eine Art Energie, die bis zu ihrem Höhepunkt allmählich zunehme, an dem die Gruppe ihre größten Leistungen erbringe, und danach langsam verebbe. Die europäische Zivilisation habe demnach ihren Tiefpunkt erreicht, während die arabische voller *Passionarnost* sei. Hrsg.

gegen alle geschichtlichen Grundsätze, gegen alle gesellschaftlichen Gesetzmäßigkeiten und gegen die Logik des Lebens. Eine solche nur in eine Richtung verlaufende Modernisierung, solches Wachstum, solche Entwicklung und solcher Fortschritt existieren nicht.

Piotr Sztompka, ein zeitgenössischer polnischer Soziologe, konstatierte[26], dass es hinsichtlich der Bewertung des Fortschritts einen Wandel in den Geisteswissenschaften gebe: Im 19. Jahrhundert glaubte jedermann an den Fortschritt; er wurde für das maßgebliche Axiom und ein wissenschaftliches Kriterium gehalten. Wenn wir aber die geistes- und naturwissenschaftlichen Paradigmen des 20. Jahrhunderts untersuchen, erkennen wir, dass er beinahe überall abgelehnt wurde; niemand richtet sich mehr danach. Heutzutage gilt die fortschrittliche Weltanschauung nahezu als antiwissenschaftlich. Sie ist unvereinbar mit den Maßstäben heutiger Wissenschaft, ebenso wie mit denen von Humanismus und Toleranz. Jeglicher Fortschrittsgedanke ist an sich ein verhüllter oder direkter Rassismus, wonach »unsere« Kultur, etwa »weiße Kultur« oder amerikanische Kultur, mehr wert sei als »eure« Kultur, etwa die der Afrikaner, Muslime, Iraker oder Afghanen. Sobald wir behaupten, die amerikanische oder die russische Kultur sei der der Tschuktschen[27] oder der Bewohner des Nordkaukasus überlegen, handeln wir wie Rassisten. Das ist weder mit Wissenschaftlichkeit noch mit einem grundsätzlichen Respekt gegenüber anderen Völkern vereinbar.

Die Wissenschaft des 20. Jahrhunderts nutzt Kreisläufe als wissenschaftliches Kriterium — Sztompka zufolge sind wir von den Paradigmen der Evolution, Modernisierung und Weiterentwicklung zu denen der Krisen und Katastrophen übergegangen. Das bedeutet, dass alle Prozesse — in Natur, Gesellschaft und Technologie — als relativ, umkehrbar und zyklisch begriffen werden müssen. Dies ist der wichtigste Gesichtspunkt.

---

26 Piotr Sztompka: *The Sociology of Social Change*, Oxford u. Cambridge 1994.
27 Das Volk der Tschuktschen bewohnt die Tschuktschen-Halbinsel am Beringmeer. Hrsg.

3. KRITIK DER GLEICHFÖRMIGEN PROZESSE

Hinsichtlich ihrer methodologischen Basis muss die Vierte Politische Theorie in einer grundsätzlichen Ablehnung gleichförmiger Prozesse verwurzelt sein. Will heißen: Die Vierte Politische Theorie muss als ihre künftige Maxime verfechten, dass der gleichförmige Prozess unwissenschaftlich, unangemessen, unmoralisch und unwahr ist (ohne vorzugeben, wie der gleichförmige Prozess zu verwerfen ist). Und alles, was auf gleichförmige Prozesse und ihre Varianten zielt, etwa Fortentwicklung, Evolution und Modernisierung, sollte zumindest im Sinne des zyklischen Modells verstanden werden. Anstelle der Ideen von gleichförmigem Prozess, Fortschritt und Modernisierung müssen wir andere Parolen unterstützen, die auf Leben, Wiederholung, die Erhaltung des Wertvollen und die Umgestaltung des Veränderungswürdigen ausgerichtet sind.

Statt immer auf Modernisierung und Wachstum zu schielen, sollten wir uns an Gleichgewicht, Wandlungsfähigkeit und Harmonie orientieren. Statt immer auf- und vorwärts gehen zu wollen, müssen wir uns dem Bestehenden anpassen, verstehen, wer wir sind, und die gesellschaftspolitischen Abläufe in Einklang bringen.

Vor allem gibt es anstelle von Wachstum, Fortschritt und Entwicklung das *Leben*. Immerhin wurde noch kein Beweis dafür erbracht, dass das Leben an das Wachstum gebunden wäre. Das war der Mythos des 19. Jahrhunderts. Im Gegenteil: Das Leben ist mit ewiger Wiederkunft verknüpft. Am Ende hat selbst Nietzsche seine Vorstellung vom Willen zur Macht in das Konzept der ewigen Wiederkunft eingeordnet.[28] Die Logik des Lebens selbst, der sich Nietzsche verschrieben hatte, lehrte ihn: Wenn es im Leben Wachstum gibt, die apollinische Bewegung hin zum *Logos*, dann

---

28 »Wie, wenn dir eines Tages oder Nachts, ein Dämon in deine einsamste Einsamkeit nachschliche und dir sagte: ›Dieses Leben, wie du es jetzt lebst und gelebt hast, wirst du noch einmal und noch unzählige Male leben müssen; und es wird nichts Neues daran sein, sondern jeder Schmerz und jede Lust und jeder Gedanke und Seufzer und alles unsäglich Kleine und Grosse deines Lebens muss dir wiederkommen, und Alles in der selben Reihe und Folge [...]« Friedrich Nietzsche: *Die fröhliche Wissenschaft*, Chemnitz 1882. (4. Buch, Aphorismus 341.) Dies ist einer der zentralen Gedanken Nietzsches. Hrsg.

existiert auch das Gegengewicht der nächtlichen, dionysischen Welt.[29] Apollo ist Dionysos nicht einfach entgegengesetzt; sie *ergänzen* einander. Die eine Hälfte des Kreislaufs besteht aus Modernisierung, die andere Hälfte — Verfall; wenn eine Hälfte aufwärts zeigt, zeigt die andere abwärts. Es gibt kein Leben ohne den Tod. »Sein zum Tode«, die Achtsamkeit gegenüber dem Tod, der abgewandten Seite der Sphäre des Seins, ist mit Heidegger kein Ringen mit dem Leben, sondern dessen Verherrlichung und Begründung.

Wir müssen antiquierten politischen Ideologien und Theorien ein Ende bereiten. Wenn wir Marxismus und Faschismus wahrhaftig abgeschrieben haben, bleibt noch die Ablehnung des Liberalismus. Liberalismus ist eine genauso veraltete, grausame und menschenfeindliche Ideologie wie die beiden anderen. Den Begriff »Liberalismus« sollte mit den Begriffen »Faschismus« und »Kommunismus« gleichgestellt werden. Der Liberalismus hat nicht weniger historische Verbrechen als Faschismus (Auschwitz) und Kommunismus (Gulag)[30] zu verantworten; er ist verantwortlich für die Sklaverei, die Dezimierung der amerikanischen Ureinwohner in den Vereinigten Staaten, für Hiroshima und Nagasaki, die Angriffe auf Serbien, den Irak und Afghanistan, die Verheerung und wirtschaftliche Ausbeutung von Millionen Menschen auf der Erde sowie für die schändlichen und zynischen Lügen, die diese Historie weißwaschen sollen.

Was aber am wichtigsten ist: Wir müssen die Grundlage dieser drei Ideologien verwerfen, nämlich den gleichförmigen Prozess in all seinen Formen, also Evolution, Wachstum, Modernisierung, Fortschritt, Weiterentwicklung und all das, was im 19. Jahrhundert

---

29 Im Denken Nietzsches ist das Apollinische der Vernunft und den Träumen verbunden. Das Dionysische hängt mit Rausch und Ekstase zusammen. Hrsg.

30 Gulag war die Abkürzung für das gigantische System der sowjetischen Zwangsarbeitslager, in denen die Haftbedingungen extrem brutal waren und die viele nicht überlebten. Es erreichte seinen Höhepunkt unter Stalin, als um 1953 über zwei Millionen sowjetische Bürger in Gulags interniert waren. Die Lager existierten nach ihrer offiziellen Schließung in den 1960ern in modifizierter Form noch bis 1991 weiter. Hrsg.

wissenschaftlich schien, aber im 20. Jahrhundert als unwissenschaftlich entlarvt wurde.

Wir müssen auch die Philosophie der Entwicklung abstreifen und den folgenden Grundsatz vertreten: Leben ist wichtiger als Wachstum. Statt der Entwicklungsideologie müssen wir auf Konservatismus und Konservierung setzen. Gleichwohl brauchen wir nicht nur alltäglichen Konservatismus, sondern auch philosophischen Konservatismus. Wir brauchen eine Philosophie des Konservatismus. Im Hinblick auf die Zukunft des russischen politischen Systems wird es dem Untergang geweiht sein, wenn es auf gleichförmigen Prozessen gegründet werden sollte. Aus einer neuen Runde einseitigen Wachstums, gespeist von Energiepreisen, Immobilienhandel, Aktien und so weiter, wird niemals Stabilität entstehen, genausowenig wie aus dem Wachstum der globalen Wirtschaft insgesamt. Wenn diese Illusion fortbesteht, könnte sie tödlich für unser Land werden.

Wir finden uns heute in einer Übergangsphase wieder. Wir wissen ungefähr, wovon wir uns *weg*bewegen, aber nicht, welchen Zuständen wir uns *entgegen*bewegen. Wenn wir etwas ansteuern, das mittelbar oder unmittelbar den Glauben an irgendeinen gleichförmigen Prozess impliziert, dann bewegen wir uns in eine Sackgasse.

Die Vierte Politische Theorie muss den Schritt zur Formulierung einer kohärenten Kritik des gleichförmigen Prozesses unternehmen. Sie muss ein alternatives Modell einer konservativen Zukunft entwerfen, ein konservatives Morgen, das auf den Prinzipien von Vitalität, Wurzeln, Konstanten und Ewigkeit basiert.

Wie Arthur Moeller van den Bruck einmal sagte: »Konservatismus hat die Ewigkeit für sich.«[31]

---

31 Arthur Moeller van den Bruck: *Das dritte Reich*, Berlin 1923, S. 223.

4. DIE UMKEHRBARKEIT DER ZEIT

DIE IDEOLOGIE der Moderne hat drei politische Theorien hervorgebracht. Sie alle beruhen auf der Topographie des Fortschritts. Fortschritt impliziert die Unumkehrbarkeit der Zeit, einen vorwärtsgerichteten, vorbestimmten Evolutionsprozess. Der Fortschritt ist ein sowohl orthogenetischer als auch gleichförmiger Prozess. Alle drei Theorien beruhen zwangsläufig auf der Hegelschen Philosophie. Nach Hegel begriff man den Sinn der Geschichte im Sinne des sich von sich selbst entfremdenden absoluten Geistes,[1] der als dialektischer Geschichtsverlauf Form annahm und schließlich zu einer Art aufgeklärter Monarchie wurde.

Marx akzeptierte diese Topographie, und seit Alexandre Kojève und Francis Fukuyama haben sie auch liberale Denker akzeptiert. Im Rahmen des Nationalsozialismus wurde der Hegelianismus im Konzept eines »Endreichs«, wonach das Dritte Reich das dritte Königreich Joachim von Fiores[2] darstelle, und im Konzept des

---

[1] In seinen *Vorlesungen über die Philosophie der Geschichte* postuliert Hegel, dass es einen Geist hinter den Zivilisationen gebe, der sich durch den dialektischen Geschichtsverlauf manifestiere. Er bezeichnete Napoleon einmal als »Weltseele zu Pferde«. Hrsg.

[2] Joachim von Fiore (ca. 1135–1202) war ein italienischer Priester und Begründer des Florenserordens in San Giovanni. Er entwickelte eine Theorie, wonach die Geschichte gemäß der christlichen Dreifaltigkeit strukturiert sei und aus dem Zeitalter des Vaters, dem Zeitalter des Sohnes und dem Zeitalter des Heiligen Geists bestehe, wobei letzteres 1260 beginnen sollte. Er lehrte, in diesem

Sozialdarwinismus externalisiert, das die Theorie der natürlichen Auslese anpasste, um sie auf Gesellschaft und Rassen anzuwenden. Sozialdarwinismus ist auch dem Liberalismus Spencers inhärent. Jede dieser drei Ideologien der Moderne fußt auf den Voraussetzungen der Unumkehrbarkeit der Zeit und der einseitig ausgerichteten Geschichte. Sie erkennen den totalisierenden Imperativ der Modernisierung bedingungslos an. Die Modernisierung kann liberal, kommunistisch oder faschistisch daherkommen. Ein Beispiel für die Effektivität faschistischer Modernisierung wäre der Erfolg — wie brutal er auch war — der industriellen Modernisierung Deutschlands durch Hitler in den 1930er Jahren.

Die Vierte Politische Theorie ist eine unmoderne Theorie. Wie Bruno Latour[3] sagte: »Wir sind nie modern gewesen.« Die theoretischen Axiome der Moderne sind ungefährlich, weil sie in der Realität nicht umgesetzt werden können. *In praxi* negieren sie sich permanent und auf eindrucksvolle Weise selbst. Die Vierte Politische Theorie verwirft die Idee der Unumkehrbarkeit der Geschichte rundheraus. Dieser Gedanke war in der Theorie interessant, wie von Georges

---

    Zeitalter werde die Menschheit direkt mit Gott verkehren können, wodurch die Kirche als Institution obsolet würde. Sein Denken wurde von der Kirche verdammt und gilt noch heute als Häresie. Hrsg.

3 Bruno Latour (geb. 1947) ist ein französischer Anthropologe, der Anthropologie und Soziologie auf die Wissenschaftsforschung angewandt hat. Dugin bezieht sich auf sein Buch *Wir sind nie modern gewesen. Versuch einer symmetrischen Anthropologie* (Neuaufl., Frankfurt/Main 2008). Darin vertritt er die Ansicht, altertümliche Völker hätten — anders als die moderne Welt — nicht zwischen der Gesellschaft und der Natur unterschieden. Hrsg.

Dumézil[4] mit seinem Anti-Euhemerismus[5] und Gilbert Durand bekräftigt.[6] Ich habe die Soziologie und die Morphologie der Zeit bereits in meinen Büchern *Post-Philosophie: Soziologie der Imagination* und *Soziologie der russischen Gesellschaft* behandelt. Die Zeit ist ein gesellschaftliches Phänomen, dessen Strukturen von ihren Zielvorgaben unabhängig sind und stattdessen von der Vorherrschaft sozialer Paradigmen abhängen, denn das Ziel wird von der Gesellschaft selbst bestimmt. In der modernen Gesellschaft wird die Zeit als unumkehrbar, fortschreitend und einseitig ausgerichtet betrachtet. Das trifft aber nicht zwangsläufig auch auf Gesellschaften zu, die die Moderne nicht akzeptieren. In manchen Gesellschaften, denen eine strenge, moderne Zeitvorstellung fehlt, kommen zyklische und sogar regressive Zeitvorstellungen vor. Deshalb wird im Zusammenhang mit der Topographie pluraler Zeitvorstellungen für die Vierte Politische Theorie die Politikgeschichte berücksichtigt. Es gibt so viele Vorstellungen von Zeit, wie es Gesellschaften gibt.

---

4   Georges Dumézil (1898–1986) war ein französischer Philologe, der insbesondere als Pionier der Mythographie bekannt ist. Er forschte auch über die Natur der Souveränität in alten indoeuropäischen Zivilisationen, was zur Formulierung seiner trifunktionalen Hypothese führte: Demnach habe sich die indoeuropäische Kultur entlang einer dreigliedrigen Struktur aus Krieger-, Priester- und Bauernstand entwickelt. Er hielt dies für den Ursprung sowohl des hinduistischen Kastensystems als auch der Feudalgesellschaft im Europa des Mittelalters. Hrsg.

5   Der Euhemerismus ist nach dem griechischen Mythographen Euhemeros benannt, der im 4. Jahrhundert v. Chr. lebte und behauptete, die griechischen Götter hätten ihren Ursprung in mündlichen Überlieferungen, die anfangs herausragende Menschen behandelten, welche aber mit der Zeit zu Göttern erhoben worden seien. Die Anhänger des Euhemerismus glauben auch, dass die Mythen und Sagen der heiligen Traditionen ihren Ursprung in tatsächlichen geschichtlichen Ereignissen haben. Dumézil hingegen sah sie als symbolische Darstellungen gesellschaftspolitischer Wirklichkeiten. Hrsg.

6   Gilbert Durand (1921–2012) war ein französischer Soziologe und Philosoph mit den Schwerpunkten Symbolische Anthropologie und Imagination. Er war Mitglied der Eranos-Gruppe und arbeitete mit C. G. Jung, Gaston Bachelard und Henry Corbin. Seiner Theorie zufolge gibt es eine Übereinstimmung zwischen Physiologie und Gesellschaftsstruktur. Hrsg.

Doch die Vierte Politische Theorie legt Fortschritt und Modernisierung nicht einfach ab. Diese Theorie betrachtet Fortschritt und Modernisierung abhängig von und eng verbunden mit gegenwärtigen geschichtlichen, gesellschaftlichen und politischen semantischen *Gelegenheitsursachen* im Sinne der Theorie des Okkasionalismus.[7] Fortschritt und Modernisierung sind real, aber nicht absolut, sondern relativ. Gemeint sind spezifische Phasen, nicht die Gesamtentwicklung der Geschichte. Aus diesem Grund empfiehlt die Vierte Politische Theorie eine alternative Version der Politikgeschichte, basierend auf systematisiertem Okkasionalismus. Carl Schmitt kam dem mit seiner Arbeit sehr nahe. Auch Fernand Braudel und die Annales-Schule wurden davon zu ihren Werken inspiriert. In der Diskussion über den politischen Wandel der Gesellschaft ordnen wir Geschichte, Religion, Philosophie, Wirtschaft und Kultur (einschließlich ihrer ethnischen und ethnosoziologischen Besonderheiten) in ihren spezifischen semantischen Kontext ein. Dazu braucht es eine neue Unterteilung gesellschaftlichen und politischen Wandels. Wir erkennen solche Wandlungen an, aber verallgemeinern sie nicht dermaßen, dass sie zum gemeinsamen »Schicksal« aller Gesellschaften werden könnten. Daraus erwächst uns politischer Pluralismus.

Die Vierte Politische Theorie bedient sich einer gesellschaftsabhängigen Auffassung von umkehrbarer Zeit. Im Kontext der Moderne ist es unmöglich, von einem Punkt in der Geschichte zu einem vorherigen zurückzukehren. Im Kontext der Vierten Politischen Theorie aber ist das möglich. Berdjajews Begriff des »neuen Mittelalters«[8] ist

---

7   Die okkasionalistische Theorie war ursprünglich herausragend im Islam, wurde später auf die christliche Theologie übertragen und wurde auch von Descartes und seinen Anhängern aufgegriffen. Sie besagt, dass alle Ereignisse ihre letztliche Ursache in Gott hätten, da Materie nicht imstande sei, sie zu verursachen. Dieser Theorie zufolge ist Gott vernunftgeleitet; die durch ihn verursachten Ereignisse hätten folglich eine logische Ordnung. Hrsg.

8   Nikolai Berdjajew (1874–1948) war ein einflussreicher russischer chiliastischer Mystiker und politischer Philosoph. Obwohl ursprünglich Kommunist, weigerte er sich, die Russische Revolution von 1917 zu unterstützen, weil er den Autoritarismus und Atheismus der Kommunisten ablehnte. Er wurde 1922

gut geeignet. Gesellschaften können vielfältig auf- und umgebaut werden. Die Erfahrung der 1990er hat dies anschaulich demonstriert: Die Sowjetbürger waren davon überzeugt, dass der Sozialismus vom Kapitalismus ausgehen würde, nicht umgekehrt. In den 1990ern mussten sie das Gegenteil feststellen: Der Kapitalismus folgte auf den Sozialismus. Es ist gut möglich, dass Russland danach noch Feudalismus oder sogar eine Sklavenhaltergesellschaft oder vielleicht eine kommunistische oder uranfängliche Gesellschaft erleben wird. Wer darüber lacht, ist ein Gefangener der Moderne und ihrer Hypnose. Wenn wir die Umkehrbarkeit politischer und geschichtlicher Zeit anerkennen, erreichen wir einen neuen, pluralistischen Standpunkt der Politikwissenschaft und erlangen eine avantgardistische Perspektive, die für die Konstruktion einer Ideologie notwendig ist.

Die Vierte Politische Theorie konstruiert — und rekonstruiert — die Gesellschaft jenseits moderner Axiome. Deshalb können Elemente der unterschiedlichen politischen Formen ohne Verbindung zum zeitlichen Rahmen in die Vierte Politische Theorie integriert werden. Es gibt keine Stadien oder Epochen, sondern nur Vorkonzepte und Konzepte. In diesem Kontext sind theologische Gebilde, Altertum, Kaste und andere Aspekte der traditionellen Gesellschaft nur einige der möglichen Varianten neben Sozialismus, keynesianischer Theorie,[9] freier Marktwirtschaft, parlamentarischer Demokratie oder »Nationalismus«. Sie sind einfach Formen, aber sie würden nicht mit einer angedeuteten Topographie »objektiver geschichtlicher Zeit« zusammenhängen. So etwas gibt es nicht! Wenn Zeit »geschichtlich«

---

aus der Sowjetunion ausgewiesen und verbrachte den Rest seines Lebens in Paris. In seinem Buch *Das neue Mittelalter. Betrachtungen über das Schicksal Rußlands und Europas* (Darmstadt 1927) prophezeite er das bevorstehende Ende von Liberalismus und Humanismus sowie die Rückkehr einer von ihm als »neues Mittelalter« bezeichneten Epoche, in der religiös und mystisch begründete Zivilisationen wiederkehrten. Hrsg.

9 John Maynard Keynes (1883–1946) war ein britischer Ökonom, dessen Vorstellungen von den Möglichkeiten des freien Marktes und der Wirtschaftskreisläufe außerordentlichen Einfluss hatten. Hrsg.

ist, kann sie nicht »objektiv« sein. *Dasein* besagt das Gleiche. Das *Dasein* ist das Subjekt der Vierten Politischen Theorie. *Dasein* kann durch die Verfeinerung der existentiellen Wahrheit wiedererlangt werden, die sich aus dem ontologischen Überbau der Gesellschaft herleitet. *Dasein* ist etwas, das die Zeit institutionalisiert. Durand institutionalisierte die Zeit in seiner Topographie durch *Traiectum*.[10]. *Traiectum/Dasein* ist keine Funktion der Zeit, sondern die Zeit ist eine Funktion von *Traiectum/Dasein*. Deshalb ist die Zeit etwas, das im Kontext der Vierten Politischen Theorie durch Politik institutionalisiert wird. Zeit ist eine politische Kategorie. *Politische Zeit ist das Vorkonzept einer politischen Form.*

Die Vierte Politische Theorie hat eine einzigartige Perspektive eröffnet: Wenn wir den Grundsatz der Umkehrbarkeit der Zeit erfassen, können wir nicht nur das Konzept einer zukünftigen Gesellschaft entwerfen, sondern vielmehr ein breites Spektrum an Gesellschaftsentwürfen für die Zukunft zusammenstellen — so könnten wir einige nichtlineare Strategien für eine Neuinstitutionalisierung der Welt vorschlagen.

Die Vierte Politische Theorie ist keine Einladung zur Rückkehr zur traditionellen Gesellschaft; sie ist also kein Konservatismus im üblichen Sinne. Es gibt viele Ausprägungen unserer chronologischen Vergangenheit, die angenehm sind, und viele, die es nicht sind. In ähnlicher Weise lassen sich die Formen der traditionellen Gesellschaft voneinander unterscheiden. Zu guter Letzt unterscheiden sich die ethnischen und soziologischen Matrizes ebenso wie die Kontexte unterschiedlicher zeitgenössischer Gesellschaften ebenfalls voneinander. Deshalb sollte die Vierte Politische Theorie niemandem etwas aufzwingen. Anhänger der Vierten Politischen Theorie sollten Schritt für Schritt vorgehen: Wenn wir schlicht für die Umkehrbarkeit der Zeit sowie das *Dasein* als Subjekte unserer Theorie eintreten, wäre das der erste und grundlegende Schritt. So würden wir uns freischwimmen,

---

10 *Traiectum* (Übergang) war der römische Name für die heutige niederländische Stadt Utrecht, weil es dort möglich war, den Rhein zu überqueren. Hrsg.

um die Vorkonzepte zu entwickeln. Wir können etliche Vorkonzepte hinsichtlich der Umkehrbarkeit der Zeit und des *Daseins/Traiectums* definieren, und deshalb können wir etliche politische Auffassungen von Zeit definieren. Und jede von ihnen kann gemäß der Grundsätze der Vierten Politischen Theorie an das jeweils aktuelle politische Projekt anschließen.

5. GLOBALER WANDEL UND SEINE FEINDE

Die Weltordnung in Frage gestellt

Die Neue Weltordnung (NWO) als Plan wurde zu einem konkreten geschichtlichen Zeitpunkt popularisiert — als in den späten 1980er Jahren der Kalte Krieg endete und eine aufrichtige weltweite Zusammenarbeit zwischen den Vereinigten Staaten und der Sowjetunion nicht nur für möglich, sondern sogar für sehr wahrscheinlich gehalten wurde. Die Grundlage der NWO war mutmaßlich ein Ergebnis der Konvergenztheorie, die eine Synthese der sowjetisch-sozialistischen und westlich-kapitalistischen Politikformen sowie eine enge Zusammenarbeit zwischen der Sowjetunion und den USA in regionalen Angelegenheiten prophezeite — beispielsweise im Zweiten Golfkrieg Anfang 1991. Da die Sowjetunion jedoch bald darauf zusammenbrach, wurde das Projekt NWO naturgemäß hintangestellt und vergessen.

Nach 1991 galt die Neue Weltordnung als etwas, das sich vor unseren Augen entfaltete — eine unipolare Welt, die von der unverhüllten, globalen Hegemonie der Vereinigten Staaten angeführt würde. Sie wird im utopischen Werk *Das Ende der Geschichte* von Francis Fukuyama ausführlich beschrieben. Diese Weltordnung ignorierte alle Machtpole außerhalb der Vereinigten Staaten und ihrer Alliierten wie Westeuropa und Japan. Sie wurde als eine Universalisierung der freien Marktwirtschaft, der politischen Demokratie und der

Menschenrechtsideologie entworfen, die alle für Teile eines globalen Systems gehalten wurden, das alle Länder der Welt akzeptieren würden.

Skeptiker hielten das jedoch für eher illusorisch und gingen davon aus, dass die Differenzen zwischen Ländern und Völkern in anderen Gestalten wiederkehren würden, so etwa in Samuel Huntingtons berühmt-berüchtigter These vom »Zusammenprall der Kulturen« oder in ethnischen oder religiösen Konflikten. Einige Experten, insbesondere John Mearsheimer,[1] betrachteten Unipolarität als keine »richtige« Weltordnung, sondern eher als »unipolare Dynamik«.

Allerdings stellen all diese Projekte die bestehende Ordnung von Nationalstaaten und nationaler Souveränität in Frage. Das Westfälische System[2] entspricht nicht länger der gegenwärtigen globalen Machtverteilung. Auf trans- und subnationaler Ebene behaupten neue Akteure ihre wachsende Bedeutung, und es ist offenkundig, dass die Welt hinsichtlich internationaler Beziehungen eines neuen Paradigmas bedarf.

Die zeitgenössische Welt in ihrem heutigen Zustand kann daher nicht als vollendete NWO betrachtet werden. Es gibt keine wie auch immer geartete endgültige Weltordnung. Stattdessen sehen wir den Übergang von der Weltordnung, die wir im 20. Jahrhundert kannten, zu einem anderen Paradigma, dessen Wesensmerkmale noch vollständig bestimmt werden müssen. Wird die Zukunft wirklich global sein? Oder werden regionalistische Tendenzen vorherrschen? Wird es eine einzige Weltordnung geben? Oder wird es stattdessen vielfältige lokale oder regionale Ordnungen geben? Oder werden wir vielleicht

---

1 John Mearsheimer (geb. 1947) ist ein amerikanischer Politikwissenschaftler. Seine Bekanntheit beruht wohl hauptsächlich auf dem 2007 mit Stephen M. Walt verfassten Buch *Die Israel-Lobby: Wie die amerikanische Außenpolitik beeinflusst wird*, das den Einfluss israelfreundlicher Interessengruppen auf die amerikanische Regierung detailliert offenlegte. Hrsg.

2 Der Dreißigjährige Krieg endete 1648 mit dem Westfälischen Frieden, in dem die europäischen Nationen gegenseitig ihre Souveränität anerkannten. Einige Historiker halten ihn für den ersten Schritt der Entwicklung des modernen Systems internationaler Beziehungen. Hrsg.

mit weltweitem Chaos umgehen müssen? Das ist noch nicht klar. Der Übergang ist nicht abgeschlossen. Wir leben mittendrin.

Wenn die globale Elite, und vor allem anderen die amerikanische politische und wirtschaftliche Elite, eine klare Zukunftsvorstellung hat — was eher zweifelhaft ist —, könnten und können die Umstände ihre praktische Umsetzung verhindern. Wenn aber der globalen Elite ein gemeinsamer Plan fehlt, wird die Sache deutlich komplizierter.

Deshalb ist nur die Tatsache des Übergangs zu einem neuen Paradigma sicher. Das Paradigma selbst ist hingegen sehr unsicher.

Die Weltordnung aus amerikanischer Sicht

Die Position der Vereinigten Staaten während dieser Veränderung ist absolut gesichert, aber ihre langfristige Zukunft ist fraglich. Die globale imperiale Herrschaft der USA steht nun auf dem Prüfstand; sie müssen sich zahlreichen Herausforderungen stellen, von denen einige recht neuartig und beispiellos sind.

Dies könnte auf dreierlei Weise weitergehen:

1. Erschaffung eines amerikanischen Imperiums *stricto sensu*[3] mit einem gefestigten, technisch und gesellschaftlich entwickelten Zentralgebiet oder Kernreich, während die Peripherie in einem Zustand permanenter Unruhe, dem Chaos nahe, gespalten und fragmentiert gehalten wird. Es scheint, dass die Neokonservativen dieses Modell bevorzugen.

2. Erschaffung einer multilateralen Unipolarität, in der die Vereinigten Staaten mit anderen, freundlich gesinnten Mächten (Kanada, Europa, Australien, Japan, Israel, arabischen Verbündeten und möglicherweise anderen Ländern) kooperieren würden, um regionale Probleme zu lösen und Druck auf „Schurkenstaaten" (etwa Iran, Venezuela, Weißrussland oder Nordkorea) auszuüben oder anderen Mächten (China, Russland usw.) das Erlangen regionaler Unabhängigkeit und Hegemonie zu

---

3 Lat.: »im eigentlichen Sinne«. Hrsg.

verwehren. Die Demokratische Partei und Barack Obama scheinen dieser Zukunftsvision zuzuneigen.

3. Unterstützung einer beschleunigten Globalisierung mit Einrichtung einer Weltregierung und rascher Entsouveränisierung der Nationalstaaten zugunsten der Gründung der »Vereinigten Staaten« der Welt, die von der globalen Elite formaljuristisch geführt würden (Beispiel hierfür ist das von George Soros und seinen Stiftungen verkörperte Projekt des CFR).[4] Die Farbrevolutionen[5] gelten hierbei als wirksamste Waffe zur Zersetzung und letztendlichen Zerstörung von Staaten.

Oft scheint es, als verfolgten die Vereinigten Staaten als Teil einer multivektorialen Außenpolitik alle drei Strategien gleichzeitig. Diese drei strategischen Ausrichtungen der USA schaffen den weltweiten Zusammenhang der Außenpolitik mit ihnen selbst als globalem Hauptakteur. Jenseits der offensichtlichen Unterschiede zwischen diesen drei Zukunftsbildern haben sie einige essentielle

---

[4] Der Council on Foreign Relations (CFR) ist eine private politische Denkfabrik in den Vereinigten Staaten, die auf die Verhandlungen über den Inhalt des Versailler Vertrags zurückgeht. Der CFR erstrebt nach eigenen Angaben eine Beeinflussung der Weltpolitik hin zu friedlichen Konfliktlösungen und Multilateralismus. George Soros (geb. 1930) ist ein amerikanischer Milliardär, der seinen Reichtum zur weltweiten Beförderung liberaler Anliegen einsetzt. Während des Kalten Kriegs finanzierte er zahlreiche Oppositionsgruppen in Osteuropa und der UdSSR, wo er bis heute demokratische Bestrebungen unterstützt. Kritiker halten Soros für einen bloßen Agenten der amerikanischen Außenpolitik. Hrsg.

[5] Der Begriff »Farbrevolutionen« wurde durch die internationalen Medien geprägt, um diverse Erhebungen der frühen 2000er Jahre in Nachfolgestaaten der Sowjetunion und auf dem Balkan sowie später Revolutionen im Nahen Osten zu beschreiben. In jedem Fall führten friedfertige Massendemonstrationen zum Sturz als autoritär wahrgenommener Staatsführer, beispielsweise in Serbien, Georgien und der Ukraine. Viele dieser Revolutionen wurden mit einer Farbe assoziiert, etwa die Orange Revolution in der Ukraine — daher der Name. Gegner haben oft behauptet, diese Revolutionen seien von der US-Regierung oder der Soros-Stiftung gesteuert worden. Hrsg.

Gemeinsamkeiten. In jedem Fall wollen die USA ihre strategische, wirtschaftliche und politische Vorherrschaft behaupten, indem sie andere globale Akteure schwächen und verstärkt kontrollieren, die allmähliche oder beschleunigte Entsouveränisierung derzeit mehr oder weniger unabhängiger Staaten vorantreiben und angeblich »universale« Werte propagieren, die allenfalls die Werte der westlichen Welt widerspiegeln, nämlich liberale Demokratie, Parlamentarismus, freie Marktwirtschaft, Menschenrechte und so weiter.

Wir stehen also heute der Welt eines starken und scheinbar endgültigen geopolitischen Arrangements mit den USA im Zentrum gegenüber, in der die Strahlen oder Speichen ihres (strategischen, wirtschaftlichen, politischen, technologischen, informationellen) Einflusses die gesamte restliche Welt durchdringen, abhängig von der Stärke des gesellschaftlichen Willens der verschiedenen Länder sowie ethnischer und religiöser Gruppen, ihn hinzunehmen oder abzulehnen. Es ist eine Art von weltweit operierendem imperialen Netzwerk.

Das US-zentrierte geopolitische Weltarrangement lässt sich auf vielen verschiedenen Ebenen beschreiben:

- geschichtlich: Die USA halten sich selbst für die logische Folge und den Höhepunkt der westlichen Zivilisation. Einst äußerte sich dies in der Idee des amerikanischen *Manifest Destiny*,[6] später in der Monroe-Doktrin.[7] Heute reden sie von der Durchsetzung

---

6   Der amerikanische Journalist John L. O'Sullivan prägte den Begriff *Manifest Destiny* 1845 in einem Artikel, der zur Annexion der damals unabhängigen Territorien Texas und Oregon aufrief. Gemeint war der Glaube, die kontinentweite Ausdehnung der Vereinigten Staaten sei ein naturgegebenes Schicksal. Der Begriff wurde von Gleichgesinnten O'Sullivans aufgegriffen und diente den Demokraten zur Rechtfertigung des Mexikanisch-Amerikanischen Kriegs 1846–1848. Hrsg.

7   Die Monroe-Doktrin wurde 1823 von Präsident James Monroe verkündet, nachdem die meisten Staaten Lateinamerikas unmittelbar zuvor ihre Unabhängigkeit von Spanien proklamiert hatten. Monroe, der Interventionen anderer Kolonialmächte befürchtete, erklärte, dass die USA jeden europäischen Eingriff in der amerikanischen Hemisphäre als Angriffshandlung gegen sich selbst betrachten würden. Präsident Theodore Roosevelt erweiterte die Doktrin

»universaler« Menschenrechtsnormen, der Förderung von Demokratie, Technologie, freier Marktwirtschaft und so weiter. Im Grunde aber haben wir es schlicht mit einer aktualisierten Form und Fortsetzung eines westlichen Universalismus zu tun, der vom Römischen Reich über die mittelalterliche Christenheit und die Moderne im Sinne von Aufklärung und Kolonialismus bis hin zu den heutigen Phänomenen von Postmoderne und Ultraindividualismus weitergereicht wurde. Die Geschichte wird als ein unzweideutiger und gleichförmiger Prozess des technologischen und sozialen Fortschritts verstanden, der Pfad der zunehmenden Befreiung aller Individuen von jeglichen kollektiven Identitäten. Tradition und Konservatismus werden demgemäß als Freiheitshindernisse betrachtet und sollen verworfen werden. Die USA sind Vorreiter dieses geschichtlichen Fortschritts und haben das Recht, die Pflicht und die historische Sendung, die Geschichte immer weiter auf diesem Weg voranzutreiben. Die geschichtliche Existenz der Vereinigten Staaten stimmt mit dem Lauf der Menschheitsgeschichte überein. »Amerikanisch« bedeutet daher »universal«. Die anderen Kulturen haben entweder eine amerikanische oder gar keine Zukunft.

- politisch: Es gibt sehr wichtige Strömungen in der Weltpolitik, die den Übergang bestimmen. Der Höhepunkt des politischen Denkens der Moderne war der Sieg des Liberalismus über die alternativen politischen Doktrinen Faschismus und Sozialismus. Der Liberalismus globalisierte sich und wurde zum einzig möglichen politischen System. Er entwickelt sich nun weiter zu einem postmodernen und postindividuellen Politikbegriff, der im allgemeinen als Posthumanismus bezeichnet wird. Wiederum spielen dabei die USA die entscheidende Rolle. Der von den USA weltweit

---

1904 um einen Zusatz, wonach sich die Vereinigten Staaten außerdem das Recht auf Intervention im Falle des »Fehlverhaltens« einer lateinamerikanischen Regierung vorbehielten. Die USA haben sich bis in die 1980er Jahre auf die Monroe-Doktrin berufen, als sie zur Rechtfertigung des amerikanischen Eingreifens in Nicaragua benutzt wurde. Hrsg.

beförderte Politikstil ist die liberale Demokratie. Sie unterstützen die Globalisierung des Liberalismus und bereiten damit den nächsten Schritt in die politische Postmoderne vor, wie im bekannten Buch *Empire* von Hardt und Negri beschrieben.[8] Es bleibt noch etwas Abstand zwischen liberalem Ultraindividualismus und gänzlich postmodernem Posthumanismus, der für Kybernetik, Gentechnik, Klone und Chimären wirbt.[9] Die Peripherie der Welt steht jedoch noch inmitten des universalisierenden Prozesses — der beschleunigten Zerstörung aller ganzheitlichen sozialen Einheiten, der Zersplitterung und Atomisierung der Gesellschaft auch durch die Technik (Internet, Mobiltelefone, soziale Netzwerke), wo ausschließlich das Individuum Hauptakteur ist, von jedwedem organischen und kollektiven Gesellschaftszusammenhang entbunden.

- Ein wichtiges Zeugnis von der Doppelbödigkeit der Demokratieförderung hat der amerikanische Militär- und Politikexperte Stephen R. Mann in einem Artikel ausführlich dargelegt,[10] in dem er versicherte, dass Demokratie als ein sich selbst verbreitendes Virus fungieren kann, das vorhandene und historisch reife demokratische Gesellschaften stärkt, aber unvorbereitete traditionelle Gesellschaften zersetzt und ins Chaos stürzt. Demokratie erscheint somit als wirksame Waffe, um Chaos zu stiften und die zerfallenden Weltkulturen vom Kern aus zu beherrschen, indem der demokratische Kodex überall nachgeahmt und eingesetzt wird. Hinweise auf diesen Vorgang

---

8 Michael Hardt u. Antonio Negri: *Empire. Die neue Weltordnung*, Frankfurt/Main 2002. Das Buch postuliert, die Welt wende sich von den traditionellen Beziehungen zwischen Nationalstaaten ab und einer neuen Weltordnung zu, die von den USA, der NATO und multinationalen Konzernen beherrscht werde, denen alles andere untergeordnet sei. Hrsg.

9 In der Gentechnik ist eine Chimäre ein genetischer Hybrid aus menschlicher und tierischer DNS. Hrsg.

10 Stephen R. Mann: »Chaos Theory and Strategic Thought«; in: *Parameters*, Herbst 1992, S. 54–68. *Parameters* ist die Vierteljahrsschrift des United States Army War College, abrufbar unter www.dtic.mil/cgi-bin/GetTRDoc?AD=ADA528321. Hrsg.

sind im chaotischen Nachspiel der aufregenden Ereignisse des sogenannten »Arabischen Frühlings« zu erkennen. Nach der vollbrachten vollständigen Zersplitterung dieser Gesellschaften durch Individualisierung und Atomisierung beginnt die zweite Phase: die unausweichliche Spaltung und Auflösung des einzelnen Menschen selbst durch Technologie und gentechnische Flickschusterei zur Erschaffung einer »Postmenschheit«. Diese »Postpolitik« kann man als letzten Horizont des politischen Futurismus ansehen.

- ideologisch: Es besteht eine Tendenz der USA zur fortschreitenden Verschränkung von Politik und Ideologie in ihren Beziehungen zur Peripherie. In früheren Zeiten verlief die amerikanische Außenpolitik auf rein pragmatisch-realistischer Grundlage. Wenn die Regierungen proamerikanisch waren, wurden sie ohne Berücksichtigung ihrer ideologischen Prinzipien toleriert. Die seit langem bestehende Allianz zwischen den USA und Saudi-Arabien ist ein Musterbeispiel für die Praxis dieser realistischen Außenpolitik. Deshalb wurden einige Eigenheiten dieser schizophrenen Doppelmoral ideologisch akzeptiert. In letzter Zeit scheinen die USA ihre Demokratieförderung jedoch noch vertiefen zu wollen, indem sie Volksaufstände in Ägypten und Tunesien unterstützten, obwohl die dortigen Staatsführer sowohl enge Verbündete der USA als auch korrupte Diktatoren waren. Die Doppelmoral der politischen Ideologie der Vereinigten Staaten nimmt langsam ab, und die Vertiefung der Demokratieförderung schreitet fort. Der Höhepunkt wird im Falle möglicher Unruhen in Saudi-Arabien erreicht sein. Wenn das geschieht, wird diese prodemokratische ideologische Haltung unter politisch schwierigen und ungünstigen Bedingungen auf die Probe gestellt werden.

- wirtschaftlich: Die amerikanische Wirtschaft sieht sich mit Herausforderungen durch das chinesische Wachstum, Energiesicherung und -verknappung, lähmende Schulden und Haushaltsdefizite sowie ein bedenkliches Auseinanderklaffen und Missverhältnis zwischen Finanzsektor und Realwirtschaft konfrontiert. Die Hypertrophie der amerikanischen Finanzeinrichtungen und die Auslagerung der Industrie haben zu einem Bruch zwischen der Sphäre des Geldes und der des klassisch kapitalistischen Gleichgewichts zwischen industriellem Angebot und Konsumentennachfrage geführt. Dies war die Hauptursache der Finanzkrise von 2008. Die politische Ökonomie Chinas versucht derweil, ihre Unabhängigkeit von der weltweiten US-Hegemonie wiederherzustellen und könnte zum wichtigsten wirtschaftlichen Konkurrenten werden. Die Kontrolle Russlands, Irans, Venezuelas und einiger anderer verhältnismäßig unabhängiger Länder über große Reserven der verbliebenen natürlichen Ressourcen der Welt setzt dem wirtschaftlichen Einfluss Amerikas Grenzen. Die Wirtschaft der EU und das Wirtschaftspotential Japans stellen zwei mögliche Konkurrenzpole zu den USA innerhalb des wirtschaftlichen und strategischen Rahmens des Westens dar.

Die USA versuchen diese Probleme nicht mit rein wirtschaftlichen Mitteln zu lösen, sondern auch mit politischen und — gelegentlich — mit militärischer Gewalt. Wir könnten daher die Einmärsche in und die Besetzung von Irak und Afghanistan sowie die offenen und verdeckten Interventionen in Libyen, Iran und Syrien aus einer weltwirtschaftlichen wie auch aus einer geopolitischen Perspektive interpretieren. Die Unterstützung inländischer politischer Opposition und Aufständischer in Russland, Iran und China ist ein weiteres, ähnliches Mittel zum selben Zweck. Dies sind jedoch nur technische Lösungen. Die eigentliche Herausforderung ist es, die postmoderne und finanzzentrierte Ökonomie um ein fortlaufendes Wachstum herumzustricken, indem man die sich weitende Kluft zwischen Realwirtschaft und Finanzsektor, dessen Logik und Eigennutz immer autonomer werden, überwindet.

Es hieß, die USA seien der maßgebliche und asymmetrische Akteur im Zentrum der gegenwärtigen Übergangsphase des Weltgeschehens.

Wie Védrine[11] bemerkte, ist dieser Akteur eine wahre Hypermacht, und das derzeitige geopolitische Gefüge, das alle oben untersuchten Ebenen und Netzwerke umfasst, sind um diesen amerikanischen Kern herum strukturiert. Es stellt sich dann die Frage, ob diesem Akteur sein Handeln und dessen Folgen, also welche Art internationales System oder Weltordnung er schließlich errichten wird, völlig bewusst und verständlich sind. Die Meinungen zu diesem wichtigen Punkt gehen auseinander. Die Neocons, die das Neue Amerikanische Jahrhundert ausgerufen haben,[12] sind optimistisch hinsichtlich des künftigen amerikanischen Imperiums, doch ist bei ihnen offensichtlich, dass sie eine klare, wenn auch nicht zwangsläufig realistische Vision einer amerikanisch beherrschten Zukunft haben. In diesem Fall wird die Weltordnung eine amerikanisch-imperialistische sein, die auf unipolarer Geopolitik basiert. Zumindest theoretisch hat sie einen erlösenden Aspekt: Sie ist offen und ehrlich über ihre Ziele und Absichten.

Die Multilateralisten sind zurückhaltender und beharren auf der Notwendigkeit, die jeweiligen regionalen Regierungen aufzufordern, die Bürde der weltweiten Hegemonie mit den USA zu teilen. Es ist offensichtlich, dass nur den USA ähnliche Gesellschaften ihre Bundesgenossen sein können, und so wird der Erfolg der Demokratieverbreitung essentiell. Die Multilateralisten agieren nicht nur im Namen der Vereinigten Staaten, sondern auch im Namen des Westens, dessen Werte universell sein oder werden sollen. Ihre Vision einer zukünftigen Weltordnung, die von einer globalen Demokratie vorgeschrieben, aber von den USA gelenkt wird, ist verschwommener

---

11 Hubert Védrine (geb. 1947) ist ein sozialistischer französischer Politiker. Als Gegner des einseitigen Vorgehens der USA im Irak popularisierte er den Begriff »Hypermacht« als Beschreibung des beispiellosen Einflusses der Vereinigten Staaten im 21. Jahrhundert. Hrsg.

12 Das Project for the New American Century (PNAC) war ein 1997 gegründetes privates Institut, das bis zu seiner Auflösung 2006 als Sprachrohr neokonservativen Denkens diente. Ziel war, die amerikanische Vorherrschaft zu erhalten und auf das 21. Jahrhundert auszudehnen; viele Mitglieder waren entweder Teil von oder hatten Einfluss auf die Regierung George W. Bushs. Hrsg.

und weniger scharf definiert als das *Imperium americanum* der Neocons.

Noch unklarer ist die extreme Vision einer Weltregierung, die Verfechtern der beschleunigten Globalisierung vorschwebt. Man kann vielleicht die existierende Ordnung souveräner Nationalstaaten umstürzen, aber in vielen Fällen wird das nur altertümlicheren örtlichen, religiösen oder ethnischen Mächten und Konflikten Tür und Tor öffnen. Diese Vision einer einzigen offenen und — zwangsläufig — weitgehend homogenen Weltgesellschaft ist dermaßen phantastisch und utopisch, dass sich das totale Chaos des Hobbesschen »Kriegs aller gegen alle«[13] im Naturzustand einer staatenlosen Welt viel leichter vorstellen lässt.

Die Vorstellungen von möglichen zukünftigen Weltordnungen von der Warte der USA und des Westens aus gehen zwischen den konkurrierenden Gruppen der amerikanischen Eliten, Ideologen und Entscheidungsträger weit auseinander. Die konsequenteste und offenherzigste Strategie, die unipolare Weltordnung der Neocons, ist sowohl ziemlich ethnozentrisch als auch ganz offen imperialistisch und hegemonial. Die beiden anderen Varianten sind viel unschärfer konzipiert und zweifelhaft. Dementsprechend könnten sie genausogut zu vermehrter weltweiter Unordnung wie auch zur Ordnung führen. Richard Haass[14] hat die Paradigmen eines internationalen Systems, das diesen Vorstellungen entspricht, als von »Unpolarität« bestimmt bezeichnet.

---

13 Thomas Hobbes (1588–1679) war ein englischer politischer Philosoph, der viele der theoretischen Grundlagen moderner liberaler Gesellschaften formulierte. Seinem Buch *Leviathan* (1651) zufolge ist der *Bellum omnium contra omnes* (Der Kampf aller gegen alle) der Zustand der menschlichen Spezies in einer hypothetischen Welt ohne jegliche Form der Regierung. Hrsg.

14 Richard N. Haass (geb. 1951) ist ein amerikanischer Diplomat und seit 2003 Präsident des Council on Foreign Relations. Er war Berater George H. W. Bushs während des Golfkriegs 1991. Haass beschrieb seine Vorstellung von Unpolarität in dem Aufsatz »The Age of Nonpolarity. What Will Follow U.S. Dominance«; in: *Foreign Affairs*, Jg. 87, H. 3 (2008). Hrsg.

Der fragliche *Übergang* ist also in jedem Fall seinem Wesen nach amerikazentriert, und das weltweite geopolitische Arrangement ist so strukturiert, dass die wichtigsten globalen Vorgänge von der einzigen Hypermacht angeleitet, ausgerichtet, gesteuert und gelegentlich überwacht werden, die allein oder mit Hilfe ihrer westlichen Verbündeten und regionalen Satellitenstaaten operieren kann.

Die Weltordnung aus nichtamerikanischer Sicht

Die oben beschriebene amerikabezogene Weltsicht ist zwar die wichtigste und zentrale globale Tendenz, nicht aber die einzig mögliche. Es gibt alternative Vorstellungen von der weltweiten politischen Architektur, die betrachtet werden können. Es gibt Akteure zweiten und dritten Ranges, die im Falle des Erfolgs der amerikanischen Strategien unausweichlich die Verlierer sind: die Länder, Staaten, Völker und Kulturen, die bei einer Umsetzung der weltweiten Bestrebungen der USA alles verlieren würden, selbst ihre Identität, und nichts gewännen. Sie sind viele und vielfältig; sie lassen sich in mehrere verschiedene Kategorien einteilen.

Die erste Kategorie besteht aus den mehr oder weniger erfolgreichen Nationalstaaten, die von der Aussicht nicht begeistert sind, ihre Unabhängigkeit an eine supranationale äußere Macht zu verlieren — weder in der Form einer offenen amerikanischen Hegemonie noch den westlich fokussierten Formen einer Weltregierung oder -verwaltung noch im Rahmen der chaotischen Auflösung eines gescheiterten internationalen Systems. Es gibt viele solcher Länder — zuallererst China, Russland, Iran und Indien, doch auch etliche südamerikanische und islamische Staaten gehören dazu. Sie mögen den Übergang ganz und gar nicht, denn sie erwarten mit gutem Grund den zwangsläufigen Verlust ihrer Souveränität. Daher sind sie geneigt, den zentralen Tendenzen des weltweiten amerikazentrischen geopolitischen Arrangements zu widerstehen oder sich ihm in einer solchen Weise anzupassen, dass sie den logischen Konsequenzen seines Erfolges (ob er nun durch eine imperialistische oder eine globalistische Strategie kommt) entgehen können. Der Wille zur Bewahrung der Souveränität verkörpert den natürlichen Widerspruch und die Legitimation des Widerstands gegen die hegemonialen oder globalistischen amerikanisch-westlichen Tendenzen. Gewöhnlich fehlt es diesen Staaten an alternativen Vorstellungen von einem zukünftigen internationalen System oder einer Weltordnung, und ganz sicher haben sie keine geeinte oder gemeinsame Vision. Was sie alle teilen, ist der Wunsch, den in der UN-Charta festgeschriebenen internationalen Status quo und damit ihre eigene Souveränität und Identität als Nationalstaaten in der gegenwärtigen Form zu bewahren, um sie gegebenenfalls intern und souverän anzupassen und zu modernisieren, wo es notwendig wird.

Zu dieser Gruppe von Nationalstaaten, die ihre Souveränität entgegen den hegemonialen oder globalistischen Strategien der USA und des Westens bewahren wollen, gehören

1. diejenigen Staaten, die ihre Gesellschaften den westlichen Standards anzupassen und freundschaftliche Beziehungen zum Westen und den USA aufrechtzuerhalten versuchen, aber die unmittelbare und totale Entsouveränisierung vermeiden wollen, nämlich Indien, die Türkei, Brasilien und bis zu einem gewissen Grad Russland und Kasachstan;

2. diejenigen Staaten, die zwar zur Zusammenarbeit mit den USA bereit sind, aber nur unter der Bedingung der Nichteinmischung in ihre inneren Angelegenheiten, etwa Saudi-Arabien und Pakistan;

3. diejenigen Staaten, wie China und gelegentlich Russland, die mit den USA kooperieren, aber gleichzeitig die Einzigartigkeit ihrer eigenen Gesellschaft streng überwachen, indem sie die mit ihrer angestammten Kultur kompatiblen Elemente der westlichen Kultur von denen trennen, die es nicht sind, und gleichzeitig die Erträge dieser Zusammenarbeit zur Stärkung ihrer nationalen Unabhängigkeit zu nutzen versuchen;

4. diejenigen Staaten, die den USA direkten Widerstand zu leisten versuchen und westliche Werte, Unipolarität und die

westlich-amerikanische Hegemonie ablehnen, darunter der Iran, Venezuela und Nordkorea.

Gleichwohl fehlt all diesen Gruppen eine alternative globale Strategie, die den amerikanischen Zukunftsentwürfen ebenbürtig wäre, nicht einmal angesichts deren Mangels an Konsens oder klar definierten Zielen. All diese Staaten agieren auf der Weltbühne grundsätzlich allein und in ihrem unmittelbaren Eigeninteresse. Der Unterschied zwischen ihren jeweiligen außenpolitischen Maximen liegt lediglich in dem Maß an Radikalismus, mit dem sie die Amerikanisierung zurückweisen. Ihre Haltung kann man als reaktiv bezeichnen. Diese von Ablehnung bis Anpassung reichende Strategie der reaktiven Opposition ist manchmal effektiv, manchmal auch nicht. Kurz gesagt: Sie bietet keine alternative Vision der Zukunft. Stattdessen wird die Zukunft der Weltordnung oder des internationalen Systems als ewige Erhaltung des Status quos verstanden, also der Moderne, der Nationalstaaten, des »westfälischen« Systems der Staatssouveränität sowie der strengen Auslegung und Bewahrung der bestehenden UN-Charta und -Zusammensetzung.

Die zweite Kategorie von Akteuren, die den Wandel ablehnen, besteht aus subnationalen Gruppen, Bewegungen und Organisationen, die der amerikanischen Herrschaft über die globalen geopolitischen Machtstrukturen aus ideologischen, religiösen und/oder kulturellen Gründen entgegenstehen. Diese Gruppen unterscheiden sich stark voneinander und variieren von Staat zu Staat. Die meisten von ihnen gründen auf einer Auslegung religiösen Glaubens, die nicht mit der säkularen Doktrin der Amerikanisierung, Verwestlichung und Globalisierung vereinbar ist. Sie können aber auch durch ethnische oder ideologische (etwa sozialistische oder kommunistische) Erwägungen oder Doktrinen motiviert sein. Einige könnten sogar auf regionalistischer Grundlage handeln.

Paradoxerweise ermöglicht es gerade der Prozess der Globalisierung, der auf die Vereinheitlichung und Gleichschaltung aller Eigenheiten und kollektiven Identitäten vermittels einer rein individualistischen Identität abzielt, dass solche subnationalen Akteure leicht über Staatengrenzen hinaus wirken können, denn oft sind die gleichen Religionen und Ideologien grenzüberschreitend in verschiedenen Nationen vorhanden. Folglich ließe sich bei diesen nichtstaatlichen Akteuren möglicherweise eine alternative Vorstellung von der Weltordnung oder dem internationalen System der Zukunft finden, die gegen den amerikanisch und westlich geführten Wandel und seine Strukturen in Stellung zu bringen ist.

Die verschiedenen Ideen einiger der wichtigsten sub- und transnationalen Gruppen lassen sich grob wie folgt zusammenfassen:

- Die bekannteste Form ist momentan das islamistische Weltbild, das die Utopie eines eigenen Staats auf Grundlage einer strengen Auslegung des islamischen Rechts oder sogar eines Weltkalifats anstrebt, das die gesamte Erde islamischer Herrschaft unterwerfen soll. Dieses Projekt steht dem in den USA entworfenen Plan des Wandels ebenso entgegen wie dem bestehenden Status quo der modernen Nationalstaaten. Osama bin Ladens al-Qaida bleibt Symbol und Archetyp solcher Ideen; die Angriffe, die am 11. September 2001 die Türme des New Yorker World Trade Centers zu Fall brachten und angeblich »die Welt verändert« haben, belegen die Bedeutung solcher Netzwerke und wie ernst sie genommen werden müssen.

- Ein weiterer solcher Entwurf, für den die südamerikanische Linke und konkret der verstorbene Hugo Chávez steht, lässt sich als transnationaler neosozialistischer Plan bezeichnen. Grob gesagt, handelt es sich dabei um eine durch nationalistische Gefühle verstärkte Neufassung der marxistischen Kapitalismuskritik, zu der in einigen Fällen, etwa bei den Zapatistas und in Bolivien, völkisches Sentiment oder ökologische Kritik hinzutreten. Einige arabische Regierungen, wie bis vor kurzem die der Libysch-Arabischen Dschamahirija unter Gaddafi, lassen sich ebenfalls dieser Strömung zuordnen. Die Vorstellung von der künftigen

Weltordnung ist hier die einer sozialistischen Weltrevolution, die durch weltweite antiamerikanische Befreiungskampagnen befördert werden soll. Diese Gruppe betrachtet den amerikanisch-westlich geführten Wandel als Inbegriff des klassischen Imperialismus, den Lenin kritisierte.[15]

- Ein drittes Beispiel ist das eurasische (auch: multipolare, Großraum- oder Großmächte-) Modell, dessen alternative Form der Weltordnung auf der Grundvoraussetzung einzigartiger Zivilisationen und Großmächte beruht. Es setzt die Schaffung unterschiedlicher nationenübergreifender politischer, strategischer und ökonomischer Körperschaften voraus, die jeweils regional durch gemeinsame geographische Räume und Wertvorstellungen verbunden sind; letztere könnten mal religiös, mal säkular und/ oder kulturell definiert sein. Diese Körperschaften sollen aus regionalistisch verbundenen Staaten bestehen und die Pole der multipolaren Welt darstellen. Die Europäische Union ist ein Beispiel dafür; die entstehende Eurasische Union, die Wladimir Putin und der kasachische Präsident Nursultan Nasarbajew anstreben, stellt ein weiteres dar. Eine Islamische Union, eine Südamerikanische/Bolivarische[16] Union, eine Chinesische Union, eine Indische Union oder eine Großpazifische Union sind andere Möglichkeiten. Der nordamerikanische Großraum, der heute

---

15 Lenin erläuterte seinen Imperialismusbegriff 1917 im Buch *Der Imperialismus als höchstes Stadium des Kapitalismus* (zuletzt Berlin 2016). Kapitalistische Nationen schöpfen demnach die Wachstumsmöglichkeiten ihrer eigenen Länder nach einer gewissen Zeit völlig aus und müssen zwangsläufig auf Krieg und Kolonialismus zurückgreifen, um sich zusätzliche Ressourcen für den Fortgang des Wachstums zu sichern. Hrsg.

16 Unter dem Begriff Bolivarismus werden von den Lehren Símon Bolívars abgeleitete Ideologien zusammengefasst; der neugranadische General kämpfte im 19. Jahrhundert für die Unabhängigkeit der lateinamerikanischen Kolonien von Spanien. Heutzutage steht der Begriff auch für das Verlangen nach einer Lateinamerikanischen Union, die die Interessen aller Völker des Kontinents verteidigen soll. Besondere Geltung hatte diese Ideologie im Venezuela Hugo Chávez'. Hrsg.

durch das Freihandelsabkommen NAFTA definiert wird, wäre nur noch einer von zahlreichen mehr oder weniger gleichen Polen, mehr nicht.

Das ist keine allumfassende Liste nichtstaatlicher Akteure oder alternativer Visionen einer Weltordnung. Es gibt noch andere, die aber kleiner ausfallen und deshalb für diese Arbeit nicht von Belang sind.

In der derzeitigen Lage der Weltpolitik gibt es eine schwerwiegende Kluft zwischen den Nationalstaaten und den oben erwähnten, auf unterschiedlichen Ebenen operierenden inner- oder zwischenstaatlichen Akteuren und ideologischen Bewegungen. Den Nationalstaaten fehlt es an Leitbildern und Ideologie, den alternativen Bewegungen an angemessener Infrastruktur und Ressourcen zur Umsetzung ihrer Ideen. Wäre es — unter welchen Umständen auch immer — möglich, diese Kluft unter Berücksichtigung des wachsenden demographischen, wirtschaftlichen und strategischen Gewichts der nichtwestlichen »übrigen« Welt zu überbrücken, könnte eine realistische Alternative zum amerikanisch-westlich geführten Wandel Form annehmen und als konsequentes und theoretisch stichhaltiges alternatives Weltordnungsmuster anerkannt werden.

6. KONSERVATISMUS UND POSTMODERNE

Wir befinden uns in der Postmoderne

DER PROZESS, der einen tatsächlich globalen Charakter besitzt, ist das Abgleiten der einstmals siegreichen Moderne hinein in die Postmoderne. Es gibt Schwerpunkte, Brennpunkte, Orte und Regionen, wo dieser Prozess logisch und folgerichtig abläuft. Diese sind der Westen — Westeuropa und insbesondere die Vereinigten Staaten von Amerika —, wo es die historische Gelegenheit zur Errichtung der optimalen Gesellschaft der Moderne unter Laborbedingungen gab, auf Grundlage jener Prinzipien, die das westeuropäische Denken entwickelt hatte; die Möglichkeit, mit einem unbeschriebenen Blatt zu beginnen, ohne die Last europäischer Traditionen und in einem »leeren« Raum — die Ureinwohner wurden bekanntlich nicht als Menschen angesehen. Michael Hardt und Antonio Negri weisen in ihrem Buch *Empire* nach, dass die amerikanische Verfassung Afroamerikaner von Anfang an als Menschen zweiter Klasse betrachtete, während die Ureinwohner gar keine Menschen seien. Auf diese Weise wurde das spezifisch amerikanische System zum idealen Ort für die Realisierung eines Maximums an Freiheit, aber nur für Weiße und um den Preis eines bewussten Ausschlusses aller anderen. In jedem Fall stellen die Vereinigten Staaten die Avantgarde der Freiheit dar — und die treibende Kraft der Wandlung hin zur Postmoderne.

Der Pol der Freiheit und die Freiheit der Fernsehsenderwahl

Es war bereits die Rede von dem Pol, den die westliche Zivilisation darstellt, aber in den Bereichen des Denkens, der Philosophie und der Geographie der menschlichen Seele bilden der Pol einer unipolaren Welt eben die Vereinigten Staaten und Europa als ein gänzlich geopolitischer Zusammenschluss, insbesondere die dort gepflegte Idee maximaler Freiheit. Der Fortschritt auf dem Weg zur Verwirklichung dieser Freiheit ist der Sinn der Menschheitsgeschichte, wie sie die westeuropäische Geisteswissenschaft versteht. Die westeuropäische Gesellschaft hat es vollbracht, die übrige Menschheit auf diese Vorstellung vom Sinn der Geschichte zu verpflichten.

Darin also besteht der Pol einer unipolaren Welt — der Pol der Freiheit, die in der Moderne angekommen ist und nun auf eine neue Ebene vorrückt, die der Postmoderne, in der der Mensch beginnt, sich von sich selbst zu befreien, wenn er sich selbst zur Last fällt, beeinträchtigt oder langweilt. Er zerfällt in eine »Schizo-Masse«, wie sie Deleuze im *Anti-Ödipus* beschrieben hat.[1]

Die Menschen sind zu bloßen Betrachtern eines Fernsehschirms geworden; sie haben gelernt, besser und schneller den Sender zu wechseln. Viele hören gar nicht mehr auf: Sie drücken auf die Fernbedienung, ganz egal, was eigentlich läuft — ob nun eine Komödie oder die Nachrichten. Der postmoderne Typus des Zuschauers versteht im Grunde nichts von dem, was geschieht; es gibt nur einen Strom von Bildern, die ihn belustigen. Fernsehzuschauer werden in Mikroprozesse hineingezogen; sie werden zu den vom Spektakel Ungesättigten, »Unterzuschauern«, die keine Sendung von Anfang bis Ende ansehen, sondern nur auf Stückchen und Teile verschiedener Sendungen blicken. Ein Musterbeispiel hierfür ist der Film *Spy Kids 2* von Robert Rodriguez. Er ist von seiner Machart her völlig sinnfrei. Ablenkung aber ist unmöglich, denn sobald unser Bewusstsein des

---

[1] Gilles Deleuze u. Félix Guattari: *Anti-Ödipus. Kapitalismus und Schizophrenie I*, Frankfurt/Main 1974. Hrsg.

Films überdrüssig wird, erscheint auf einmal ein fliegendes Schwein, und wir müssen weiter zusehen, um herauszufinden, wohin es fliegt. Und in der exakt gleichen Weise klettert ein kleiner Drache aus der Tasche des Helden, sobald uns das fliegende Schwein zu langweilen beginnt. Rodriguez' Inszenierung ist makellos. Im Prinzip wird der Mensch, der unermüdlich die Sender wechselt, dabei annähernd den gleichen Effekt vorfinden. Der einzige anders getaktete Sender ist der für die »Kultur«, weil man dort noch gemütliche Geschichten über Komponisten, Künstler, Gelehrte, Theater — kurz: die Überreste der Moderne — findet. Würden sie aus dem Programm genommen, so könnte man in aller Ruhe die Sender durchzappen und müsste nicht damit rechnen, irgend etwas zu entdecken, das gegen den einen Rhythmus läuft, in dem zu leben man gezwungen ist.

Die Paradoxa der Freiheit

So kommt also die Postmoderne daher. Was kann ihr widerstehen? Kann man »Nein« zu ihr sagen? Dies ist die grundlegende Frage.

Nebenbei bemerkt: Aus gerade jener liberalen These, dass der Mensch frei sei, folgt, dass er immer frei sein müsste, »Nein« zu wem auch immer sagen. Tatsächlich ist dies der gefährliche Aspekt der Freiheitsphilosophie, die unter der Vorherrschaft absoluter Freiheit beginnt: die Freiheit, zur Freiheit »Nein« zu sagen, abzuschaffen. Das westliche liberale Modell sagt: »Du willst dich gegen uns stellen? Bitte, das ist dein Recht, aber schau: Du willst doch nicht deine Waschmaschine zurückgeben, oder?« Die Waschmaschine ist das Totschlagargument der Fortschrittsverfechter. Schließlich will ja jeder eine Waschmaschine — Schwarze, indigene Völker, Konservative und Orthodoxe. Auch die Kommunisten sprachen — aus einer anderen Logik heraus — von der Zwangsläufigkeit und Unumkehrbarkeit strukturellen Wandels. Sie behaupteten, der Sozialismus würde auf den Kapitalismus folgen. Der Sozialismus kam, obwohl wir in Russland schlechthin nie Kapitalismus hatten. Er blieb eine Weile, vernichtete eine ganze Menge Menschen und verschwand dann wieder. Genauso ist es mit der Waschmaschine. Wenn man über die Metaphysik der Waschmaschine nachdenkt und darüber, wie weit sie mit den echten Werten eines philosophischen Systems verkoppelt ist, dann wird man zu dem Schluss kommen können, dass menschliches Leben ohne die Waschmaschine möglich ist und vielleicht sogar das Potential hat, durchaus glücklich zu verlaufen.

Für eine liberale Gesellschaft jedoch ist das etwas Furchtbares, beinahe ein Sakrileg. Wir können alles verstehen, aber ein Leben ohne Waschmaschine? Das ist schon wirklich unwissenschaftliches Gerede: Leben ohne Waschmaschine ist unmöglich. So etwas gibt es nicht. Das Leben ist die Waschmaschine. Darin liegt die Wirkmacht des liberalen Arguments, das einen totalitären Charakter annimmt. Es liegt immer eine gewisse Beschränkung in der Befreiung — dies ist das Paradoxon der Freiheit. Es besteht mindestens die Einschränkung, dass man die Freiheit für den höchsten Wert halten muss. Man stelle sich vor, eine Person sagt: »Die Freiheit ist der höchste Wert.« Eine andere erwidert: »Nein, das ist sie nicht.« Darauf antwortet die erste: »Du bist gegen die Freiheit? Ich werde im Namen der Freiheit töten!«

Dem Liberalismus ist die Vorstellung inhärent, dass es keine Alternativen zu ihm geben kann. Darin liegt eine gewisse Wahrheit. Was war der erste Anstoß, auf den hin sich Logos auf den Weg zur Freiheit gemacht hat und die soziale Vernunft in das Abenteuer der totalen Befreiung hineingezogen wurde? Man muss ihn nicht bei Descartes, Nietzsche oder im 20. Jahrhundert suchen, sondern bei den Vorsokratikern. Heidegger hat diesen Impuls im Konzept der *Physis* und ihrer Offenlegung durch die Ideenlehre Platons verortet. Wichtig ist aber etwas anderes: Die Bewegung des Logos hin zur Freiheit ist kein Versehen, aber nichtsdestoweniger kann man »Nein« dazu sagen.

Konservatismus als die Zurückweisung der Geschichtslogik

Es gibt trotzdem die ontologische Möglichkeit, »Nein« zu sagen. Und damit setzt Konservatismus ein.

Was aber ist Konservatismus? Konservatismus ist ein »Nein« zu dem, was einen umgibt. In wessen Namen? Im Namen von etwas Vorangegangenem. Um genau zu sein: im Namen dessen, das an einem gewissen Punkt der soziopolitischen Geschichte überwunden wurde. Konservatismus ist daher das Verfechten einer ontologischen, philosophischen, soziopolitischen, individuellen, natürlichen, religiösen, kulturellen und wissenschaftlichen Position, die jene Entwicklungen zurückweist, die uns heute begegnen und die wir bereits oben identifiziert und beschrieben haben.

Wir sprechen nun vom Konservatismus und dem, womit man den Lauf der Geschichte an sich zurückzuweisen vermag, indem man sich von jener soziopolitischen Topographie befreit, die uns in Moderne und Postmoderne getrieben hat. Gemeint ist das Zeitalter der Moderne mit seinen linearen Fortschrittsvektoren und postmodernen Verzerrungen, die uns in die Labyrinthe der Auflösung individueller Realität und zum rhizomatischen Subjekt oder Postsubjekt entführen. Man kann hier aber auch Vorstufen einschließen, die die jetzige Richtung möglich und vorherrschend gemacht haben. Der Konservatismus gründet seine Haltung auf einer Opposition gegen die Logik der Entfaltung des historischen Prozesses. Die Phänomenologie der Moderne — wie heute der Postmoderne —, deren Fäulnis der Konservatismus zu verwerfen sucht, dient dieser Opposition als Argument. Konservatismus als Struktur führt aber nicht zu einem Bestreiten der Phänomene. Negativ gewertete Phänomenologie ist hier nichts als ein Deckmantel. Der Konservatismus konstruiert eine Topographie, die Logik, Wirkung und Richtung der geschichtlichen Zeit zurückweist.

Der Konservatismus kann seinen Widerstand gegen die geschichtliche Zeit auf verschiedene Weisen aufbauen. Ihm stehen drei grundsätzliche Möglichkeiten offen, um sich zu den konzeptionellen Strömungen von Moderne und Postmoderne in Beziehung zu setzen. Und damit beginnt die Systematisierung oder Strukturalisierung des Konservatismus. Dies ist eine Systematisierung ohne irgendwelche Präferenzen, denn die Diskussion ist eine wissenschaftliche und keine der Werturteile.

Fundamentaler Konservatismus: Traditionalismus

Die erste Herangehensweise ist der sogenannte Traditionalismus. Konservatismus könnte genausogut auch Traditionalismus sein. In einigen Modellen der Politikwissenschaft, wie etwa dem Mannheims, wird zwischen Traditionalismus und Konservatismus unterschieden.[2] Nichtsdestoweniger ist die Bestrebung, alles im Zustand traditioneller Gesellschaften zu belassen und diese Lebensweise zu bewahren, zweifellos Konservatismus.

Ein substantiell, philosophisch, ontologisch und konzeptionell logischerer Traditionalismus übt nicht Kritik an diversen Aspekten von Moderne und Postmoderne, sondern lehnt den grundsätzlichen Verlauf der historischen Entwicklung ab — das heißt, er stellt sich essentiell gegen die Zeit. Traditionalismus ist die Form des Konservatismus, die folgendes verficht: Schlecht sind nicht einzelne, verstreute Fragmente innerhalb eines größeren Systems, die nach Ablehnung schreien. In der heutigen Welt ist alles schlecht. »Die Fortschrittsidee ist schlecht; der Gedanke der technologischen Fortentwicklung ist schlecht; Descartes' Philosophie von Subjekt und Objekt ist schlecht; Newtons Uhrmacher-Metapher ist schlecht;[3] die

---

2   Karl Mannheim (1893–1947) war ein österreichisch-ungarischer Soziologe, dessen wichtigstes Werk das Buch *Ideologie und Utopie* (1929) war. Dugin bezieht sich hier allerdings auf *Konservatismus: Ein Beitrag zur Soziologie des Wissens* (Berlin: Suhrkamp, 1984), wozu anzumerken ist, dass Mannheim den Begriff des Traditionalismus im Sinne Max Webers gebrauchte, nämlich als Festhalten an den lange zuvor in der eigenen Gesellschaft etablierten Sitten, nicht gemäß der Lehren Guénons. Hrsg.

3   Isaac Newton glaubte, die von ihm entdeckten physikalischen Gesetze enthüllten die einem Uhrwerk gleichende mechanische Perfektion des Universums

zeitgenössische positivistische Wissenschaft und die auf ihr aufbauende Erziehung und Pädagogik sind schlecht.« »Dieses Weltbild«, schlussfolgert der konservative Traditionalist, »taugt nichts. Es ist ein totalitäres, falsches, negatives Weltbild, das man bekämpfen muss.« Und weiter, wenn wir diesen Gedanken bis ans Ende denken: »Mir gefällt nur das, was vor Anbeginn der Moderne existiert hat.« Man könnte noch weiter gehen und diejenigen Tendenzen der traditionellen Gesellschaft selbst der Kritik unterwerfen, die die Heraufkunft der Moderne ermöglicht haben, bis hin zur Vorstellung von einem linearen Zeitverlauf.

Man hielt einen solchen traditionellen Konservatismus für verschwunden, nachdem die Monarchen gefallen, Kirche und Staat getrennt worden waren und alle soziopolitischen, kulturellen und historischen Nationen den Staffelstab der Modernität aufgenommen hatten. In Russland wurde er von militanten Gottlosen ausgerottet. In gewisser Hinsicht trifft diese Auffassung gewiss zu. In gleichem Maße, wie man ihn für vollständig vernichtet hielt, hörten die Menschen auch beinahe auf, über ihn zu sprechen; von den sozialen Gruppen, die solche Positionen vertreten hatten, waren praktisch keine geblieben, und sie verschwanden allzu schnell sogar aus einigen politikwissenschaftlichen Modellen, so wie dem Mannheims. Aus diesem Grund wird der traditionelle Konservatismus heute weder zur Kenntnis noch zum Ausgangspunkt des Denkens genommen — und das ist ungerecht. Wollen wir einem wirklichen Konservatismus auf die Spur kommen und eine lückenlose Landkarte konservativer Geisteshaltungen zeichnen, müssen wir zuallererst genau eine solche Herangehensweise prüfen. Im Traditionalismus haben wir eine umfassende, fast vollständige Charakterisierung der konservativen Beziehung zu Geschichte, Gesellschaft und der Welt.

---

mit Gott als Uhrmacher. Gleichwohl war Newton auch der Ansicht, Gott sei — wie ein Uhrmacher — hin und wieder gezwungen, in das Universum einzugreifen und am Mechanismus herumzubasteln, um sein ordnungsgemäßes Weiterlaufen zu gewährleisten. Hrsg.

Im 20. Jahrhundert, als für einen solchen Konservatismus scheinbar keine gesellschaftliche Plattform mehr geblieben war, tritt plötzlich eine ganze Galaxie von Denkern auf den Plan: Philosophen, die diese traditionalistische Position zu verteidigen beginnen. Mehr noch: Sie tun es radikal, konsequent und beharrlich, ohne das Denken des 19. oder 18. Jahrhunderts zu wiederholen. Dazu gehören René Guénon, Julius Evola, Titus Burckhardt, Leopold Ziegler und all jene, die im eigentlichen Sinne als »Traditionalisten« bezeichnet werden. Es ist vielsagend, dass es im 19. Jahrhundert niemanden mit solchen radikalen Ansichten gab, also als es noch Monarchen und starke Kirchen gab und der Papst noch einiges zu sagen hatte. Die Traditionalisten legten ihr Programm des fundamentalen Konservatismus vor, als sich die Traditionsbestände ihrem Tiefpunkt annäherten. Der fundamentale Konservatismus konnte somit in ein philosophisches, politisches und ideologisches Modell gegossen werden, sobald der Modernismus praktisch alle Stellungen erobert hatte, aber nicht, solange konkrete politische und gesellschaftliche Kräfte noch aktiv gegen ihn kämpften.

Im Verlauf des 20. Jahrhunderts versuchte eine Reihe von Politikwissenschaftlern, den Einfluss des fundamentalen Konservatismus mit dem Faschismus gleichzusetzen oder zu verknüpfen. Louis Pauwels und Jacques Bergier, die Autoren von *Aufbruch ins dritte Jahrtausend*,[4] schrieben: »Der Nationalsozialismus wäre vielleicht als Guénonismus plus Panzerdivisionen zu bezeichnen.«. Das ist natürlich nicht der Fall. Faschismus ist eher die Philosophie der Moderne, die zwar zu einem gewisse Grade von Elementen traditioneller Gesellschaften durchzogen ist, aber weder der Moderne noch der Zeit selbst entgegentritt. Davon abgesehen, haben sowohl Guénon als auch Evola den Faschismus scharf kritisiert.

---

[4] Louis Pauwels u. Jacques Bergier: *Aufbruch ins dritte Jahrtausend. Von der Zukunft der phantastischen Vernunft*, Bern u. Stuttgart 1962. Dieses Buch ist die Grundlage vieler der falschen Mythen über eine angebliche »okkulte Verschwörung« im Kern des Nationalsozialismus, die sich bis heute gehalten haben. Hrsg.

In ihren Werken haben Guénon and Evola die fundamentalste konservative Geisteshaltung ausführlich beschrieben. Sie definierten die traditionelle Gesellschaft als ein überzeitliches Ideal und die gegenwärtige Welt der Moderne sowie ihre Grundprinzipien als Produkt des Niedergangs, der Entartung, der Zersetzung, der Vermischung der Kasten, des Zerfalls der Hierarchie und der Verschiebung des Augenmerks vom Spirituellen[5] zum Materiellen, vom Himmel zur Erde, vom Ewigen zum Flüchtigen und so fort. Die Positionen der Traditionalisten zeichnen sich durch perfekte Geordnet- und Ausgewogenheit aus. Ihre Theorien können als Modell eines Konservatismus reinster Form herhalten.

Natürlich erwiesen sich einige ihrer Analysen und Prognosen als falsch. Insbesondere haben beide den Sieg der »vierten Kaste« vorhergesagt, also den des durch die Sowjetunion vertretenen Proletariats über die »dritte Kaste«, das kapitalistische Lager, der so nicht eingetreten ist. Sie lehnten den Kommunismus ab, ohne zu begreifen, wie viele traditionelle Elemente er barg. Einige ihrer Einschätzungen bedürfen der Richtigstellung. Auf einem Kongress in Rom anlässlich des 20. Todestags Evolas hielt ich einen Vortrag unter dem Titel »Evola — visto da sinistra« (Evola von links gesehen), in dem ich einen eingehenden Blick auf sein Werk aus dem Blickwinkel der Linken empfahl, obwohl er selbst sich als Rechter, sogar extremer Rechter, verstanden hatte.

Fundamentaler Konservatismus in unserer Zeit

Es gibt auch in unserer Gesellschaft fundamentalen Konservatismus. Erstens ist der islamische Entwurf fundamentaler Konservatismus. Wenn wir ihn von negativen Stereotypen ablösen und uns vorstellen, wie diejenigen Muslime, die den Kampf gegen die moderne Welt führen, denken und fühlen müssen, dann verstehen wir, dass auch sie auf den gleichen Prinzipien wie Fundamentalkonservative fußen. Sie

---

5   Das von Dugin im Original gebrauchte russische Wort духовный bedeutet auch »moralisch«, »kirchlich«, »noetisch« usw. Hrsg.

müssen jedes Wort des Korans buchstabengetreu glauben und dabei alle Angriffe durch die Verfechter der Toleranz ignorieren, die ihre Ansichten rügen, weil sie sie für grausam und überholt halten. Sieht ein Fundamentalist solch einen Kommentator im Fernsehen, dann kommt er zu einem einfachen Schluss: Er muss den Fernseher samt Kommentator hinauswerfen.

Eine vergleichbare Ausrichtung gibt es auch in Amerika, bei fundamentalistischen protestantischen Gruppen. Und es überrascht nicht, dass ein erheblicher Anteil der republikanischen Wählerschaft in den USA ungefähr ähnliche Ansichten hat. Die von diesen fundamentalistischen Protestanten verantworteten Fernsehprogramme, in denen – aus protestantischer Sicht – wirklich alles kritisiert wird, was an Moderne und Postmoderne zu kritisieren ist, und in denen kein Stein auf dem anderen bleibt, werden von Millionen amerikanischer Zuschauer gesehen. Es gibt zahllose Fernsehprediger, wie den verstorbenen Jerry Falwell, die strenggenommen die Gegenwart in ihren Fundamenten bemängeln und alle Ereignisse aus der Sicht des protestantischen Christentums interpretieren.

Solche Menschen finden sich auch in orthodoxen und katholischen Kreisen. Sie lehnen die Moderne strukturell und in Gänze ab, halten die Lehren und Gebote ihrer Religion für absolut wahr und betrachten die Moderne und ihre Werte als Ausdruck der Herrschaft des Antichristen, an der definitionsgemäß nichts gut sein kann. Diese Tendenzen sind bei den russischen Altgläubigen stark ausgeprägt.[6] Im Ural gibt es noch eine Parakilitervereinigung, die keine elektrischen Lampen verwendet. Bei ihnen gibt es nur Fackeln und Kerzen, denn Lampen sind »das Licht Luzifers«.

Bisweilen gelingt auf diesem Wege ein sehr tiefes Eindringen in das Wesen der Dinge. Einer der altgläubigen Autoren behauptet: »Wer Kaffee trinkt, der wird am Husten sterben; wer vom Teeblatt trinkt,

---

6 Die Altgläubigen oder Altorthodoxen sind eine Abspaltung der russischen orthodoxen Großkirche, die sich 1666 in einem Schisma vom Hauptzweig der Kirche trennte, nachdem ihre Anhänger gewissen Reformen des damaligen Patriarchen widersprochen hatten. Hrsg.

der wird in Verzweiflung von Gott abfallen.« Andere beteuern, man dürfe niemals gekochten Buchweizen essen, weil er »sündhaft« sei.[7] Kaffee ist in solchen Kreisen streng verboten. Das mag dumm klingen, aber für wen? Für rationale, moderne Zeitgenossen. Tatsächlich ist die »Sünde des gekochten Buchweizens« dumm. Aber man stelle sich vor, eine Denkfigur wie die der »Sünde des gekochten Buchweizens« fände ihren Platz in der Welt der fundamentalistischen Konservativen. Ein Kongress der Altgläubigen könnte der »Sünde des gekochten Buchweizens« gewidmet werden. Auf diesem Kongress würden sie versuchen, herauszufinden, welcher Dämonenklasse sie zuzuordnen ist. Immerhin gab es auch schon »Hosenkonzile«: Als irgendwann im 18. Jahrhundert eine Gruppe junger Altgläubiger begann, karierte Hosen zu tragen, beriefen die Feodosijaner[8] ein Konzil in Kimry ein, um zu erörtern, ob man sich von den Trägern karierter Hosen trennen sollte, denn seinerzeit war es für einen Christen nicht statthaft, karierte Hosen zu tragen. Der eine Teil des Konzils stimmte für die Trennung, der andere dagegen. Solche Ermittlungen sind eigentlich gar nicht so irrwitzig. Altgläubige erscheinen uns »veraltet«, aber sie sind nicht veraltet. Sie sind anders. Sie operieren auf einer anderen Bedeutungsebene. Sie streiten ab, dass die Zeit geradlinig verläuft. Für sie ist die Zeit ein Regress und der moderne Mensch eine Opfergabe für den Teufel.

Hier lässt sich das Denken Claude Lévi-Strauss' einbeziehen. Er beweist, dass die »vorvernünftigen Völker«, von denen Lévy-Bruhl und die evolutionistischen, »Primitive« studierenden Gelehrten sprachen, nicht existieren und dass eingeborene Gesellschaften oder die Strukturen indischer Mythen ebenso komplex — und dramatisch — in ihren sinnhaften Zusammenhängen, vielfältigen Taxonomien und nebeneinandergestellten Motiven und Geschehnissen sind wie

---

7 Im Russischen ähnelt der Stamm des Wortes »Buchweizen« phonetisch dem von »Sünde«. Hrsg.

8 Die Feodosijaner waren eine im 18. Jahrhundert entstandene Sekte innerhalb der Altgläubigen, die auf strenge Askese und die Abschaffung der Ehe setzte. Hrsg.

moderne europäische Formen. Sie sind einfach nur anders. Es handelt sich nicht um einen exemplarischen »Vor-*Logos*«, sondern um einen anderen *Logos*, dessen System von Zusammenhängen, Schattierungen, Spannungen, Verschiedenheiten und konstruierten Modellen zwar in einem anderen Bezugsrahmen funktioniert, aber gemäß seiner eigenen Komplexität und Strukturparameter (hier setzt der Strukturalismus an) absolut vergleichbar mit dem Bewusstsein, dem Denken und den gesellschaftlichen Modellen von Sozialisierung und Anpassung anderer Nationen ist.

Im fundamentalen Konservatismus findet die Abkehr von der Moderne eine absolut schlüssige und systematische Form. Wenn wir uns in diesen Blickwinkel hineinversetzen, fügt sich alles zusammen; alles ist logisch und rational, entspringt jedoch einem anderen *Logos*. Es ist ein *Logos*, in dessen Rahmen die »Sünde des Buchweizens«, die bei Kerzenlicht lebende Parakliterevereinigung und alles andere, was dem modernen Menschen nur ein spöttisches Lächeln abringt, kein Lächeln verursacht. Wir sehen hier eine gänzlich andere Seinsordnung.

Status-quo-Konservatismus — Liberaler Konservatismus

Es gibt eine zweite Art von Konservatismus, die wir den liberalen oder Status-quo-Konservatismus nennen. Er ist liberal, weil er die der Moderne zugrunde liegende Tendenz bejaht. Er versucht aber an jeder Zwischenstation dieser Entwicklung, auf die Bremse zu treten: »Langsamer, nicht jetzt, machen wir das lieber später.«

Liberale Konservative denken ungefähr so: Das freie Individuum ist ja schön und gut, aber so ein freies Postindividuum geht ein bisschen zu weit. Oder nehmen wir die These vom »Ende der Geschichte«: Anfangs glaubte Fukuyama, Politik sei verschwunden und werde letztlich durch den »Weltmarkt« ersetzt, auf dem Nationen, Regierungen, Völker, Kulturen und Religionen ebenfalls verschwinden würden. Später beschloss er jedoch, man solle den Prozess verlangsamen und die Postmoderne behutsamer einführen, ohne Revolutionen, weil

Revolutionen etwas Unerwünschtes freisetzen könnten, das den Plan vom »Ende der Geschichte« stören würde. Im Anschluss begann Fukuyama, zu schreiben, man müsse nationale Regierungen einstweilen unterstützen. Das ist bereits liberaler Konservatismus.

Liberale Konservative mögen keine Linken. Rechte wie Evola und Guénon mögen sie auch nicht, aber diese nehmen sie überhaupt nicht wahr. Sobald sie Linke sehen, sind sie allerdings sofort kampfbereit.

Liberale Konservative zeichnen sich durch die folgenden qualitativen Strukturmerkmale aus: Zustimmung zu den Haupttendenzen der Moderne, aber Nichtübereinstimmung mit ihren eher avantgardistischen Auswüchsen, die übermäßig gefährlich und ungesund erscheinen. Der englische Philosoph Edmund Burke[9] beispielsweise sympathisierte anfangs mit der Aufklärung, doch nach der Französischen Revolution scheute er vor ihr zurück und formulierte eine liberalkonservative Theorie mit einer vorsichtigen Kritik an Revolutionen und der Linken. Daher stammt das liberalkonservative Programm: Verteidigung der Freiheit, der Rechte, der Unabhängigkeit des Menschen, von Fortschritt und Gleichheit, aber auf andere Weise — durch Evolution, nicht Revolution; all das, nur damit nicht aus irgendeinem Keller jene ruhenden Energien entweichen, mit denen die Jakobiner den Großen Terror entfachten[10], die dann in den Gegenterror mündeten und so weiter.

In diesem Sinne widerspricht der liberale Konservatismus nicht prinzipiell den Tendenzen, die das Wesen der Moderne und sogar der Postmoderne ausmachen, obwohl Liberalkonservative im Angesicht

---

9   Der britische Politiker und Philosoph Edmund Burke (1729–1797) gehörte als Vertreter der Whigs dem Unterhaus an. Er lehnte die Demokratie und die Französische Revolution ab, obwohl er an die Bedeutung einer repräsentativen Regierung glaubte und das Anliegen des amerikanischen Unabhängigkeitskriegs unterstützte. Über viele Jahre hinweg prangerte er die Ungerechtigkeiten an, die von der Britischen Ostindien-Kompanie in Indien begangen wurden. Hrsg.

10 Die Jakobiner waren in den ersten Jahren nach der Revolution von 1789 die mächtigste Gruppe unter den französischen Revolutionären. Robespierre und seine für die Terrorherrschaft der 1790er mitverantwortlichen Gefolgsleute waren alle Jakobiner. Hrsg.

der Postmoderne noch heftiger als zuvor bremsen werden. An einem gewissen Punkt werden sie also sogar laut ausrufen: »Halt!« Die Konsequenzen der Postmoderne vor Augen und im Wissen um das Rhizom nach Deleuze fühlen sie sich deutlich außerhalb ihres Elements. Abgesehen davon haben sie Angst, dass die fortschreitende Demontage der Moderne, die in Richtung Postmoderne abgewickelt wird, das Vormoderne befreien könnte. Darum geht es ihnen oft.

Der Liberale Habermas[11] beispielsweise, ein ehemaliger Linker, schreibt sinngemäß: »Wir halten heutzutage weder am harten Kern der Aufklärung fest noch am Glauben an die Ideale des freien Subjekts und der moralischen Befreiung. Halten wir den Menschen nicht von diesem Abgrund fern, so stürzen wir nicht nur ins Chaos, sondern kehren in die Dunkelheit der Tradition zurück und zu dem Gefühl des Krieges gegen sie, der in Wahrheit von der Moderne verkörpert worden ist.«[12] Soll heißen: Er hat Angst, dass fundamentale Konservative zurückkehren könnten.

Bin Laden als Symbol

Die Figur Bin Laden, sei sie nun echt oder in Hollywood erdacht, hat eine fundamentale philosophische Bedeutung. Sie ist eine durchkomponierte Karikatur des im postmodernen Bezugsrahmen stattfindenden Übergangs zur Vormoderne. Es handelt sich um eine unheilvolle Warnung davor, dass die Vormoderne (Tradition) — also der Glaube an eben jene Werte, die ganz zu Anfang der Moderne auf den Müllhaufen geworfen wurden — auferstehen kann. Bin Ladens Physiognomie, sein Gehabe, sein Auftreten auf unseren Bildschirmen, in unseren Zeitungen und Zeitschriften — das ist ein philosophisches Symbol. Es ist ein Menetekel der liberalen Konservativen an die Menschheit.

---

11 Jürgen Habermas (geb. 1929) ist ein deutscher marxistischer Philosoph. Hrsg.

12 Dieser Satz ist kein Zitat, sondern Dugins Zusammenfassung eines Kapitels; vgl. Jürgen Habermas: *Die Moderne — ein unvollendetes Projekt*, Leipzig 1990, S. 38–55. Hrsg.

Die Simulakren des Che Guevaras

Liberale Konservative analysieren die Beziehung zwischen Liberalismus und Kommunismus aus Prinzip nicht so wie wir und fürchten den Kommunismus weiterhin. Wie bereits gesagt, haben die Ereignisse von 1991 — das Ende der Sowjetunion — kolossale philosophische und historische Bedeutung; es gibt nur wenige Analogien. Es gibt nur wenige derartige Ereignisse in der Geschichte, denn 1991 bewies der Liberalismus seinen alleinigen Anspruch auf das orthodoxe Erbe des Paradigmas der Moderne. Alle andere Varianten — einschließlich der wichtigsten, des Kommunismus — erwiesen sich als Abweichungen vom Pfad der Moderne, als Ausläufer hin zu anderen Zielen. Die Kommunisten glaubten, sie folgten dem Pfad der Moderne in Richtung Fortschritt, aber es zeigte sich, dass sie auf ein anderes Ziel in einem anderen konzeptionellen Rahmen zusteuerten. Ein paar Liberale glauben aber immer noch, dass die Kommunisten ihre Stellungen nur »zeitweilig« verlassen hätten und wieder zurückkehren könnten.

Indem er aus grundlosen Ängsten heraus handelt, gebiert der heutige Antikommunismus — wahrscheinlich weit mehr als der gegenwärtige Antifaschismus — Chimären, Spukgestalten und Simulakren. Kommunismus gibt es nicht mehr (und den Faschismus schon lange nicht mehr) — an seiner Stelle bleibt ein Gipsimitat, ein harmloser Che Guevara, der für Mobiltelefone wirbt oder die Hemden einer nutzlosen und übersättigten, kleinbürgerlichen Jugend ziert. Im Zeitalter der Moderne war Che Guevara der Feind des Kapitalismus; in dem der Postmoderne preist er auf gigantischen Werbetafeln Mobilfunkbetreiber an. Das ist die Form, in der der Kommunismus zurückkehren kann — als Simulakrum. Der Sinn dieses Kommerzsymbols besteht im postmodernen Verlachen der Anmaßungen des Kommunismus, ein alternativer *Logos* im Rahmen der Moderne sein zu wollen.

Diese Ironie ist dem liberalen Konservatismus jedoch fremd, denn er ist nicht zu Scherzen aufgelegt, wenn es um »Rote« oder »Braune«

geht. Das ist so, weil er die Relativierung des *Logos* in der Postmoderne befürchtet und sich nicht sicher ist, ob der Feind vollständig besiegt wurde. Er halluziniert, dass sich der mit dem Gesicht nach unten liegende Kadaver noch regt, und rät deshalb davon ab, sich ihm zu nähern oder ihn zu verspotten — das sei ein Spiel mit dem Feuer.

Die Konservative Revolution

Es gibt jedoch noch eine dritte Art von Konservatismus. Aus philosophischer Sicht ist sie die interessanteste. Es gibt eine Traditionslinie konservativer Ideologien, die man gemeinhin als Konservative Revolution (KR) bezeichnet. Diese Gruppe von Ideologien und politischen Philosophien betrachtet das Problem der Korrelation zwischen Konservatismus und Moderne auf dialektische Weise.

Einer der Theoretiker der Konservativen Revolution war Arthur Moeller van den Bruck, dessen Buch *Das dritte Reich*[13] unlängst ins Russische übersetzt wurde. Ebenfalls dieser Denkströmung zugehörig waren Martin Heidegger, die Brüder Ernst und Friedrich Georg Jünger, Carl Schmitt, Oswald Spengler, Werner Sombart, Othmar Spann, Friedrich Hielscher, Ernst Niekisch und ein ganzer Kosmos meist deutscher Schriftsteller, die manchmal als »Dissidenten des Nationalsozialismus« bezeichnet werden, weil die meisten von ihnen zeitweilig den Nationalsozialismus unterstützten, sich aber bald in einem Zustand der inneren Emigration oder sogar im Gefängnis wiederfanden. Viele von ihnen nahmen am antifaschistischen Widerstand teil und halfen bei der Rettung von Juden. Friedrich Hielscher beispielsweise, ein Konservativer Revolutionär reinsten Wassers und Unterstützer der nationalen Wiedergeburt Deutschlands, half dem bekannten jüdischen Philosophen Martin Buber[14], sich vor den Nazis zu verstecken.

---

13 Arthur Moeller van den Bruck: *Das dritte Reich*, Berlin 1923.

14 Martin Buber (1878–1965) war ein österreichischer Jude, der als Zionist später nach Israel zog. Er ist bekannt für die Formulierung eines jüdischen Existentialismus. Hrsg.

Konservative müssen die Revolution anführen

Man kann das Grundmuster der konservativ-revolutionären Weltanschauung wie folgt beschreiben: Es existiert ein objektiver Prozess des Verfalls in der Welt. Dabei handelt es sich nicht einfach um die Machenschaften »böser Mächte«; es sind die Kräfte der Freiheit, die Kräfte des Marktes, die die Menschheit auf dem Pfad der Entartung führen. Der Gipfel des Verfalls ist aus Sicht der Konservativen Revolutionäre die Moderne. Soweit deckt sich alles mit der traditionalistischen Haltung. Im Gegensatz dazu fragen sich die Konservativen Revolutionäre: Wie kam es, dass sich der Glaube an Gott, der die Welt erschaffen hat, an die göttliche Vorsehung, an das Sakrale, an den Mythos zu einem bestimmten Zeitpunkt ins Gegenteil verkehrt hat? Warum erschlaffte er, und warum triumphierten die Feinde Gottes? Ein weiterer Verdacht drängt sich auf: Vielleicht trug das wunderbare goldene Zeitalter, das die Fundamentalkonservativen verteidigen, eine Art Gen künftiger Perversion in sich? Vielleicht war selbst in religiösen Zeiten doch nicht alles so großartig? Vielleicht trugen die religiösen, sakralen und geheiligten Formen der traditionellen Gesellschaft, von der wir bis zum Anbrechen der Moderne noch einen Schimmer erhaschen konnten, ein Element des Niedergangs in sich? Und so sagen die Konservativen Revolutionäre zu den konservativen Fundamentalisten: »Ihr bietet die Wiederkehr zu einem Zustand, in dem der Mensch nur die ersten Symptome der Krankheit zeigte, als der trockene Husten gerade begann. Heute liegt dieser Mensch im Sterben, aber ihr redet davon, wie gut es ihm vorher ging. Ihr vergleicht einen Hustenden mit einem Sterbenden. Wir aber wollen tiefer graben und herausfinden, woher die Infektion kam und warum er zu husten begann. Dass der Hustende nicht stirbt, sondern weiter seiner Arbeit nachgeht, überzeugt uns nicht davon, dass er gesund und munter ist. Dieses Virus muss sich vorher noch woanders eingenistet haben...« »Wir glauben«, fahren die Konservativen Revolutionäre fort, »dass der Wille zur Inszenierung dieses eschatologischen Dramas gerade am Ursprung, in der Gottheit selbst, in der Erstursache selbst angelegt ist.« Aus einem solchen Blickwinkel erhält die Moderne einen paradoxen Charakter. Sie ist nicht nur die heutige Krankheit (in der abgelehnten Gegenwart), sondern die Aufdeckung dessen, was die (den Traditionalisten so liebe) gestrige Welt der heutigen Welt eingebrockt hat. Die Moderne wird dadurch nicht besser; die Tradition indes verliert ihre unzweideutige Positivität.

Eine der wichtigsten Weisheiten Arthur Moeller van den Brucks war: »Frühere Konservative haben versucht, die Revolution aufzuhalten, aber wir müssen sie anführen.« Das heißt: Wenn man, teilweise aus pragmatischen Gründen, mit den zerstörerischen Kräften der Moderne solidarisch zusammengekommen ist, muss man den Bazillus ausfindig machen und aufdecken, der von Anfang an die Entwicklung hin zum künftigen Verfall, der Moderne, hervorgebracht hat. Konservative Revolutionäre wollen nicht bloß wie liberale Konservative die Zeit verlangsamen oder wie Traditionalisten zur Vergangenheit zurückkehren, sondern die Wurzeln des Bösen aus der Substanz der Welt herausreißen, Zeit als eine destruktive Qualität der Wirklichkeit abschaffen und dadurch eine Art geheimes, paralleles und nicht offenkundiges Vorhaben der Gottheit selbst umsetzen.

Dasein und *Ge-stell*

Die Geschichtsphilosophie Heideggers beruht auf einem ähnlichen Modell. Das *Dasein* als das endgültige und örtlich begrenzte Sein des Menschen, warf zu Anbeginn der Philosophie die Frage nach dem Sein des Selbst und seiner Umgebung auf. Der Begriff der *Physis* wurde eines der ersten Konzepte, die diese Fragen äußerten, indem er das Sein mit der Natur verglich und sie als eine Abfolge von »Aufstiegen« erfasste. Das zweite Konzept war die agrarische Metapher des *Logos*, gebildet nach dem altgriechischen Verb *legein*, das »ernten« bedeutete und später die Bedeutungen »denken«, »lesen« und »sprechen« erhielt. Nach Heidegger schnürte das Paar *Physis/Logos* durch seine Beschreibung das Sein in außerordentlich enge Grenzen ein. Dieses Rahmenwerk wurde durch die platonische

Ideenlehre noch weiter verengt. Des Weiteren hat das abendländische Denken die Entfremdung vom Sein durch gesteigerten Rationalismus nur verschärft, bis hin zur völligen Vergessenheit sämtlichen Denkens über das Sein. An den Scheitelpunkten des 19. und 20. Jahrhunderts ging diese Vergessenheit in Nihilismus über. Allgemein gilt: Das klar umrissene Wesen der zunehmenden Vorherrschaft der Technik ist in der Philosophie Heideggers das *Ge-stell*, das Zusammenspiel aller neuartigen entfremdenden und nihilistischen Modelle.

Für Heidegger aber ist das *Ge-stell* kein Unfall. In ihm manifestiert sich das Nichts, die Kehrseite des Seins, als inneres Maß. Im authentischen *Dasein* muss es gleichermaßen Sein und Nichts geben. Wenn aber jemand das Sein als »das Universale« (*Koinon*) hervorhebt — also allein das Seiende (der Gedanke der *Physis*) —, blendet er das Nichts aus, das ihn an sich selbst erinnert, und überführt die Philosophie durch das *Ge-stell* hindurch in den Nihilismus. Daher ist der zeitgenössische Nihilismus nicht das einzige Übel, sondern auch die Kunde, dass man durch solch komplexe Mittel dem *Dasein* näherkomme. Die Aufgabe der Konservativen Revolutionäre ist deshalb nicht nur, das Nichts und den Nihilismus der Moderne zu überwinden, sondern die Klärung der verworrenen Philosophiegeschichte und das Entschlüsseln der im *Ge-stell* enthaltenen Botschaft. Der Nihilismus der Moderne ist also nicht — wie für die Traditionalisten — ausschließlich böse, sondern auch ein Zeichen, das auf die Tiefenstrukturen des Seins und die in ihnen liegenden Paradoxa hindeutet.

Das traurige Ende der Show

Konservative Revolutionäre verachten das Gegenwärtige so sehr, dass sie sich nicht damit zufriedengeben, es einfach nur der Vergangenheit gegenüberzustellen. Sie sagen: »Das Gegenwärtige ist widerwärtig, aber wir müssen da durch, es vorantreiben und bis zum definitiven Ende durchziehen.«

Der liberale Postmodernist hat nur ein »endloses Ende« zu bieten. Fukuyamas »Ende der Geschichte« ist kein einfaches Verschwinden:

Nach dem Ende der Geschichte geht der Zahlungsverkehr weiter; Märkte operieren weiterhin; Hotels, Bars und Clubs glänzen einladend; Börsen funktionieren; Dividenden werden zum Tageswert ausgezahlt; Computer- und Fernsehbildschirme leuchten; Aktien werden gehandelt. Geschichte ist nicht mehr, aber Markt und Fernsehen *sind*.

Bei den Konservativen Revolutionären ist alles anders. Sie setzen darauf, am Ende der Geschichte auf der anderen Seite des *Daseins* herauszukommen, nachdem sie den in Schieflage geratenen Raum »jener Seite« verlassen haben, um das postmoderne Spiel in Ernst zu verwandeln. Das Spektakel (gemäß Guy Debords »Gesellschaft des Spektakels«)[15] wird ein für Zuschauer und Schauspieler sehr unerfreuliches Ende nehmen. Seinerzeit gab es, einer ebensolchen Logik folgend, eine Gruppe von Surrealisten und Dadaisten, die den Suizid glorifizierten: Arthur Cravan, Jacques Rigaut, Julien Torma und Jacques Vache. Kritiker hielten das nur für leeres Gerede. Auf einmal brachte sich die Gruppe gemeinsam in der Öffentlichkeit um und bezeugte so, dass Kunst und Surrealismus für sie eine so ernste Angelegenheit waren, dass sie ihre Leben dafür opferten. Das erinnert an Kirilow aus Dostojewskis *Dämonen*,[16] für den der Suizid zum Ausdruck der absoluten Freiheit nach dem »Tod Gottes« wurde.

Unlängst haben sich in Russland nicht weniger schreckliche Dinge ereignet, beispielsweise *Nord-Ost*.[17] Der obszöne und vulgäre Komiker

---

15 Die »Gesellschaft des Spektakels« ist eine Formulierung Guy Debords (1931–1994), eines französischen marxistischen Philosophen und Gründers der Situationistischen Internationale. Das Spektakel, wie er es in seinem Hauptwerk *Die Gesellschaft des Spektakels* beschrieb, ist eines der Herrschaftsmittel des kapitalistischen Establishments in der modernen Welt — alle authentischen menschlichen Erfahrungen werden auf stellvertretende Bilder in den Massenmedien reduziert, was den Herrschenden die Kontrolle über die Realitätswahrnehmung der Individuen ermöglicht. Die Situationisten hatten großen Einfluss auf die Massendemonstrationen und Streiks in Frankreich 1968. Hrsg.

16 Fjodor Dostojewski: *Die Dämonen*, München 1906. Hrsg.

17 *Nord-Ost* ist ein populäres russisches Musical, das unter anderem den Sieg der sowjetischen Soldaten im Zweiten Weltkrieg feiert. Am 23. Oktober 2002 stürmten während einer Aufführung des Stücks eine Gruppe tschetschenischer

Sascha Tsekalo gab eine Vorstellung vor einem großen Moskauer Publikum. Dann tauchten tschetschenische Terroristen auf, und die Leute dachten zuerst, das sei Teil der Show. Erst später kam dem Publikum der furchtbare Gedanke, dass auf der Bühne nicht alles mit rechten Dingen zugehen könnte; damit begann die reale, alptraumhafte Tragödie.

Konservative Revolutionäre stellen sich annähernd ähnlich dar: Soll die Schmierenkomödie der Postmoderne ihren Lauf nehmen; soll sie bindende Übereinkünfte, das Ich, das Über-Ich und den *Logos* zerstören; soll sie sich mit dem Rhizom, den »Schizo-Massen« und dem zersplitterten Bewusstsein vereinigen; soll das Nichts das Wesen der Welt in sich tragen — dann werden sich geheime Türen öffnen, und uralte, ewiggültige ontologische Archetypen werden erscheinen, um dem Spiel ein furchteinflößendes Ende zu bereiten.

Linker Konservatismus (Sozialkonservatismus)

Es gibt noch eine weitere Strömung, den sogenannten Links- oder Sozialkonservatismus. Ein typischer Vertreter des Sozialkonservatismus ist Georges Sorel.[18] Er hielt sich mit seinen linken Ansichten zurück, aber erkannte zu einem bestimmten Zeitpunkt, dass Linke wie Rechte (Kommunisten und Monarchisten) den gleichen Feind bekämpften: die Bourgeoisie.

Selbstmordattentäter ein Moskauer Theater und nahm das gesamte Publikum und die Schauspieler als Geiseln. Die Belagerung dauerte drei Tage, bis russische Streitkräfte Giftgas einleiteten, um die Terroristen außer Gefecht zu setzen, und das Theater anschließend stürmten. Obwohl die meisten Terroristen während des Angriffs getötet oder gefangengenommen wurden, konnten sie zuvor einige Geiseln hinrichten; die meisten wurden jedoch durch das Gas getötet. Am Ende waren mehr als 130 Geiseln tot. Hrsg.

18 Georges Sorel (1847–1922) war ein anfangs marxistischer französischer Philosoph, der später den Revolutionären Syndikalismus entwickelte. Er verfocht den Nutzen des Mythos und organisierter Gewalt für revolutionäre Bewegungen. Sein Denken beeinflusste sowohl kommunistische als auch faschistische Bewegungen. Hrsg.

Linker Konservatismus kommt dem russischen Nationalbolschewismus Ustrialows nahe, der russische Nationalmythen unter der Oberfläche der rein linken marxistischen Ideologie aufspürte. Dieser Ansatz wurde noch deutlicher im Nationalsozialismus Strassers[19] und im Nationalbolschewismus Niekischs dargelegt. Derartiger Linkskonservatismus kann sowohl der Familie der Konservativen Revolution als auch einer eigenen Schule zugerechnet werden.

Interessant ist, dass die Partei *Einiges Russland*[20] den Sozialkonservatismus als Leitideologie angenommen hat. Diese Ausrichtung wird derzeit von Andrei Isajew weiterentwickelt. Den anderen Pol der Partei bildet der liberale Konservatismus Pligins.

Eurasianismus als *Epistémè*

Der Eurasianismus ist keine politische Philosophie, sondern eine *Epistémè*. Er befasst sich mit der konservativen Gattung politischer Ideologien und teilt einige Eigenheiten mit dem fundamentalen Konservatismus (Traditionalismus) und der Konservativen Revolution (einschließlich des Sozialkonservatismus der linken Eurasianisten). Der einzige Konservatismus, der für die Eurasianisten nicht hinnehmbar ist, ist der liberale Konservatismus.

Der Eurasianismus hat die universalistische Heuchelei des westlichen *Logos* durchschaut und weigert sich, diesen Universalismus als zwangsläufig anzuerkennen. Hierin liegt die Besonderheit des Eurasianismus. Er betrachtet die westliche Kultur als ein räumlich und zeitlich begrenztes Phänomen und bejaht eine Fülle von Kulturen

---

19 Gregor Strasser (1892–1934) war eine frühe Führungsperson der nationalsozialistischen Bewegung in Deutschland, der das sozialistische Element stärker als Hitler betonte. Er wurde in der »Nacht der langen Messer« im Juni 1934 erschossen, weil er als Konkurrent Hitlers um die Führung wahrgenommen worden war. Nach dem Krieg versuchte sein Bruder Otto, das Konzept eines »linken Nationalsozialismus« neu zu beleben. Hrsg.

20 *Einiges Russland* ist eine 2001 gegründete russische Mitte-Rechts-Partei. Sie hat Wladimir Putin, der die Partei von 2008 bis 2012 führte, immer stark unterstützt und ist die mitgliederstärkste Partei des Landes. Hrsg.

und Zivilisationen, die in verschiedenen Stadien eines Kreislaufs koexistieren. Für Eurasianisten ist die Moderne ein dem Westen eigenes Phänomen, während andere Kulturen sich der universalistischen Anmaßungen der westlichen Zivilisation entäußern und ihre Gesellschaften auf eigenen Werten aufbauen müssen. Es gibt keinen einheitlichen geschichtlichen Fortschritt; jede Nation hat ihr eigenes historisches Modell, das sich in einem anderen Rhythmus und bisweilen in andere Richtungen entwickelt.

Eurasianismus an sich ist erkenntnistheoretischer Pluralismus. Der zentralistischen *Epistémè* der Moderne — die Wissenschaft, Politik, Kultur und Anthropologie einschließt — steht die Fülle an *Epistémèn* entgegen, die auf den Grundlagen jeder existierenden Zivilisation errichtet sind — die eurasische *Epistémè* für die russische Zivilisation, die chinesische für die Chinesen, die islamische für den Islam, die indische für die Inder und so weiter. Und nur auf diesen Grundlagen, die von westlich verordneten *Epistémèn* bereinigt worden sind, dürfen langfristige gesellschaftspolitische, kulturelle und wirtschaftliche Konzepte errichtet werden.

Wir sehen hier eine Sonderform des Konservatismus, die sich von anderen, ähnlichen konservativen Varianten (abgesehen vom Liberalkonservatismus) dadurch unterscheidet, dass sie ihre Alternative zur Moderne weder der Vergangenheit noch einzigartigen revolutionär-konservativen Ideologien entnimmt, sondern Gesellschaften, die historisch mit der westlichen Zivilisation koexistieren, aber geographisch und kulturell anders sind. So nähert sich der Eurasianismus teilweise dem Traditionalismus Guénons an, der auch der Ansicht war, »Zeitgenossenschaft« sei eine »westliche« Vorstellung, während Formen der traditionellen Gesellschaft im Osten bewahrt blieben. Es ist kein Zufall, dass sich von allen russischen Autoren ausgerechnet der Eurasianist N. N. Alekseew als erster auf Guénons Buch *Orient et Occident*[21] bezog.

---

21 René Guénon: *Orient et Occident*, Paris 1924. Dieses Werk wird als die erste vollständige Formulierung der Lehren Guénons angesehen. Hrsg.

Neo-Eurasianismus

Der Neo-Eurasianismus, der in den späten 1980ern in Russland auflebte, hat die grundlegenden Inhalte der *Epistémè* der vorangegangenen Eurasianisten vollständig erfasst, sie jedoch um die Hinwendung zu Traditionalismus, Geopolitik, Strukturalismus, der Fundamentalontologie Heideggers, Soziologie und Anthropologie ergänzt und ebenso die gewaltige Aufgabe vollbracht, Eintracht zwischen den Grundvoraussetzungen des Eurasianismus und den realen Bedingungen der zweiten Hälfte des 20. sowie des Beginns des 21. Jahrhunderts mit ihren Unmengen an neuen wissenschaftlichen Entwicklungen und Erkenntnissen herzustellen. Heute sind eurasianistische Zeitschriften in Italien, Frankreich und der Türkei im Umlauf.

Der Neo-Eurasianismus fußt auf einer philosophischen Analyse der Thesen von Moderne und Postmoderne. Die Ablösung von der westlichen Kultur erlaubt eine Distanz, dank der ein umfassender Blick auf die gesamte Moderne und ihre fundamentale Ablehnung möglich sind.

Im 20. Jahrhundert wurden die Moderne und die abendländische Zivilisation systematisch einer analogen Kritik durch Spengler, Toynbee und insbesondere der Strukturalisten unterzogen — vor allem durch Lévi-Strauss, der die strukturelle Anthropologie begründete. Diese strukturelle Anthropologie basiert auf der prinzipiellen Gleichheit unterschiedlicher Kulturen, von der primitivsten bis hin zur weitestentwickelten, was die westeuropäische Kultur jeder Überlegenheit über selbst die »wildesten« und »primitivsten« Analphabetenstämme beraubt. An dieser Stelle müssen wir an die Eurasianisten Roman Jakobson[22] und Nikolai Trubetzkoy[23] erinnern,

---

22 Roman Jakobson (1896–1982) war ein russischer Linguist und einer der Begründer des Strukturalismus. Er floh kurz vor dem Zweiten Weltkrieg aus der Sowjetunion und lebte für den Rest seines Lebens in den USA. Vgl. Roman Jakobson: *Contributions to Comparative Mythology*, Selected Writings, Bd. 7, Berlin u. Boston 1985. Hrsg.

23 Nikolai Trubetzkoy: *Das Erbe Dschingis Khans*, Moskau 2000.

die Begründer der Phonologie und herausragenden Vertreter der strukturellen Linguistik; sie waren die Lehrer Lévi-Strauss' und führten ihn in die Praxis der Strukturanalyse ein, was er selbst bereitwillig anerkennt. Auf diese Weise wird eine intellektuelle Entwicklungslinie erkennbar: Eurasianissmus, Strukturalismus und Neo-Eurasianismus. In diesem Sinne wird der Neo-Eurasiansmus zur Wiederherstellung eines breiten Spektrums von Ideen, Erkenntnissen und Eingebungen, die zuerst von Eurasianisten umrissen wurden und in die die Ergebnisse wissenschaftlicher Aktivitäten verschiedener Schulen und Autoren (meist konservativer Gesinnung) organisch eingeflossen sind, die sich zeitgleich über das gesamte 20. Jahrhundert hinweg entwickelten.

7. »ZIVILISATION« ALS IDEOLOGISCHES KONZEPT

Der Anspruch auf eine exaktere Definition

Heutzutage besteht in intellektuellen und wissenschaftlichen Kreisen keine Einigkeit über die Bedeutung des Begriffs »Zivilisation« — wie übrigens auch hinsichtlich anderer Grundbegriffe. Das liegt am Wandel der fundamentalen Bedeutung unserer Epoche von der Moderne hin zur Postmoderne, der semantische Felder und linguistische Formen tiefgreifend beeinflusst. Sofern wir uns im Stadium eines unvollendeten Übergangs befinden, wird unser Denken von einer unfassbaren Verwirrung beherrscht: Jemand verwendet gebräuchliche Begriffe in ihrem alten Sinne, ein anderer spürt die Notwendigkeit einer Sinnverschiebung und blickt in die (noch nicht gekommene) Zukunft; einer fantasiert und kommt dabei vielleicht der Zukunft näher (oder verfällt lediglich in individualistische, bedeutungslose Halluzinationen), der andere wird völlig verwirrt.

Wie dem auch sei: Um Begriffe korrekt verwenden zu können, insbesondere Schlüsselbegriffe, zu denen der Begriff der Zivilisation zweifellos gehört, muss heutzutage eine elementare Dekonstruktion vorgenommen werden, die die Bedeutung in ihrem historischen Kontext verortet und ihre grundlegenden semantischen Verschiebungen nachzeichnet.

»Zivilisation« als Stadium der Gesellschaftsentwicklung

Der Begriff »Zivilisation« begann im Zeitalter der rasanten Entwicklung der Fortschrittstheorie weitläufig zu zirkulieren. Diese Theorie ging von zwei grundlegenden, paradigmatischen Axiomen der Moderne aus: dem des fortschrittlichen und stets in eine Richtung verlaufenden Charakters der menschlichen Entwicklung (vom Negativen zum Positiven) und dem der Universalität des Menschen als Phänomen. In diesem Kontext bezeichnete »Zivilisation« für L. H. Morgan[1] das Stadium, in dem nach der Phase der »Barbarei« — die wiederum auf das Stadium der »Wildheit« folgte — die »Menschheit« beginnt (im 19. Jahrhundert waren alle im unkritischen Glauben an die tatsächliche Existenz eines Konzepts von »Menschheit« vereint).

Die Marxisten konnten eine solche Auslegung von Zivilisation problemlos aufgreifen und in ihre Theorie der Evolution von Wirtschaftssystemen einbinden. Nach Morgan, Tylor und Engels[2] beschreibt »Wildheit« Stämme, die sich als Jäger und Sammler betätigen. »Barbarei« bezieht sich auf illiterate Gesellschaften, die sich ohne klare Arbeitsteilung oder Ausbildung gesellschaftspolitischer Institutionen mit einfachster Landwirtschaft und Viehzucht

---

1 Lewis Henry Morgan (1818–1881) war ein Anwalt, der auch ethnologische Forschungen betrieb. Er war von den amerikanischen Ureinwohnern fasziniert und wurde in den Stamm der Irokesen initiiert. In seinem Buch *Systems of Consanguinity and Affinity of the Human Family* verglich er seine Studien der Indianer mit dem Stammesleben anderer Kulturen und entwickelte die Theorie eines gemeinsamen Ursprungs der Menschheit, durch die er die allgemeingültige, urtümliche Sozialstruktur der Menschheit identifiziert zu haben glaubte. Er war auch der Ansicht, Gesellschaften müssten sich fortlaufend weiterentwickeln, um zu überleben, was er für die Moderne mit dem technologischen Fortschritt gleichsetzte (vgl. Lewis H. Morgan: *Die Urgesellschaft*, Stuttgart 1891). Dieses Buch wurde von Dugin in der ursprünglichen Fußnote angeführt. Marx und Engels verließen sich weitgehend auf Morgans Werk, als sie sich in ihren eigenen Theorien mit Stammesgesellschaften und gesellschaftlichem Fortschritt befassten. Hrsg.

2 Friedrich Engels: *Der Ursprung der Familie, des Privateigenthums und des Staats. Im Anschluß an Lewis H. Morgan's Forschungen*, Hottingen-Zürich 1884.

beschäftigen. »Zivilisation« bezeichnet das Stadium, in dem das geschriebene Wort, gesellschaftspolitische Institutionen, Städte, Handwerkskünste, technologische Verbesserungen, Klassenbildung und umfassende theologische und religiöse Systeme auftreten. »Zivilisationen« wurden für geschichtlich beständig und erhaltenswert gehalten; sie entwickeln sich weiter, aber ihre primären Eigenschaften bleiben über Jahrtausende hinweg stabil (wie etwa die mesopotamische, ägyptische, indische, chinesische und römische Zivilisation).

»Zivilisation« und »Imperium«

Neben dem rein historisch-epochalen Sinne enthielt der Begriff der »Zivilisation« jedoch auch eine — weniger offenkundige — territoriale Bedeutung. »Zivilisation« hatte einen hinreichend weiten Geltungsbereich; das heißt, dass sie neben ihrer erheblichen zeitlichen Dimension auch von einer weiten räumlichen Ausdehnung bestimmt sein sollte. In diesem territorialen Sinne fielen die Grenzen des Begriffs »Zivilisation« teilweise mit der Bedeutung des Worts »Imperium« im Sinne von »Weltmacht« zusammen. »Imperium« steht in diesem zivilisatorischen Sinne nicht nur für ein spezielles politisches und administratives System, sondern auch für die Tatsache einer aktiven und massiven Ausweitung des Einflusses von den Zentren der Zivilisation aus in das angeblich von »Barbaren« oder »Wilden« bevölkerte Umland. Im Zivilisationsbegriff selbst sind also bereits Züge von Expansion und Machtausweitung erkennbar, die für antike wie moderne Imperien kennzeichnend sind.

Zivilisation und der universale Typus

Die Zivilisation hat einen neuen universalen Typus hervorgebracht, der sich qualitativ von den Modellen »barbarischer« und »wilder« Gesellschaften unterscheidet. Dieser Typus entsprang in der Regel der »Globalisierung« des jeweiligen stammesethnischen und/oder religiösen Zentrums, das die Quelle einer Zivilisation darstellte. Im Laufe dieser »Globalisierung«, genauer gesagt, durch die Angleichung der konkreten ethnischen, gesellschaftspolitischen und religiösen Muster an den »universalen Standard«, vollzog sich der immens bedeutsame Prozess eines Transzendierens des *Ethnos* selbst, der seine natürliche und organische, meist unbewusst weitergegebene Tradition auf den Rang eines menschengemachten, bewussten und rationalen Systems verweist. Die Bürger Roms unterschieden sich bereits in den frühesten Stadien des Reichs von den typischen Bewohnern Latiums, während eine Vielzahl auf Arabisch betender Muslime sich von den Beduinenstämmen Arabiens und deren unmittelbaren ethnischen Abkömmlingen weit entfernt hat.

So hat sich die Sozialanthropologie im Moment der Wende zur »Zivilisation« qualitativ verändert: Bevor sich der Mensch der »Zivilisation« zuwandte, verfügte er über eine kollektive Identität, die einem festgelegten Körper der geistigen Kultur eingeprägt war und der er sich bis zu einem gewissen Grad anzupassen hatte.

Die Zivilisation setzte vernunftgemäße und willensmäßige Kraft seitens des Menschen voraus, den die Philosophen nach Descartes im 17. Jahrhundert als »das Subjekt« zu bezeichnen begannen. Aber die Notwendigkeit einer solchen Kraft und das Vorhandensein eines abstrahierten, in der Kultur verankerten Modells richteten sich weitgehend an sowohl den Vertretern des Kernvolks (bzw. der Religion) als Grundlage der »Zivilisation« als auch den in ihren Einflussbereich geratenen Fremden aus. Es war qualitativ einfacher, die Grundlagen der Zivilisation zu übernehmen, als in einen Stamm eingegliedert zu werden, denn es bedurfte nicht der organischen Vertrautheit mit einem riesigen Vorrat unbewusster Archetypen, sondern lediglich der Durchführung einer Reihe rationaler, logischer Operationen.

Zivilisation und Kultur

In manchen Zusammenhängen, die von Land und Autor abhingen, wurde der Begriff der Zivilisation im 19. Jahrhundert mit dem der Kultur gleichgesetzt. In anderen Fällen wurden sie in gestufte Beziehungen gesetzt — meist sah man die Kultur als den geistigen

Inhalt der Zivilisation, während die Zivilisation passenderweise die formale Struktur der Gesellschaft bezeichnen sollte.

Oswald Spengler stellte Zivilisation und Kultur in seinem berühmten Buch *Der Untergang des Abendlandes* sogar einander gegenüber; letztere sei ein Ausdruck des organischen, lebendigen Geists des Menschen und erstere ein Produkt des Abkühlens dieses Geists innerhalb mechanischer und rein technischer Grenzen. Spengler zufolge ist die Zivilisation eine Hervorbringung des kulturellen Todes. Gleichwohl wurde diese so scharfsinnige Beobachtung, die einige Charakterzüge der zeitgenössischen westlichen Zivilisation richtig interpretierte, nicht allgemein anerkannt; heute werden die Begriffe Zivilisation und Kultur in den meisten Fällen synonym verwendet, obwohl hierzu jeder Wissenschaftler seine eigene Meinung haben mag.

Der Postmodernismus und das synchronistische Verständnis von Zivilisation

Selbst die oberflächlichste Untersuchung der Bedeutung des Begriffs der Zivilisation zeigt, dass wir es hier mit einem mit dem Geist der Aufklärung, der Fortschrittslehre und des Historismus gesättigten Konzept zu tun haben, das für das Zeitalter der Moderne in seinem unkritischen Stadium charakteristisch war, also bis zu den grundlegenden Neubewertungen des 20. Jahrhunderts. Der Glaube an die Fortentwicklung der Geschichte, an die Allgemeingültigkeit eines einer allgemeinen Entwicklungslogik folgenden menschlichen Wegs heraus aus der Wildheit und hinein die Zivilisation, war das herausragende Merkmal des 19. Jahrhunderts. Aber schon Nietzsche und Freud, die sogenannten »Philosophen des Verdachts«, begannen, dieses optimistische Axiom anzuzweifeln. Im Laufe des 20. Jahrhunderts haben es Heidegger, die Existentialisten, die Traditionalisten, die Strukturalisten und schließlich die Postmodernisten zertrümmert.

In der Postmoderne hat die Kritik an geschichtlichem Optimismus, Universalismus und Historismus systematischen Charakter erlangt und die doktrinären Grundlagen für eine vollständige Revision des Begriffsapparats der westeuropäischen Philosophie geschaffen. Die Revision selbst wurde noch nicht zu Ende geführt, doch was bisher durch Lévi-Strauss, Barthes, Ricœur, Foucault, Deleuze, Derrida und andere geleistet wurde, ist bereits genug, um zu der Überzeugung zu gelangen, dass man den Wortschatz der Moderne ohne eine gründliche und rigorose Dekonstruktion überhaupt nicht verwenden kann. Paul Ricœur fasste die Thesen der »Philosophen des Verdachts« zusammen und zeichnete folgendes Bild: Der Mensch und die Gesellschaft bestehen aus rational-bewussten Anteilen (»Kerygma« bei Bultmann; »Überbau« bei Marx; »Ich« bei Freud) und dem Unbewussten (strenggenommen »Strukturen« nach strukturalistischem Verständnis; »Basen«; Nietzsches »Willen zur Macht«).[3] Mag es auch äußerlich so aussehen, als führe der Weg des Menschen aus der Gefangenschaft des Unbewussten direkt ins Königreich der Vernunft und als stelle exakt dies Fortschritt und den Inhalt der Geschichte dar, so wird bei genauester Prüfung in Wahrheit deutlich, dass sich das Unbewusste (»der Mythos«) als viel stärker erweist und wie zuvor die intellektuellen Denkprozesse in beträchtlicher Weise vorbestimmt. Zudem sind die Vernunft selbst und bewusstes, logisches Handeln fast immer nichts anderes als eine gigantische Anstrengung, unbewusste Impulse zu unterdrücken — mit anderen Worten: Ausdruck von Komplexen, Verdrängungsstrategien, Projektion und so weiter. Bei Marx spielen »Produktivkräfte« und »Produktionsverhältnisse« die Rolle des Unbewussten.[4]

Folglich kann die Zivilisation »Wildheit« und »Barbarentum« nicht einfach beseitigen, indem sie sie vollständig überwindet; sie beruht vielmehr selbst auf genau diesen »wilden« und »barbarischen« Grundlagen, die in die Sphäre des Unbewussten übergehen, aber nicht nur unentrinnbar sind, sondern im Gegenteil unbegrenzte Macht über

---

3 Paul Ricœur: *Hermeneutik und Psychoanalyse*, München 1974.
4 Karl Marx: *Das Kapital. Kritik der politischen Ökonomie*, 3 Bde., Berlin 1962–1978.

den Menschen erlangen, gerade weil sie für überwunden und nicht existent gehalten werden. Das erklärt den frappierenden Unterschied zwischen den historischen Taten von Nationen und Gesellschaften, totaler Krieg, Unterdrückung, Grausamkeit und ungezügelten Ausbrüchen von Terror, übervoll von gravierenden psychischen Störungen, und den Ansprüchen der Vernunft auf eine harmonische, friedliche und aufgeklärte Existenz im Schatten von Fortschritt und Entwicklung. In dieser Hinsicht ist das Zeitalter der Moderne nicht nur keine Ausnahme, sondern auch der Höhepunkt der Verschärfung dieser Diskrepanz zwischen den Anmaßungen der Vernunft und der blutigen Realität von Weltkriegen, ethnischen Säuberungen und geschichtlich beispiellosen Massenmorden an ganzen Rassen und Völkern. Was Barbarei anbelangt, so verfügt die Moderne über die vollkommensten technischen Mittel, die jemals von der Zivilisation erdacht wurden, bis hin zu Massenvernichtungswaffen.

So wird man durch die kritische Tradition, den Strukturalismus und die Philosophie der Postmoderne gezwungen, von der hauptsächlich diachronen (stufenweisen) Deutung der Zivilisation, die im 19. Jahrhundert die Norm war und aus Trägheit bis heute in Gebrauch ist, zur synchronen überzugehen. Die synchrone Herangehensweise geht davon aus, dass die Zivilisation weder an die Stelle von Wildheit oder Barbarei tritt noch auf sie folgt, sondern gemeinsam mit ihnen eintritt und weiterhin koexistiert. Man kann sich Zivilisation als den Zähler und Wildheit/Barbarei als den Nenner einer abhängigen Bruchrechnung vorstellen. Die Zivilisation beeinflusst das Bewusstsein, aber das Unbewusste fehlinterpretiert durch unablässige »Traumarbeit« (Freud)[5] stets alles zu seinen Gunsten. Wildheit erklärt die Zivilisation und ist der Schlüssel dazu. Es zeigt sich, dass der Mensch eilfertig das bereits Erreichte zur »Zivilisation« erklärte, während sie nicht mehr als ein unvollständiger Entwurf bleibt und

---

5 Sigmund Freud: *Die Traumdeutung*, Leipzig u. Wien 1900. Freud war der Ansicht, der Zweck von Träumen sei die symbolische oder allegorische Deutung der eigenen unbewussten Wünsche. Hrsg.

ständigen Unterbrechungen durch den Ansturm der hinterlistigen Energien des Unbewussten ausgesetzt ist (wie auch immer man es verstehen mag, ob als nietzscheanischen »Willen zur Macht« oder psychoanalytisch).

Die Dekonstruktion von Zivilisation

Wie kann man den strukturalistischen Ansatz in der Praxis zur Dekonstruktion des Begriffs der Zivilisation verwenden? In Übereinstimmung mit der generellen Logik dieses Vorgehens sollte man die Unumkehrbarkeit und Neuartigkeit dessen in Zweifel ziehen, was die Grundzüge der Zivilisation im Unterschied zu Wildheit und Barbarei ausmacht.

Als Hauptcharakteristikum der Zivilisation wird oft eine allumfassende Inklusivität genannt, das heißt: die theoretische Offenheit des zivilisatorischen Codes für alle Außenstehenden, die teilnehmen möchten. Allumfassende Inklusivität ist auf den ersten Blick die totale Antithese zu partikularistischer Exklusivität, der Haupteigenschaft vorzivilisatorischer Stammes- und Abstammungsgesellschaften. Die universalistischen Anmaßungen der Zivilisation aber, die sich etwa in der Ökumenischen Bewegung und dem korrespondierenden Pochen auf Einzigartigkeit niederschlagen, prallten unentwegt gegen die Tatsache, dass es jenseits ihrer eigenen Grenzen neben den »Barbaren« auch andere Zivilisationen mit eigenen einzig- und andersartigen Varianten des Universalismus gab. In solchen Fällen stand die Zivilisation vor einem logischen Widerspruch: Man musste entweder zugeben, dass der eigene Anspruch auf Allgemeingültigkeit keine Grundlage hatte, oder die andere Zivilisation den Barbaren zurechnen.

Das Fehlen der Grundlage anzuerkennen, kann verschiedene Entscheidungen nach sich ziehen: Man könnte versuchen, einen synkretistischen Weg zu finden, um (zumindest theoretisch) beide Zivilisationen in einem allgemeinen System zu vereinen, oder die Rechtmäßigkeit der anderen Zivilisation einräumen. Im Regelfall begegnet die »Zivilisation« einem solchen Problem dem exklusiven, nicht dem inklusiven Prinzip gemäß und betrachtet die andere Zivilisation als entartet, also »barbarisch«, »ketzerisch« oder »sonderbar«. Mit anderen Worten: Der vormals stammesbezogene Ethnozentrismus wird auf eine höhere Ebene der Verallgemeinerung übertragen. Inklusivität und Universalismus werden in der Praxis zur gewohnten Exklusivität und zu einem Partikularismus, der normalerweise Wilden unterstellt wird.

Dieses Prinzip lässt sich anhand der folgenden, eindrucksvollen Beispiele leicht nachvollziehen: Die Griechen betrachteten sich selbst als Zivilisation und erklärten alle anderen zu Barbaren. Das Wort »Barbar« stammt aus dem lautmalerischen Nachäffen desjenigen, dessen Sprache keinen Sinn ergibt und tierischen Lauten gleicht. Viele Stämme haben ein ähnliches Verhältnis zu den Mitgliedern anderer Stämme: weil sie deren Sprachen nicht verstehen, denken sie, die anderen hätten gar keine Sprache und seien deshalb keine Menschen. Die slawische Stammesbezeichnung »*Njemzy*« für Deutsche wurde in gleicher Weise abgeleitet von »*nemie*« (dumm, stumm) für diejenigen, die nicht können, was alle Menschen zu können haben: die russische Sprache sprechen.

Die alten Perser, das zoroastrische Musterbeispiel für eine Zivilisation mit Universalitätsansprüchen, gingen noch weiter: Die Teilung in »*Iran*« (Menschen) und »*Turan*« (Dämonen) wurde auf der Ebene von Religion, Kult, Gebräuchen und Sitten vollzogen. Diese Entwicklung spitzte sich zu bis hin zur verpflichtenden Endogamie und der Normalisierung des Inzests, der verhindern sollte, dass die Unreinheit der Söhne des Ahriman das sonnengleiche Wesen der »*Iraner*«, der Söhne des Ormusd, entweihte.

Das Judentum ist als Weltreligion mit Universalitätsansprüchen, die die theologischen Grundlagen des Monotheismus — sowohl für das Christentum als auch für den Islam — gelegt hat, bis heute durch die *Halacha* quasi-völkisch auf die Stämme alten Bluts beschränkt.[6]

---

6   *Halacha* bezeichnet die Gesamtheit des jüdischen Gesetzes. Hrsg.

Das Stammessystem beruht auf der Initiation, in deren Verlauf der Neophyt in die Grundlagen der tribalen Mythologie eingeweiht wird. Auf zivilisatorischer Ebene spielen religiöse Institutionen diese Rolle; in vergleichsweise späten Epochen wurde durch das System der allgemeinen Schulbildung ein ideologischer Aspekt eingeführt. Die Neophyten erlernen die Mythen der Moderne unter anderen Bedingungen und in anderer Verpackung, aber ihre Funktion ist die gleiche geblieben, wie sich auch ihre Begründung nicht weit von Legenden und Überlieferungen weiterentwickelt hat, wenn man die Freudsche Analyse der Unterdrückungs- und Verdrängungsleistungen der Vernunft und des »Ich« mitbedenkt.

Zusammengefasst zeigt selbst eine oberflächliche Dekonstruktion der Zivilisation, dass es sich bei den Behauptungen, man überwinde frühere Phasen, nur um Trugbilder handelt, während in der Praxis große und »entwickelte«, in einer Zivilisation vereinte Menschenkollektive im Grunde lediglich die Verhaltens- und Moralarchetypen der »Wilden« wiederholen. Deshalb die endlosen und immer blutigeren Kriege, die Doppelmoral in der Außenpolitik, private Ausfälligkeiten und die ständig aufs Neue gebrochenen ethischen und normativen Regeln gemäßigter und vernunftbasierter Gesellschaften. Wenn man Rousseaus Ideal des »edlen Wilden« weiterdenkt, könnte man sagen, dass der »zivilisierte« Mensch keinen Deut anders ist als der »böse Wilde«, ein entarteter und pervertierter »Barbar« — und Rousseau hat, nebenbei bemerkt, die Zivilisation als Phänomen scharf kritisiert und in ihr den Ursprung des Bösen gesehen.[7]

---

7 Jean-Jacques Rousseau: *Der Gesellschaftsvertrag oder Die Grundsätze des Staatsrechts*, Berlin 2016.

Heute vorherrschend: das synchronische, plurale Verständnis von Zivilisation

Nach diesen Vorbemerkungen können wir uns endlich dem heutigen Gehalt des Begriffs der Zivilisation zuwenden, der Huntingtons[8] These über den »Zusammenstoß der Zivilisationen« zugrunde liegt oder ihr entgegenstehende Argumentationen wie die des iranischen Ex-Präsidenten Chatami ermöglicht, der auf einem »Dialog der Zivilisationen« bestand.

Gerade der Umstand, dass es kaum einen Konsens bei der Verwendung des Begriffs »Zivilisation« gibt, zeigt deutlich, dass die im modernen Zeitalter vorherrschende und im 19. sowie in der ersten Hälfte des 20. Jahrhunderts allgemein anerkannte phasenbasierte (rein geschichtliche oder progressive) Auslegung des Begriffs ihre Bedeutung heute ganz klar verloren hat.

Nur die rückständigsten Forscher, die im unkritischen Modernismus Kants oder Benthams[9] steckengeblieben sind, können heute noch »Zivilisation« und »Barbarei« gegenüberstellen. Auch wenn es angenehm einfach ist, den Begriff »Zivilisation« in der historischen Analyse zur Beschreibung altertümlicher Gesellschaftsformen zu instrumentalisieren, so hat er offensichtlich seine ideologische Aufladung im Sinne eines globalen Positivums verloren, dem ein

---

8   Samuel Huntington (1927–2008) war ein amerikanischer Politikwissenschaftler, der durch seine Beratertätigkeit für autoritäre Regime wie das Südafrika der 1980er berüchtigt wurde. Er stellte die berühmte Behauptung auf, dass Nationen im Übergang zur Moderne bei Einführung der Demokratie Vorsicht walten lassen sollten und Unterdrückungsmaßnahmen kurzfristig tatsächlich notwendig und förderlich sein könnten. Durch seinen 1993 in der Zeitschrift *Foreign Affairs* veröffentlichen Aufsatz »The Clash of Civilizations«, der später zu einem gleichnamigen Buch erweitert wurde, sorgte er erneut für Aufmerksamkeit. Darin stellte er die These auf, dass die im Wandel begriffene Weltordnung nach dem Zusammenbruch des Kommunismus von Konflikten zwischen Kulturkreisen, etwa dem Westen und der islamischen Welt, geprägt werde. Hrsg.

9   Jeremy Bentham (1748–1832) war ein englischer Jurist, Sozialreformer und utilitaristischer Philosoph. Hrsg.

globales Negativum (Barbarei und Wildheit) gegenübergestellt wurde. Universalismus, das allmähliche Fortschreiten der Entwicklung, die anthropologische Einheitlichkeit der Menschheitsgeschichte — all das ist auf philosophischer Ebene längst in Zweifel gezogen worden. Im Zuge seiner Studien der strukturellen Anthropologie, gegründet auf reichhaltigstem ethnographischen und mythologischen Material aus dem nord- und südamerikanischen Stammesleben, hat Lévi-Strauss überzeugend nachgewiesen, dass die begrifflichen und mythologischen Systeme dieser »primitiven« Gesellschaften in ihrer Komplexität, ihrem Nuancenreichtum, ihren Querverbindungen und funktionellen Ausgestaltungen von Unterschieden denen der zivilisierteren Länder in nichts nachstehen.

Im politischen Diskurs redet man noch immer von »zivilisatorischen Privilegien«, aber selbst das scheint schon anachronistisch. Eine solche Zuspitzung unkritischer Ignoranz trat bereits auf, als liberale Reformer die Geschichte Russlands als ungebrochene Kette hemmungsloser Barbarei gegenüber der »blühenden«, »strahlenden« und »bewährten« westlichen Zivilisation darzustellen versuchten. Aber selbst das war nicht nur ein Aufsummieren der prahlerischen Propagandabehauptungen des Westen selbst und eine Folge der Einflussnahme gewisser Netzwerke, sondern auch eine Art russischer Cargokult: die ersten McDonald's-Filialen, privaten Banken und Rockmusikvideos im sowjetischen Fernsehen wurden als »sakrale Objekte« wahrgenommen.

Mit Ausnahme dieser propagandistischen Symbole und der hoffnungslosen Rückwärtsgewandtheit unkritischer Philosophen (im Rahmen einer noch so entfernten Verwandtschaft zur zeitgenössischen Philosophie) wird der Zivilisationsbegriff in Diskursen, die dem Mainstream nicht entgegenstehen, noch immer ohne jegliche moralische Auflaudng interpretiert und stattdessen als Fachbegriff verwendet, der einen Gegensatz nicht zu Barbarei und Wildsein, sondern zu einer anderen Zivilisation impliziert. In seinem bekannten, oben erwähnten Aufsatz verliert Huntington kein Wort über Barbarei;

er spricht ausschließlich von den Grenzen, Strukturen, Eigenarten, Reibungen und Unterschieden verschiedener, einander entgegengesetzter Zivilisationen. Dieser Punkt ist nicht nur eine seiner Stellungnahmen und Argumentationen, die von Toynbee stammen, dem Huntington offenkundig folgt. Die Verwendung dieses Begriffs im zeitgenössischen Kontext deutet bereits einen unverhohlenen Pluralismus, Komparatismus und, wenn man so will, Synchronismus an. Hier entfalten philosophischer Kritizismus und das Hinterfragen der Moderne, das über das 20. Jahrhundert hinweg tausendfach vorgenommen wurde, unmittelbare Wirkung.

Und so sehen wir, wenn wir die Wiederkehr des unkritischen Liberalismus und der kleingeistigen Naivität proamerikanischer und prowestlicher Propaganda ausblenden, dass der Zivilisationsbegriff in der operativen und aktiv politischen Analyse heute vor allem synchronisch und funktional verwendet wird, um weit gefasste, stabile geographische und kulturelle Zonen zu bezeichnen, die durch ungefähr gleiche spirituelle, moralische, stilistische und psychologische Arrangements und geschichtliche Erfahrungen vereint sind.

Zivilisation bezeichnet im Kontext des 21. Jahrhunderts genau das: den Einflussbereich eines konstanten und eingewurzelten soziokulturellen Stils, der meist (wenngleich nicht notwendigerweise) mit den Verbreitungsgrenzen der Weltreligionen zusammenfällt. Und die politischen Formen einzelner in eine Zivilisation eintretender Teile können sehr unterschiedlich sein: Zivilisationen sind grundsätzlich weiter gefasst als eine Regierung und können mehrere oder sogar viele Staaten umfassen; darüber hinaus durchziehen die Grenzen mancher Zivilisationen Länder und zerteilen diese.

Wenn »Zivilisationen« im Altertum meist mit Imperien zusammenfielen und auf die eine oder andere Weise politisch geeint waren, so entsprechen ihre Grenzen heute unsichtbaren Linien, die die an Bedeutung verlierenden administrativen Grenzen der Regierungen überlagern. Einige dieser Gemeinschaften waren nie Teil eines einzelnen Imperiums; der Islam beispielsweise verbreitete sich aufgrund der

Eroberungszüge der Araber, die das Weltkalifat errichten wollten, fast überall. Andere hatten kein gemeinsames Staatswesen, sondern waren auf andere Weise geeint: religiös, kulturell oder rassisch.

Die Krise klassischer Modelle historischer Analyse (klassisch, ökonomisch, liberal, rassisch)

Wir haben nachgewiesen, dass im Gebrauch des Zivilisationsbegriffs während des 20. Jahrhunderts und im Rahmen der Kritik der Moderne eine qualitative Verschiebung zugunsten von Synchronismus und Pluralismus stattgefunden hat. Kann man aber noch einen Schritt weitergehen und zu ergründen versuchen, warum dieser Wortgebrauch gerade in unserer Zeit so aktuell geworden ist? Tatsächlich war der frühere Zivilisationsbegriff keiner bewussten Problematisierung unterworfen, während das Denken in solchen Begriffskategorien Kreisen von Humanitaristen und Akademikern vorbehalten war. Den politischen und den eng verwandten politikwissenschaftlichen Diskurs beherrschten andere Herangehensweisen ökonomischer, nationaler, rassischer oder klassenbasierter Natur. Heute werden rein ökonomisches Denken, die Rede von Nationalstaaten und nationalen Interessen sowie in noch größerem Maße die Verabsolutierung klassen- oder rassenbasierter politischer Gesichtspunkte immer weniger akzeptabel. Es kommt im Gegenteil selten vor, dass in den Aussagen oder Reden eines politischen Akteurs das Wort Zivilisation nicht fällt, ganz zu schweigen von politischen und analytischen Texten, in denen dieser Begriff vielleicht am stärksten vertreten ist.

Bei Huntington finden wir tatsächlich den Versuch, »Zivilisation« zum zentralen Kriterium politischer, historischer und strategischer Analyse zu machen. Wir sind eindeutig auf dem Weg zu einem Denken in Zivilisationen.

Hier sollten wir uns genauer ansehen, was sich gerade in den Hauptströmungen des politikwissenschaftlichen Diskurses an die Stelle von »Zivilisation« geschoben hat. Nach der tragischen Geschichte des europäischen Faschismus ist es nicht mehr hinnehmbar, ernsthaft über Rassen zu sprechen. Die Klassenanalyse wurde nach dem Untergang des Sozialismus und dem Zerfall der Sowjetunion für das herrschende Meinungsklima bedeutungslos. Und zu jenem Zeitpunkt schien der Liberalismus das einzig verbliebene Paradigma der Politikwissenschaft zu sein. Währenddessen entstand der Eindruck, dass die nationalen Grenzen homogener, grundsätzlich liberaldemokratischer Staaten, die nach dem Fall des Marxismus keinen alternativen Systemen mit weltweitem Geltungsanspruch mehr gegenüberstanden, bald abgeschafft werden würden, worauf eine Weltregierung mit homogener Weltmarktwirtschaft, weltweiter parlamentarischer Demokratie (Weltparlament), liberalem Wertesystem und gemeinsamer IT-Infrastruktur folgen werde. 1990 wurde Francis Fukuyama mit seinem politischen Buch *Das Ende der Geschichte* zum Künder einer solchen schönen neuen Welt. Fukuyama führte die Entwicklung der phasenweisen Interpretation des Zivilisationsbegriffs zu ihrem logischen Schluss: Seine Variante des Endes der Geschichte bedeutete den Endsieg der Zivilisation über die Barbarei in all ihren Erscheinungsformen, Tarnungen und Varianten.

Huntington brachte als Hauptargument gegen Fukuyama vor, dass das Ende des Gegensatzes zwischen den beiden klar definierten Ideologien der Moderne (Marxismus und Liberalismus) keineswegs die automatische Integration der gesamten Menschheit in ein einiges, liberales Utopia bedeute, weil sich unter den formalen Konstruktionen von Nationalstaaten und ideologischen Lagern tiefliegende tektonische Platten fänden — Kontinente des kollektiven Unbewussten, die, wie bald offensichtlich wurde, mitnichten durch Modernisierung, Kolonisierung, Ideologisierung und Aufklärung überwunden worden waren und nach wie vor die wesentlichen Lebensbereiche — einschließlich Politik, Wirtschaft und Geopolitik — dieses oder jenes Segments der menschlichen Gesellschaft gemäß der Zugehörigkeit zu einer Zivilisation vorherbestimmten.

Huntington schlug also vor, den Zivilisationsbegriff als grundlegenden ideologischen Begriff einzuführen, und rief zur Abschaffung nicht nur der Klassenanalyse, sondern auch der liberalen Utopie auf, die die eigene propagandistische Demagogie des Kalten Kriegs zu unkritisch ernstgenommen hatte und ihr so ihrerseits zum Opfer fiel. Kapitalismus, der Markt, Liberalismus und Demokratie muten bloß äußerlich universal und allen Menschen gemein an. Jede Zivilisation deutet die Substanz der Begriffe nach ihren eigenen unbewussten Mustern um, wobei Religion, Kultur, Sprache und Psychologie eine schwerwiegende und oft entscheidende Rolle spielen.

In diesem Zusammenhang erlangt die Zivilisation zentrale Bedeutung für die politikwissenschaftliche Analyse und verdrängt die Klischees der liberalen Umgangssprache.

Die Entwicklungen der 1990er zeigten, dass Huntington in diesem Streit näher an der Wahrheit lag, und Fukuyama musste seine Ansichten überarbeiten, nachdem er zugegeben hatte, sich augenscheinlich zu früh geäußert zu haben. Doch gerade Fukuyamas Revision seiner These vom »Ende der Geschichte« verlangt eine gründlichere Neubetrachtung.

Das Zurückweichen der liberalen Utopisten: Staatenbildung

Das Problem besteht darin, dass Fukuyama dadurch, dass er die Widersprüchlichkeit seiner Prognosen über das »Ende der Geschichte« durch die Brille des weltweiten Siegs des Liberalismus analysierte, noch immer im Rahmen der Logik zu bleiben versuchte, von der er ursprünglich ausgegangen war. Folglich musste er eine einmalige Realitätsprüfung durchführen und sich wieder davon abwenden, um seinem Gegner Huntington recht zu geben, der in seinen Vorhersagen in jeglicher Hinsicht der Wahrheit nähergekommen war. Fukuyama vollzog dann folgendes begriffliche Manöver: Er schlug vor, das Ende der Geschichte auf ein unbestimmtes Datum zu verschieben und bis dahin die gesellschaftspolitischen Strukturen zu verfestigen, die der Kern früherer Stadien der liberalen Ideologie gewesen waren. Fukuyama stellte eine neue These auf, die der »Staatenbildung«. Als

Zwischenstadium des Übergangs zur Weltregierung und Weltführung empfahl er die Stärkung wirtschaftlich liberaler und demokratisch regierter Nationalstaaten, um dem Endsieg des Weltliberalismus und der Globalisierung gründlicher den Boden zu bereiten. Das stellt kein Verwerfen seiner früheren Perspektive dar, sondern deren Verschiebung in die Zukunft mit sehr konkreten Plänen für die Zwischenzeit.

Fukuyama äußert sich kaum zum Zivilisationsbegriff, nimmt aber die Thesen Huntingtons offensichtlich zur Kenntnis, indem er ihm indirekt antwortet: die fortlaufende Entwicklung nationaler Regierungen, die sich in den Epochen der Kolonialisierung, der nationalen Befreiungsbewegungen und der ideologischen Gegnerschaft der beiden Lager verkrampft zeigte, müsse jetzt ordnungsgemäß weitergehen. Dies werde allmählich dazu führen, dass verschiedene Gesellschaften den Markt, die Demokratie und die Menschenrechte akzeptierten, die letzten Überreste des Unbewussten ausrotteten und der Globalisierung einen krisensicheren Boden bereiteten.

Thomas Barnett und die Welt als Netzwerk

In der amerikanischen Politikwissenschaft und außenpolitischen Analyse gibt es eine neue globale Theorieverkündigung, diesmal in den Arbeiten Thomas Barnetts.[10] Sein Konzept lässt sich wie folgt zusammenfassen: Die technologische Entwicklung befördert eine zonale Aufteilung aller Gebiete der Erde in drei Regionen, nämlich den Kern, die verbundene Zone und die unverbundene Zone. Barnett ist der Ansicht, dass Netzwerkvorgänge Grenzen, Staaten und Zivilisationen frei durchdringen und den strategischen Raum der Welt auf ihre eigene Weise strukturieren. Die USA und die EU

---

10 Thomas P. M. Barnett (geb. 1962) ist ein amerikanischer Geostratege, der für die US-Marine und das Verteidigungsministerium gearbeitet hat. Dugin bezieht sich hier auf sein Buch *Der Weg in die Weltdiktatur: Krieg und Frieden im 21. Jahrhundert. Die Strategie des Pentagon* (Gelnhausen 2016) und dessen Fortsetzungen. Hrsg.

bildeten den Kern, in dem die Codes aller neuen Technologien und die Entscheidungszentren konzentriert seien. Die Mehrheit der zu einem »User«-Verhältnis zum Netzwerk verdammten anderen Länder macht die verbundene Zone aus (sie sind dazu genötigt, vorgefertigte technologische Mittel zu verwenden und sich den im Kern erarbeiteten Regeln anzupassen). Der unverbundenen Zone gehören die Länder an, die den USA, dem Westen und der Globalisierung unmittelbaren Widerstand geleistet haben.

Für Thomas Barnett (wie für Daniel Bell) gilt: »Technologie ist Schicksal«. In ihr sei das Wesen der rein technologisch begriffenen Zivilisation verkörpert, fast wie bei Spengler, aber ins Positive gewendet.

Die amerikanische Sicht auf das Weltsystem (drei Varianten)

In der amerikanischen politischen Analyse — und wir müssen anerkennen, dass auf diesem Gebiet eben die Amerikaner den Ton angeben — koexistieren alle drei Vorstellungen von der Trennung der Subjekte auf der Weltkarte. Globalismus und Zivilisation (im Singular) im Sinne der ursprünglichen Vorstellungen Fukuyamas finden sich in den Konstruktionen Barnetts wieder. Hier wird nur der Kern als Subjekt gesehen; der Rest ist der Fremdbestimmung unterworfen, also Entsubjektivierung und Entsouveränisierung.

Fukuyama selbst nimmt bei der kritischen Überprüfung seiner früheren, optimistischen Aussagen eine Zwischenposition ein — er besteht darauf, dass man »nationale Regierungen« noch eine Weile als Subjekte anerkennen müsse, deren Entwicklung dem kommenden Globalismus einen sichereren Boden bereiten solle.

Huntington und die Unterstützer seines Ansatzes sind schließlich der Meinung, Zivilisationen seien überaus beeindruckende und grundlegende Realitäten, die sehr wohl den Status globaler Subjekte der Weltpolitik für sich beanspruchen könnten. Als die vorangegangenen ideologischen Modelle zusammenbrachen, begannen die

Nationalstaaten, unter dem Einfluss verschiedener wirksamer Aspekte der Globalisierung schubweise die tatsächliche Souveränität zu verlieren, aber die Globalisierung selbst blieb und bleibt unfähig, tatsächlich in die Tiefen von Gesellschaften mit festgefügten traditionellen Anteilen einzudringen, obwohl sie alte Grenzen zu sprengen vermochte.

Es ist bezeichnend, dass jene Kräfte in der Welt, die sich Globalisierung, Verwestlichung und amerikanischer Hegemonie entziehen wollen, um ihre traditionelle Identität zu bewahren und neu zu stärken, exakt gemäß der These Huntingtons handeln. Anstelle des düsteren, katastrophischen Geredes Huntingtons von »Zusammenstoß« und »Konflikt« beginnen sie allerdings, von »Dialog« zu sprechen. Aber dieses fast propagandistische, moralistische Detail sollte uns nicht dazu verführen, die wichtigste Aufgabe derer, die Huntingtons Modell weitgehend akzeptieren, misszuverstehen. Zuerst sieht man die Gegenüberstellung von »Kollision« und »Dialog« des iranischen Präsidenten Chatami — diese Frage ist jedoch zweitrangig und praktisch; viel wichtiger ist die prinzipielle Übereinstimmung darüber, dass heute nichts anderes als die Zivilisation zum grundlegenden, begrifflichen, analytischen Subjekt der internationalen Politik wird.

Anders gesagt bekennen die Vertreter der Zivilisationsmethode im Gegensatz zu sowohl maximalistischen Globalisten (wie Barnett) als auch gemäßigten Liberal-Etatisten ausdrücklich oder implizit Farbe für eine strukturalistische, philosophische Herangehensweise an das Verständnis des Weltgeschehens.

Die Bestimmung der Zivilisation zum Grundsubjekt, Angelpunkt und Akteur der heutigen Weltpolitik ist der vielversprechendste ideologische Ansatz sowohl für diejenigen, die den tatsächlichen Stand der Dinge in der Weltpolitik objektiv beurteilen wollen, als auch für jene, die ein angemessenes Besteck für die politikwissenschaftliche Generalisierung der neuen Epoche suchen, sowie für solche, die unter den Bedingungen fortschreitender Vermischung und globalistischer Angriffe ihre eigene einzigartige Identität zu verteidigen suchen.

Der Appell an die Zivilisationen erlaubt es also, das nach der historischen Krise aller antiliberalen Theorien sowie der inneren Krise des Liberalismus selbst entstandene ideologische Vakuum organisch aufzufüllen; letzterer war — wie Fukuyamas glücklose Utopie bewiesen hat — außerstande, die Hüterrolle der zeitgenössischen Welt zu spielen.

Zivilisation als im Kontext der zeitgenössischen Philosophie interpretierter Begriff erweist sich als Kern einer neuen Ideologie. Diese Ideologie kann als Multipolarität bezeichnet werden.

Das kümmerliche ideologische Arsenal der Gegner von Globalismus und unipolarer Welt

Der Widerstand gegen den Globalismus, der sich immer lauter auf allen Ebenen und in allen Ecken des Planeten ankündigt, ist noch nicht in eine feste Weltanschauung überführt worden. Darin liegt die Schwäche der antiglobalistischen Bewegung; sie ist unsystematisch und ermangelt ideologischer Ordnung; bruchstückhafte und chaotische Elemente herrschen in ihr vor, meist eine unbestimmte Mischung aus Anarchismus, bedeutungslosem linken Denken, Ökologie und noch extravaganterer und randständiger Ideen. In ihr beanspruchen drittklassige Verlierer der westlichen Linken die Führungsrollen. In anderen Fällen stößt die Globalisierung seitens nationaler Regierungen auf Widerstand, die keinen Teil ihrer Souveränität externer Kontrolle überantworten wollen. Schließlich leisten die Vertreter traditioneller Religionen ebenso wie die Unterstützer ethnischer und religiöser Unabhängigkeit aktiven Widerstand gegen die Globalisierung und ihr atlantisch-westliches, liberaldemokratisches Wertesystem, ihre Netzwerkstruktur und ihren individualistischen, hedonistischen und freizügigen Kodex; dies zeigt sich besonders deutlich in der islamischen Welt.

Diese drei bestehenden Ebenen des Widerstands gegen Globalisierung und amerikanische Hegemonie genügen nicht zur Entwicklung einer grundsätzlichen Strategie und konkreten

Ideologie, die unterschiedliche und unzusammenhängende Kräfte vereinen könnte, die bisweilen in ihrem Umfang unvergleichbar sind und einander hinsichtlich lokaler Problemstellungen widerstreben. Die Antiglobalisierungsbewegung leidet an der »Kinderkrankheit der Linken« und wird durch die Erfahrung einer ganzen Reihe von Niederlagen blockiert, die die weltweite Linke im letzten Jahrhundert erlitten hat. Nationalstaaten haben in der Regel nicht den nötigen Weitblick, um der hochentwickelten technologischen Macht des Westens die Stirn zu bieten; zudem sind ihre politischen und insbesondere wirtschaftlichen Eliten vollständig in transnationalen Projekte eingespannt und von genau diesem Westen abhängig, während lokale, ethnische und religiöse Bewegungen und Gemeinschaften zu unkoordiniert sind, als dass man ernsthaft von ihnen erwarten könnte, für eine Veränderung der Grundtendenzen der Welt oder auch nur für eine Kurskorrektur zu sorgen, obwohl sie sich hin und wieder als wirksame Opposition gegen die Globalisierung erweisen.

Die Bedeutung des Zivilisationsbegriffs als Gegenbild zur Globalisierung

In dieser Situation hilft der Zivilisationsbegriff als grundsätzliche Kategorie zur Organisation eines vollendeten alternativen Entwurfs im Weltmaßstab. Stellt man diesen Begriff in den Mittelpunkt der Betrachtung, so findet man eine Grundlage für harmonische Resonanz bei der Zusammenfügung verschiedenster staatlicher, öffentlicher, gesellschaftlicher und politischer Kräfte zu einem allgemeinen System. Man kann sich unter der Fahne der Vielfalt der Zivilisationen, Völker sowie religiöser und ethnischer Gemeinschaften sammeln, diesen eine gemeinsame, zentralisierte Idee innerhalb des Rahmens einer konkreten Zivilisation bieten und ihnen viele Wahlmöglichkeiten auf der Suche nach innerlicher Identität lassen, was das Zusammenleben von Zivilisationen ermöglichte, die sich in ihren fundamentalen Parametern unterscheiden.

Eine solche Perspektive führt trotz Huntington absolut nicht zwangsläufig zu einem »Zusammenprall der Kulturen«. Es sind sowohl Konflikte als auch Bündnisse möglich. Das Wichtigste ist, dass die so entstehende multipolare Welt echte Voraussetzungen für die Fortsetzung der politischen Menschheitsgeschichte schaffen würde, insofern sie eine Vielfalt gesellschaftspolitischer, religiöser, moralischer, wirtschaftlicher und kultureller Systeme normativ bejaht. Andernfalls würde der einfältige und zersplitterte Widerstand gegen die Globalisierung auf Ortsebene oder im Namen einer ideologisch formlosen Masse von Globalisierungsgegnern dieses »Ende« nur verzögern und sein Einsetzen bremsen, aber niemals eine echte Alternative bilden.

Hin zu »Großräumen«

Die Zivilisation zum Subjekt der Weltpolitik des 21. Jahrhunderts zu erwählen, ermöglicht es, eine »regionale Globalisierung« zu betreiben, eine Vereinigung von Ländern und Völkern, die zur selben Zivilisation in Beziehung stehen. Dies erlaubt, den Vorteil sozialer Offenheit zu nutzen; nicht in Bezug auf alle in gleicher Weise, sondern in erster Linie auf diejenigen, die einem gemeinsamen Zivilisationstypus angehören.

Ein Beispiel für eine solche Integration nach Zivilisationskriterien liefert die neue, supranationale politische Organisation der Europäischen Union. Sie ist der Prototyp »regionaler Globalisierung«, der innerhalb seiner Grenzen die Länder und Kulturkreise gemeinsamer Kultur, Geschichte und Wertesysteme einschließt. Wenn wir aber den Europäern auf der Grundlage ihrer zivilisatorischen Eigenarten ein unzweifelhaftes Recht auf die Bildung eines neuen politischen Subjekts zugestehen, dann ist es nur folgerichtig, einen ähnlichen Prozess in den islamischen, chinesischen, lateinamerikanischen und afrikanischen Zivilisationen zu begrüßen.

Seit Carl Schmitt ist es in der Politikwissenschaft üblich geworden, derartige Integrationsprojekte als »Großräume« zu bezeichnen.[11] In der Wirtschaftstheorie hat Friedrich List, der Begründer des Deutschen Zollvereins, dies sogar noch vor Schmitt in einem Modell erfasst und mit kolossalem Erfolg praktisch umgesetzt.[12] »Großraum« ist ein anderer Name für das, was wir unter »Zivilisation« im geopolitischen, räumlichen und kulturellen Sinne verstehen. Der »Großraum« unterscheidet sich von bestehenden Nationalstaaten gerade dadurch, dass er auf der Grundlage eines gemeinsamen Wertesystems und einer geschichtlichen Verwandtschaft aufgebaut ist und mehrere oder sogar viele unterschiedliche Staaten vereinen kann, die in einer »Schicksalsgemeinschaft« verbunden sind. Der integrierende Faktor kann je nach Großraum variieren; mal wird es die Religion sein, anderswo die Abstammung, die Kulturform, die gesellschaftspolitische Zusammensetzung oder die geographische Lage.

Ein wichtiges Vorbild: Die Schaffung einer Europäischen Union zeigt, dass die Umsetzung des »Großraums« in der Praxis, also der Übergang von staatlichen zu überstaatlichen Einrichtungen, die auf der Grundlage zivilisatorischer Gemeinsamkeiten aufgebaut sind, möglich und konstruktiv ist und trotz aller inneren Schwierigkeiten in der Wirklichkeit positiv verläuft.

Ein Zivilisationenregister

Im Gegensatz zu Nationalstaaten lässt sich über Anzahl und Grenzen der Zivilisationen streiten. Huntington unterscheidet die folgenden:

1. westliche,

2. konfuzianische (chinesische),

---

11 Carl Schmitt: *Völkerrechtliche Großraumordnung mit Interventionsverbot für raumfremde Mächte. Ein Beitrag zum Reichsbegriff im Völkerrecht*, 3. Aufl., Berlin 2009.

12 Friedrich List: *Das nationale System der Politischen Ökonomie*. Ausgabe letzter Hand, Berlin 1930.

3. japanische,

4. islamische,

5. indische,

6. slawisch-orthodoxe,

7. lateinamerikanische und, eventuell,

8. afrikanische Zivilisationen.

Dabei drängen sich jedoch gewisse Bedenken auf. Huntington rechnet die USA und Kanada der westlichen, europäischen Zivilisation zu. Geschichtlich ist das zutreffend, aber heute bilden Europa und Nordamerika aus geopolitischer Sicht in Beziehung zueinander zwei unterschiedliche »Großräume«, deren strategische, wirtschaftliche und selbst geopolitische Interessen immer weiter auseinandergehen. Europa hat zwei Identitäten: die »atlantische« (in der man mit vollem Recht Europa und Nordamerika gleichsetzen kann) und die »kontinentale«, die im Gegenteil stark von der Gestaltung unabhängiger Politik und der Rückkehr Europas als unabhängiger Akteur statt als bloßer militärischer Brückenkopf für seinen nordamerikanischen »jüngeren Bruder« angezogen wird.

Der Euroatlantismus hat seine Zentren in England und den Ländern Osteuropas, die eine träge Russophobie bewegt, während der Eurokontinentalismus die seinen in Frankreich und Deutschland hat, unterstützt von Spanien und Italien (wir sehen hier das klassische Alteuropa). Die Zivilisation ist so oder so eine gemeinsame westliche, aber ihre »Großräume« werden womöglich etwas anders ausgestaltet werden.

Unter slawisch-orthodoxer Zivilisation sollte man präziser die eurasische Zivilisation verstehen, der historisch, organisch und kulturell nicht nur die Slawen und Orthodoxen angehören, sondern auch andere Volksgruppen, darunter die Turkvölker, Kaukasier, Sibirier usw. sowie ein beträchtlicher Teil der muslimischen Bevölkerung.

Die islamische Welt selbst, die zweifellos religiös vereint und sich ihrer eigenen Identität in zunehmendem Maße bewusst ist, ist ihrerseits in einige »Großräume« geteilt: die »arabische Welt«, die »Zone des kontinentalen Islam« (Iran, Afghanistan, Pakistan) und das pazifische Verbreitungsgebiet. Einen besonderen Platz auf dieser Karte besetzen die Muslime in Afrika, aber auch die ständig wachsenden Gemeinden in Europa und Amerika. Nichtsdestoweniger ist der Islam eben eine eigene Zivilisation, die ihre Eigenart und die Unterschiede zu anderen Zivilisationen immer deutlicher wahrnimmt, in erster Linie in Abgrenzung zur liberal-westlichen Zivilisation, die die islamische Welt im Zuge der Globalisierung mit Füßen getreten hat.

Es ist schwierig, Grenzen zwischen den Einflusssphären der japanischen und der chinesischen Zivilisation im pazifischen Raum zu ziehen, deren zivilisatorische Identitäten in beträchtlichem Maße offenbleiben.

Und natürlich ist es problematisch, von einem gemeinsamen Bewusstsein der Bewohner des afrikanischen Kontinents zu sprechen, obwohl sich diese Situation in Zukunft ändern könnte, weil es gegenwärtig immerhin historische Vorstufen gibt, etwa die Afrikanische Union,[13] aber auch eine panafrikanische Idee.

Die in den letzten Jahren zunehmende Nähe zwischen den Ländern Lateinamerikas ist einleuchtend, besonders wenn man den nordamerikanischen Druck mitbedenkt, obwohl es noch zu früh ist, von Integrationsprozessen zu sprechen.

Es gibt überhaupt keine Hindernisse für die Integration der eurasischen Weite um Russland, denn diese Zonen waren über viele Jahrhunderte hinweg politisch, kulturell, wirtschaftlich, gesellschaftlich und psychologisch geeint. Die westliche Grenze der eurasischen Zivilisation verläuft etwas weiter östlich als die Westgrenze der

---

13 Die Afrikanische Union wurde 2002 gegründet, besteht derzeit aus 55 afrikanischen Staaten und ist der Versuch, aus den verschiedenen Ländern eine Einheitsfront zur Lösung afrikaspezifischer Probleme zu bilden. Hrsg.

Ukraine, was diesen neu geschaffenen Staat *a fortiori* zerbrechlich und existenzunfähig macht.

Im Grunde vermittelt die Aufzählung der Zivilisationen einen Eindruck der Vielzahl der Pole in einer multipolaren Welt. Sie alle — mit Ausnahme der des Westens — verharren bislang in einem potentiellen Stadium, aber gleichzeitig hat jede von ihnen schwerwiegende, eindrucksvolle Gründe, in Richtung Integration weiterzugehen und ein vollwertiges Subjekt der Geschichte des 21. Jahrhunderts zu werden.

Das multipolare Ideal

Die Idee einer multipolaren Welt, in der es genauso viele Pole wie Zivilisationen gäbe, macht es möglich, der Menschheit eine breite Auswahl an kulturellen, paradigmatischen, sozialen und spirituellen Alternativen anzubieten. Wir erhielten ein Modell mit der Möglichkeit des »regionalen Universalismus« in konkreten »Großräumen«, der weitläufigen Landstrichen und bedeutenden Teilen der Menschheit eine unausweichliche soziale Dynamik verabfolgte, die normalerweise Globalisierung und Offenheit auszeichnet, hier jedoch ohne die Einbußen einer Globalisierung im globalen Maßstab. Zudem könnten sich in einem solchen System Regionalismus und die autonome, unabhängige Entwicklung lokaler, ethnischer und religiöser Gemeinschaften ungehindert entfalten, indem der typische Konformitätsdruck nationaler Regierungen deutlich nachlässt (siehe die Europäische Union, wo die Integration der Entwicklung lokaler Gemeinden und sogenannter Euroregionen beträchtlichen Vorschub leistet).[14] Außerdem könnten wir endlich den grundlegenden Widerspruch zwischen Exklusivismus und Inklusivismus der »imperialen« Identität auflösen: Der Planet wird sich nicht als einzige,

---

14 Euroregionen sind Gebiete, die sich über das Territorium verschiedener souveräner und aneinander grenzender Staaten erstrecken. Sie erlauben es den Bürgern dieser Regionen, sich gemeinsamen Herausforderungen zu widmen, obwohl ihre Macht auf die lokale Ebene beschränkt ist. Hrsg.

alleinige Ökumene präsentieren[15] (mitsamt dem inbegriffenen »kulturellen Rassismus« dieser Zuerkennung des Status als »zivilisierte Nationen« gegenüber »Barbaren« und »Wilden«), sondern als mehrere Ökumenen, etliche »Himmel«, in denen nicht nur eine einzige »Menschheit«, sondern mehrere nebeneinander leben werden, jede nach ihrem Rhythmus, in ihrem Kontext, in ihrer eigenen Zeit und mit ihrem eigenen Bewussten und Unbewussten.

Die Beziehungen zwischen ihnen lassen sich unmöglich vorhersagen. Natürlich werden sowohl Dialoge als auch Zusammenstöße entstehen. Etwas anderes aber ist wichtiger: Die Geschichte wird weitergehen, und wir werden aus jener fundamentalen geschichtlichen Sackgasse zurückkehren, in die uns ein unkritischer Glaube an Fortschritt, Vernunft und die fortschreitende Entwicklung der Menschheit befördert hat.

Der Mensch verändert sich mit der Zeit in vielen Belangen, aber etwas bleibt zeitlos und unveränderlich. Die Zivilisation lässt zu, dass sich alles an seinem Platz folgerichtig entwickelt. Die Vernunft und die ihr entsprungenen philosophischen, sozialen, politischen und wirtschaftlichen Systeme werden sich eigengesetzlich entwickeln können, während das kollektive Unbewusste seine Archetypen, seine Grundlagen und seine Unantastbarkeit bewahrt. Ferner können in jeder Zivilisation sowohl die Vernunft als auch das Unbewusste ihre eigenen Maßstäbe vertreten, ihre Richtigkeit sicherstellen und sie nach eigenem Ermessen bekräftigen oder verändern.

Es wird keinen allgemeingültigen Maßstab geben, weder in materieller noch in spiritueller Hinsicht. Jede Zivilisation wird endlich das Recht erhalten, ihre eigenen Vorstellungen frei zum Maß der Dinge zu erklären. Mal wird das der Mensch sein, mal Religion, mal Ethik, mal der Materialismus.

---

15 Der Begriff »Ökumene«, der in seinem modernen Sinne von Lewis Mumford in dessen Werk *Technics and Civilization* (New York 1934) geprägt wurde, bezeichnet eine theoretische geeinte Weltnation. Hrsg.

Damit sich aber dieser Entwurf der Multipolarität verwirklichen kann, müssen wir noch mehr als nur ein paar Scharmützel überstehen. Und zu allererst müssen wir die Oberhand über den größten und mächtigsten Feind gewinnen, nämlich die Globalisierung, das Streben des atlantisch-westlichen Pols, allen Staaten und Ländern der Welt seine unipolare Hegemonie überzustülpen. Trotz der tiefsinnigen und treffsicheren Beobachtungen seiner besten eigenen Intellektuellen verwenden viele Vertreter des politischen Establishments der USA den Begriff »Zivilisation« noch immer im Singular und verstehen darunter »amerikanische Zivilisation«. Das ist die wahre Herausforderung, auf die alle Nationen der Erde — und vor allem die Russen — angemessen antworten müssen.

8. DER WANDEL DER LINKEN IM 21. JAHRHUNDERT

Linke Philosophie in der Krise

IM GEGENSATZ ZUM vor hundert Jahren herrschenden Meinungsklima auf dem Gebiet der politischen Ideen und Entwürfe kann heute von einem klar umrissenen Raum für linke (sozialistische oder kommunistische) Projekte nicht mehr die Rede sein. Das Problem liegt in einer grundlegenden Krise der Erwartungen, die sich am Ende des 20. Jahrhunderts im Zusammenhang mit linken Bewegungen, linken Ideen, linker Philosophie und linker Politik ereignet hat. Das hing vor allem mit dem Zusammenbruch der Sowjetunion und dem Zerfall des sozialistischen Lagers sowie mit dem Verlust an Einfluss und Anerkennung des europäischen Marxismus zusammen, der zu einem gewissen Zeitpunkt praktisch die »Reserveideologie« Westeuropas gewesen war.

Ferner war der linke Entwurf schon zu seinen Hochzeiten nicht einheitlich und universal, und das Schicksal linken Denkens in der konkreten politischen Praxis verschiedener Völker zeigte, dass selbst rein theoretisch betrachtet verschiedene Grundströmungen innerhalb der linken politischen Philosophie existieren, die einzeln untersucht werden sollten.

Linke politische Philosophie war von Anfang an als eine fundamentale, allgemeine und systematische Kritik des liberalen Kapitalismus angelegt. Mitte des 20. Jahrhunderts entstand das

Phänomen einer systematischen Kritik des linken Entwurfs (sowohl seitens der Liberalen — Hayek, Popper, Aron usw. — als auch seitens der Neomarxisten und Freudomarxisten); innerhalb der linken Ideologie vollzogen die verschiedenen Denkschulen nun genau das, was die linke Ideologie dem Kapitalismus 100 oder 150 Jahre zuvor hatte angedeihen lassen.

Drei Varianten linker Ideologie

Vom Standpunkt der heutigen geschichtlichen Erfahrung aus lassen sich drei Grundrichtungen linker politischer Philosophie ausmachen, die entweder neue Auswüchse älterer ideologischer Entwicklungen darstellen, die Vergangenheit neu durchdenken oder etwas radikal Neues anbieten. Dies sind:

- Alte Linke;
- Linksnationalisten (Nationalkommunisten, Nationalbolschewisten oder Nationalgauchisten);
- Neue Linke (Neogauchisten, Postmodernisten).

Die ersten beiden existierten am Ende des 19. Jahrhunderts und während des 20. Jahrhunderts; es gibt sie zu einem gewissen Grade auch heute noch. Die dritte Orientierung tauchte in den 1950ern und 1960ern auf und entstammte einer Kritik an der Alten Linken, die im Laufe der Postmoderne allmählich aufkam und Ästhetik, Stilmittel und Philosophie der modernen westlichen Gesellschaft umfassend geprägt hat.

Die Alte Linke heute (Aussichtslosigkeit der Orthodoxie; Perspektiven evolutionärer Strategie und proliberalen Revisionismus')

Die Alte Linke teilt sich gegenwärtig in folgende Ausrichtungen:

- orthodoxe Marxisten;

- Sozialdemokraten;
- Postsozialdemokraten (Anhänger eines Dritten Wegs nach Giddens);[1]
- europäische orthodoxe Marxisten.

Sie existieren aus reiner Trägheit noch immer in den europäischen Ländern sowie in den Vereinigten Staaten sowie der Dritten Welt und verteidigen weiterhin die ursprünglichen Grundsätze marxistischen Denkens. Sie treten oft in Form kommunistischer Parteien auf und befleißigen sich der entsprechenden Ideologie. In den meisten Fällen schwächen orthodoxe Marxisten den Radikalismus der Marxschen Lehre im Sinne des Eurokommunismus[2] ab, indem sie den Aufruf zur revolutionären Erhebung und der Errichtung einer Diktatur des Proletariats zurückweisen. Als hartnäckigste Form des orthodoxen Marxismus hat sich die trotzkistische Bewegung (Vierte Internationale) erwiesen, die vom Niedergang der Sowjetunion und dem Zerbrechen des sowjetischen Systems fast unberührt geblieben ist, da sie ursprünglich einer harschen Kritik dieses Systems entsprang.

Charakteristisch ist, dass die orthodoxesten Marx-Anhänger immer in denjenigen Ländern zusammenkommen, wo es keine proletarischen, sozialistischen Revolutionen gegeben hat, obwohl Marx selbst voraussagte, dass diese Revolutionen zwangsläufig gerade in den entwickelten Industrienationen mit funktionierender kapitalistischer Marktwirtschaft stattfinden müssten. Der europäische Marxismus

---

1 Anthony Giddens (geb. 1938) ist ein britischer Soziologe, der den Dritten Weg als postmarxistisches Phänomen beschreibt, das sich mit Auswirkungen der Globalisierung, durch Moderne und Postmoderne erzwungenen Veränderungen im Privatleben sowie der Verbindung zwischen Menschheit und Natur befassen wird. Er hat diesen Entwurf in einer Reihe von Büchern skizziert, insbesondere in *Der dritte Weg. Die Erneuerung der sozialen Demokratie*, Frankfurt/Main u. Wien 1999. Hrsg.

2 Eurokommunismus ist ein Begriff, der in den 1970ern für den Versuch eines auf die westeuropäischen Länder zugeschnittenen, von der Sowjetunion unabhängigen Kommunismus geprägt wurde. Hrsg.

hat gewissermaßen hingenommen, dass die Vorhersagen von Marx und Engels nicht dort Wirklichkeit wurden, wo sie aller Logik nach hätten umgesetzt werden sollen, sondern im Gegenteil dort, wo man sie für keinesfalls durchführbar hielt, etwa in Russland. Indem sie die sowjetische Episode als geschichtliche Verzerrung ablehnen, glauben alte Linke dieser Art nicht mehr an die Erfüllung der marxistischen Prophezeiungen, sondern verteidigen diese nunmehr aus Treue zu ihrem »moralischen Sinn« und der »ideologischen Tradition«, anstatt ernsthaft auf den revolutionären Aufstand des Proletariats zu vertrauen (das zudem im modernen Westen scheinbar gar nicht mehr als Klasse existiert und vollständig im Kleinbürgertum aufgegangen ist).

Der größte Mangel der orthodoxen Marxisten im Westen besteht darin, dass sie in einer Zeit, in der die westeuropäische und besonders die amerikanische Gesellschaft in eine qualitativ neue Phase eingetreten ist — die postindustrielle (Informations-)Gesellschaft, von der im klassischen Marxismus, abgesehen von den verstörenden Überlegungen des jungen Marx über die »reale Herrschaft des Kapitals«, nicht die Rede ist —, noch immer mit den Begriffen der Industriegesellschaft operieren. In Ermangelung erfolgreicher sozialistischer Revolutionen können besagte Überlegungen zwar an die Stelle der dem industriellen Zeitalter eigenen »formalen Herrschaft des Kapitals« treten. Aber selbst diese fragmentarischen Beobachtungen der orthodoxen Marxisten erwecken in der Regel kein großes Interesse und stehen nicht im Zentrum der Aufmerksamkeit.

Allmählich nähert sich die prognostische und politische Bedeutung des orthodox marxistischen Diskurses dem Nullpunkt an, was bedeutet, dass man von ihren Ideen als »Projekt« gar nicht mehr reden kann — nicht einmal als »linkes Projekt«. Gleichzeitig können ihre kritischen Beobachtungen hinsichtlich des kapitalistischen Systems, ihre moralischen Ansichten, ihre Solidarität mit den Glücklosen und ihre Liberalismuskritik noch immer ein gewisses Interesse und Sympathie erwecken. Die Anhänger dieser Überzeugung begegnen anderen antiliberalen Theorien fast ausschließlich mit Misstrauen, sind keinem Dialog zugänglich und verkommen zu einer Sekte.

Europäische Sozialdemokratie

Europäische Sozialdemokraten unterscheiden sich ein wenig von orthodoxen Kommunisten. Diese politische Strömung entspringt ebenfalls dem Marxismus, verfolgte aber schon zu Zeiten von Kautsky[3] einen evolutionären anstelle eines revolutionären Wegs, gab den Radikalismus auf und zielte auf politische Einflussnahme im linken Sinne (soziale Gerechtigkeit, »Wohlfahrtsstaat« usw.) durch parlamentarische Teilhabe und organisierte Gewerkschaftsbewegungen ab. Diese Spielart der Alten Linken verbuchte in den europäischen Ländern beachtliche Erfolge und bestimmte zu großen Teilen den sozialpolitischen Aspekt der europäischen Gesellschaft voraus, wohingegen in den USA zweifellos die rechtsliberale Doktrin obsiegte.

Der Zweck der sozialdemokratischen Ausrichtung der Alten Linken besteht lediglich in wirtschaftlichen Thesen, die liberalen Tendenzen entgegengesetzt sind. Sozialdemokraten sind Fürsprecher

- der progressiven Einkommensteuer (Liberale: für eine Einheitssteuer);
- der Verstaatlichung großer Monopole (Liberale: für die Privatisierung);
- der Erweiterung staatlicher Verantwortlichkeit im sozialen Sektor;
- freier medizinischer Behandlung, freier Bildung, gesicherter Renten (Liberale: für verminderten staatlichen Einfluss auf die Wirtschaft sowie private Krankenfürsorge, Bildung und Renten).

---

3   Karl Kautsky (1854–1938) war ein tschechisch-deutscher Philosoph und vom Tode Engels' bis zur Russischen Revolution der führende marxistische Theoretiker Europas. Er war ein Gegner der bolschewistischen Revolution und behauptete, Lenin wolle Russland Reformen aufzwingen, für die die wirtschaftlichen und sozialen Voraussetzungen fehlten. Hrsg.

Sozialdemokraten versuchen, diese Forderungen auf parlamentarischem Wege durch Wahlen durchzusetzen und, in Krisenzeiten, durch die Mobilisierung von Gewerkschaften und sozialen Organisationen bis hin zu Streiks.

Es ist signifikant, dass die üblichen Parolen der Sozialdemokraten libertär sind (was keinesfalls mit liberal zu verwechseln ist!):

- Legalisierung weicher Drogen;
- Schutz sexueller und ethnischer Minderheiten sowie homosexueller Ehen;
- Ausweitung individueller Rechte und bürgerlicher Freiheit;
- Ausbau zivilgesellschaftlicher Institutionen;
- Umweltschutz;
- Abmilderung strafrechtlicher Maßnahmen, Abschaffung der Todesstrafe usw.

Klassische Sozialdemokraten verbinden die Forderungen nach linker Wirtschaftspolitik (soziale Gerechtigkeit, mehr Einfluss der Regierung) mit der Ausweitung persönlicher Rechte und bürgerlicher Freiheiten (»Menschenrechte«), der Entwicklung der Demokratie und dem Internationalismus (heute spricht man allerdings lieber von »Multikulturalismus« und »Globalisierung«).

Der Entwurf der klassischen Sozialdemokraten ist in die Zukunft gerichtet und die Fortsetzung der Politik konkreter Schritte entlang einer gesellschaftspolitischen Evolution, im Widerspruch zur Rechten — zu den Liberalen in wirtschaftlichen und zu den Nationalkonservativen in politischen Belangen. Meistens sind Sozialdemokraten auch

- für den Fortschritt;
- für den Kampf gegen archaische und religiöse Vorurteile;
- für Wissenschaft und Kultur.

Gleichzeitig werden in ihrem Lager keinerlei ernstzunehmende theoretische Gedanken hinsichtlich der neuartigen Bedingungen der postindustriellen Gesellschaft diskutiert, und sowohl eine Kritik des klassischen Marxismus als auch die Thematisierung des Kapitalismus in seinem neuen geschichtlichen Stadium liegen ihnen im Gegensatz zu den Postmodernisten und der »Neuen Linken« völlig fern.

Sozialisten des »Dritten Wegs«

Eine weitere Variante der Alten Linken ist eine Abspaltung der Sozialdemokraten, die sich angesichts der offenkundigen Hochkonjunktur liberalen Denkens in den 1990er Jahren zu einem Kompromiss mit den Liberalen bereitfand. Die Theoretiker dieser Richtung, insbesondere der Engländer Anthony Giddens, haben sie »Dritter Weg« getauft, irgendetwas zwischen klassischer europäischer Sozialdemokratie und amerikanischem (allgemeiner: angelsächsischem) Liberalismus. Vertreter des Dritten Wegs befürworten einen Kompromiss zwischen Sozialdemokraten und Liberaldemokraten auf Basis ihrer gemeinsamen ideologischen Wurzeln in der Aufklärung und ihrer gemeinsamen Abneigung gegenüber Konservatismus und Linksextremismus. Die Verhandlungsgrundlage stellt eine Art Geben und Nehmen in konkreten Fragen dar, etwa über das Ausmaß, in dem die Sozialdemokraten die nach oben gestaffelte Steuer hin zur Einheitssteuer absenken oder die Liberalen letztere hin zur ersteren erhöhen wollen. In Sachen Menschenrechte gibt es zwischen ihnen keine wesentlichen Meinungsunterschiede darüber, Minderheitenrechte und Multikulturalismus zu fördern (abgesehen von Liberalkonservativen, etwa amerikanischen Republikanern und »Neocons«, die die Forderung nach einer Einheitssteuer mit konservativen Prinzipien von Familie, Moral und Religion verbinden).

Der Sinn des Entwurfs eines Dritten Wegs besteht nach Giddens in der Kooperation zwischen Sozialdemokraten und Liberalen beim Aufbau einer europäischen Gesellschaft, die auf einer Erweiterung persönlicher Rechte, der Erhaltung des Privateigentums als

Institution und modifizierter staatlicher Befugnis zu Intervention und Umverteilung, der bewusst Grenzen gesetzt werden, basiert. Im Gegensatz zu klassischen Sozialdemokraten und sogar den europäischen Kommunisten sind die Anhänger des Dritten Wegs den USA gegenüber positiv eingestellt und beharren auf einer Verfestigung der transatlantischen Allianz, während typische Linke — alte wie neue — Amerika und die amerikanische Gesellschaft für Liberalismus, Ungleichheit und Imperialismus scharf kritisieren.

Wenn es unter den linken Bewegungen echte Renegaten gibt, so sind es die Anhänger des Dritten Wegs. Danach kommen ehemalige Trotzkisten (darunter gewisse Amerikaner — die Begründer des Neokonservatismus — oder Europäer, beispielsweise der Portugiese Barroso, ehemaliger Präsident der Europäischen Kommission[4]), die sich von extremen Kommunisten zu nicht weniger radikalen Verteidigern des Liberalismus, des Markts und der wirtschaftlichen Ungleichheit gewandelt haben.

Im Falle des Dritten Wegs zielt der linke Entwurf auf die Erhaltung des *Status quo*.

Nationalkommunismus (begriffliche Widersprüche, ideologisches Ungleichgewicht, unterschwellige Energien)

Nationaler Gauchismus sollte als ganz eigenes Phänomen verstanden werden. Im Gegensatz zum orthodoxen Marxismus und der Sozialdemokratie wird diese Ausrichtung viel weniger beforscht; sie harrt noch der Entschlüsselung. Der Nationale Gauchismus stellt problematischerweise fast nie seine nationale Komponente zur Schau und kaschiert oder verleugnet sie sogar. Die Untersuchung des direkten und ehrlichen Diskurses der nationalkommunistischen Bewegungen, Parteien oder Regierungen wird deshalb meist dadurch erschwert, dass die vertretenen Thesen nur zum Teil oder gar nicht der Realität

---

4 José Manuel Barroso (geb. 1956) war von 2002 bis 2004 Premierminister Portugals und von 2004 bis 2014 Präsident der Europäischen Kommission. In den 1970ern war Barroso ein ausgewiesener Maoist, bewegte sich aber in den 1980er Jahren nach rechts. Hrsg.

entsprechen. Wir finden einen bewussten, offenen und unumwundenen nationalgauchistischen Diskurs nur an der Peripherie der Organisationen und Regime, die dieses ideologische Modell vertreten und verkörpern, obwohl sie es nicht zugeben. Aus diesem Grund entzieht sich der Nationale Gauchismus der direkten, rationalen Analyse und verbirgt lieber die Hälfte seines Wesens; alles »Nationale« bleibt im Dunkeln.

Nationalkommunisten verstehen sich als »einfache Kommunisten« und »orthodoxe Marxisten«, die streng der Lehre der kommunistischen Klassiker folgen. Um zu verstehen, worum es eigentlich geht, reichen die folgenden Kriterien aus: Sozialistische (proletarische) Revolutionen haben nur in den Ländern gesiegt, die Marx als für sie ganz unvorbereitet ansah, und zwar aufgrund

- ihres agrarischen Charakters;
- unterentwickelter oder fehlender kapitalistischer Verhältnisse;
- fehlenden städtischen Proletariats;
- schwacher Industrialisierung;
- der Erhaltung grundlegender gesellschaftlicher Verhältnisse der traditionellen Gesellschaft (aufgrund ihres Verharrens in der Vormoderne).

Dies ist das Grundparadoxon des Marxismus: Dort, wo der Sozialismus hätte erfolgreich sein sollen und sämtliche Voraussetzungen dafür vorhanden waren, schaffte er den Durchbruch nicht; dabei waren in der Theorie die orthodox marxistischen Parteien und Tendenzen gerade dort vorhanden und sind es zum Teil noch immer. Sie haben jedoch gerade an den Orten triumphiert, wo die sozialistische Revolution nach Marx keinesfalls hätte gelingen können. Die siegreichen Kommunisten, vor allem die russischen Bolschewisten, versuchten, diesen offensichtlichen Widerspruch zu den Prognosen ihres Lehrers sorgfältig zu verbergen und zu retuschieren, unterzogen ihn nie einer gewissenhaften Analyse und gestalteten lieber eine künstliche Wirklichkeit aus ihren spekulativen Konstruktionen, indem sie Gesellschaft, Politik und Wirtschaft artifiziell und mechanisch nach abstrakten Kriterien beurteilten. Nur externe Beobachter, ob nun Sympathisanten oder Kritiker, bemerkten den nationalkommunistischen Charakter erfolgreicher marxistischer Revolutionen und machten die nationalistischen Elemente als Triebfeder und Tugend aus, die diesen Revolutionen durch archaische Nationalerzählungen vom Marxismus als endzeitlichem nationalen Mythos Erfolg und Stabilität bescherten. Sorel war einer der ersten, dies festzustellen; Ustrialow kam wenig später darauf (ebenso Savitsky, die Deutschen Niekisch, Paetel, Lauffenburg, Wolfheim und andere auf Seiten der Sympathisanten; Popper, Hayek, Cohn, Aron auf Seiten der Kritiker).

Nationalkommunismus herrschte in der Sowjetunion, der Volksrepublik China, Nordkorea, Vietnam, Albanien, Kambodscha und in vielen kommunistischen Bewegungen der Dritten Welt, von den mexikanischen Zapatisten und dem peruanischen Sendero Luminoso (Leuchtender Pfad) bis hin zur Kurdischen Arbeiterpartei und islamischem Sozialismus. Linke, sozialistische Elemente fanden sich im Faschismus Mussolinis und im Nationalsozialismus Hitlers, aber in diesen Fällen waren solche Elemente bruchstückhaft, unsystematisch und oberflächlich; sie zeigten sich nur in randständigen oder kurzlebigen Phänomenen: Linken italienischen Faschismus gab es nur in seiner futuristischen[5] Frühphase und der Italienischen

---

[5] Der Futurismus war eine 1909 vom Schriftsteller F. T. Marinetti begründete italienische Kunstbewegung. Den Futuristen war alles Konventionelle und Traditionelle zuwider; sie begrüßten Schnelligkeit, Technologie, Jugendlichkeit und Gewalt ebenso wie den italienischen Nationalismus. Obwohl der Futurismus bereits 1918 seinen Zenit erreicht hatte, wurde Marinetti ein strammer Faschist und versuchte erfolglos, Mussolini davon zu überzeugen, dass der Futurismus die offizielle Kunst des Faschismus werden sollte. Er hegte die Ambition, den Futurismus der italienischen Populärkultur anzunähern, bis in die späten 1930er Jahre, bis der Faschismus nach nationalsozialistischem Vorbild alle moderne Kunst als entartet ablehnte. Hrsg.

Sozialrepublik;⁶ für den linken Nationalsozialismus der Gebrüder Strasser oder die Untergrundbewegung des Nationalbolschewisten Schulze-Boysen und anderer gab es keinen Platz im Dritten Reich. Auch wenn es angesichts seines Namens und der Symbolik scheinen mag, als sollten wir den Nationalsozialismus dieser Kategorie zurechnen, gab es dort keinen Sozialismus an sich – eher einen Etatismus, der durch die Beschwörung der archaischen Energien des Volks und der »Rasse« vervielfacht wurde. Im sowjetischen Bolschewismus hingegen, den Ustrialow ausdrücklich als Nationalbolschewismus bezeichnete, sind beide Ursprünge klar vorhanden, sowohl das Soziale als auch das Nationale, obwohl das »Nationale« zu jener Zeit keine begriffliche Festlegung erfuhr.

Bis heute sind viele politischen Bewegungen (beispielsweise in Lateinamerika) von diesem Ideenkomplex inspiriert, während die Regierungen Kubas, Venezuelas und Boliviens (Evo Morales ist das erste südamerikanische Staatsoberhaupt indigener Abstammung) oder Ollanta Humala⁷ und nationalkommunistische Bewegungen anderswo ausgewachsene politische Realitäten sind. Wo noch nicht ein Regierungssystem auf ihnen basiert, könnte das in nächster Zeit der Fall sein. Und wo immer der Kommunismus eine realistische Chance hat, sehen wir linke Ideen, die durch nationale (ethnische, archaische) Energien vervielfacht und nach traditionellem Gesellschaftsmuster umgesetzt sind. Im Grunde ist das neoorthodoxer Marxismus,

---

6   Die Repubblica Sociale Italiana, nach ihrem Regierungssitz auch als Republik von Salò bekannt, war die nach dem Putsch von 1943 im Norden Italiens gebildete faschistische Exilregierung. Nachdem er von den Deutschen gerettet und als Staatsoberhaupt wiedereingesetzt worden war, kehrte Mussolini zu seinen sozialistischen Wurzeln zurück; er ließ verlauten, er sei durch die politischen Umstände an der Umsetzung der wahren faschistischen Revolution gehindert worden, und gelobte, einen neuen, deutlich sozialistischeren faschistischen Staat zu errichten. Er behauptete, die Arbeiterrechte zu verteidigen, und während das ursprüngliche faschistische Regime das Privateigentum verteidigt hatte, verstaatlichte er alle noch in seinem Einflussbereich befindlichen Fabriken. Hrsg.

7   Ollanta Humala (geb. 1962) ist Vorsitzender der Nationalistischen Partei Perus und war von 2011 bis 2016 Staatspräsident. Hrsg.

Nationalmarxismus *sui generis*[8] (egal, wie er sich selbst bezeichnet). Wo aber nach Marx alle klassischen Voraussetzungen für seine Verwirklichung vorhanden sind (Industriegesellschaft, Entwicklung einer Schwerindustrie, städtisches Proletariat usw.), dort fanden (mit Ausnahme der kurzlebigen Münchner Räterepublik[9]) keine sozialistischen Revolutionen statt, tun es derzeit nicht und werden es wahrscheinlich auch nie.

Die Bedeutung des linken Nationalismus besteht in der Mobilisierung althergebrachter, in der Regel lokaler Grundlagen, die an die Oberfläche durchbrechen und sich in soziopolitischer Schöpfungskraft manifestieren sollen. Hier kommt die sozialistische Theorie ins Spiel und dient als eine Art »Schnittstelle« für diese Energien, ohne die sie gezwungen wären, ein rein ortsgebundenes Phänomen zu bleiben; doch dank des Marxismus — in welcher Auslegung auch immer — erhalten diese nationalen Energien die Möglichkeit, sich mit anderen, vom Wesen her ähnlichen, aber strukturell andersartigen Energien auszutauschen, und können sogar Anspruch auf Allgemeingültigkeit und weltweite Bedeutung erheben. So entwickeln sie sich dank einer von Nationalismus erhitzten sozialistischen Rationalität zu einem messianischen Projekt.

Das grandiose Beispiel der Sowjetunion zeigt, zu welchem Ausmaß sich ein Nationalkommunismus aufschwingen kann, der immerhin fast ein Jahrhundert lang allen kapitalistischen Systemen der Welt Kopfschmerzen bereitet hat. China indes, das die nationale Komponente seines soziopolitischen Modells mehr und mehr betont, beweist noch heute in einem neuen Kontext, dass diese Grundlage — zur rechten Zeit und feinfühlig gelenkt — auch nach dem Triumph des Liberalkapitalismus konkurrenzfähig bleiben kann.

---

8   In der Philosophie der Indikator für einen Begriff eigener Art, der sich nicht in bestehende Konzepte fassen lässt. Hrsg.

9   Die Münchner Räterepublik war der kurzlebige Versuch, einen sowjetischen Staat in Bayern zu schaffen. Sie wurde am 7. April 1919 ausgerufen und hielt sich weniger als einen Monat lang, ehe Reichswehr und Freikorps am 2. Mai in München einmarschierten und die Kommunisten überwältigten. Hrsg.

Venezuela und Bolivien zeigen ihrerseits, dass nationalkommunistische Regierungen auch heutzutage neu entstehen können, und demonstrieren ihre Lebensfähigkeit unter großem Druck. Nordkorea, Vietnam und Kuba bewahren nach wie vor ihre politischen Systeme aus Sowjetzeiten, führen (im Gegensatz zu China) keine Marktreformen ein und geben (im Gegensatz zur UdSSR) nicht auf.

Theoretisch betrachtet, steht uns im Phänomen des Nationalgauchismus der Marxismus gegenüber, ausgelegt gemäß überkommener eschatologischer Hoffnungen und tiefliegender nationaler Mythen, verbunden mit der Erwartung einer »Endzeit« und der Rückkehr des »Goldenen Zeitalters« (Cargokult, Millenniarismus). Die Behauptung von Gerechtigkeit und die »Regierungsvorrechte«, auf denen die sozialistische Utopie aufgebaut ist, werden als heilig angesehen, was die fundamentalen tektonischen Energien des *Ethnos* erweckt.

Hat der heutige Nationalgauchismus einen Zukunftsplan? In seiner vollendeten Form nicht. Er wird durch eine Reihe von Faktoren behindert:

- dem fortdauernden Schock über den Zerfall des sowjetischen Nationalkommunismus (den russische Eurasianisten bereits in den 1920ern für den Fall voraussagten, dass die sowjetische Führung die Wichtigkeit der unmittelbaren Beschäftigung mit nationalen und religiösen Mythen nicht berücksichtigte);
- der fehlenden Konzeptualisierung und Rationalisierung der nationalen Komponente des allgemeinen ideologischen Überbaus nationalkommunistischer Bewegungen und Ideologien (deren absolute Mehrheit an Anhängern sich tatsächlich für »einfache Marxisten« oder »Sozialisten« hält);
- der schwachen institutionellen Kommunikation nationalbolschewistischer Kreise untereinander im globalen Maßstab (keine ernsthaften, großangelegten Konferenzen zu diesem Thema, keine

oder nur randständige Fachzeitschriften, keine philosophischen Entwicklungen).

Meines Erachtens könnte der Nationalgauchismus sicherlich trotzdem eine weltweite Zukunft haben, weil die archaischen, ethnischen und religiösen Energien weiter Teile der Menschheit noch lange nicht erschöpft sind, ungeachtet des Zustands der Bürger des modernen, aufgeklärten und rationalen Westens.

Die Neue Linke
(Antiglobalismus, postmoderne Wege, Labyrinthe der Freiheit, hin zum Anbruch der Posthumanität)

Mehr als alles andere passt heute die sogenannte »Neue Linke« (oder der Neogauchismus) zum Begriff »linker Entwurf«. Im breiten Spektrum linker Ideen ist sie im frühen 21. Jahrhundert nicht nur die hellste und leuchtendste, sondern auch am besten durchdacht, intellektuell abgestimmt und systematisiert.

Die Neuen Linken tauchten in den 1950er und 1960er Jahren in Europa am Rand der linken Flanke von Marxisten, Trotzkisten und Anarchisten auf. Marx war ihre *Conditio sine qua non*, aber sie bedienten sich auch anderer theoretischer und philosophischer Quellen und integrierten importierte Elemente (im Gegensatz zu den »Alten Linken«) reibungslos in ihre eigene Theorie. Deshalb hat sich der Marxismus in dieser Variante, die ihn ständig anderen philosophischen Vorstellungen gegenüberstellte, aktiv erweitert, weiterentwickelt, überdacht und Selbstkritik unterzogen — kurz: Er wurde zum Objekt konzentrierten Nachdenkens. Diese unbefangene Beziehung der Neuen Linken zum Marxismus hat zu zwei Ergebnissen geführt: Einerseits wurde er verwässert, anderseits wesentlich modernisiert.

Die »Philosophen des Verdachts«, die sich nicht nur auf Marx, sondern auch auf Freud und Nietzsche stützten, übten großen Einfluss auf die Philosophie der Neuen Linken aus. Durch Sartre, einen der klassischen Theoretiker der Neuen Linken, drangen der tiefe Einfluss Heideggers und der existentiellen Frage in die linke Bewegung ein.

Der Strukturalismus war von überwältigender Bedeutung, vermittelt von seinen wichtigsten Theoretikern, etwa Ferdinand de Saussure und Lévi-Strauss. Im philosophischen Sinne waren die Neuen Linken selbst Strukturalisten, wobei sie nach einer systematischen Kritik ihrer eigenen Ansichten der 1960er und 1970er Jahre diesen philosophischen Impuls in den späten 1980ern weiterentwickelten und zu »Poststrukturalisten« wurden.

Die Neuen Linken gingen strukturalistisch an den Marxismus heran — das heißt, sie sahen in der Lehre vom grundlegenden Einfluss des Unterbaus (üblicherweise die sorgfältig vor dem ideologischen Bewusstsein verborgene bürgerliche Gesellschaft) im Verhältnis zum Überbau den wichtigsten Gedanken von Marx. Die marxistische Analyse der Ideologie als »falsches Bewusstsein« wurde den Neuen Linken zum Schlüssel zur Interpretation von Gesellschaft, Philosophie, des Menschen und der Wirtschaft. Den gleichen Gedankengang entdeckten sie aber auch bei Nietzsche, der das gesamte Spektrum philosophischer Ideen auf einen uranfänglichen »Willen zur Macht« zurückgeführt hatte, und bei Freud, für den die Basis in unter- und unbewussten Impulsen bestand, die in den tiefliegenden Grundlagen menschlicher Sexualität und in früher Kindheit gebildeter Verhaltensmuster wurzelten. Hinzu kam die Vorstellung Heideggers, wonach die Basis die Tatsache der reinen Existenz, des *Daseins*, sei. All die verschiedenen Auslegungen der »Basis« wurden von den Neuen Linken in ein allgemeines Schema integriert, das die Rolle der »Basis« an sich — ohne Rücksicht auf eine konkrete philosophische Strömung — in den Begriff der Struktur übertrug. Struktur, das bedeutet gleichzeitig industrielle Mächte, die sich in industriellen Beziehungen entfalten, das Unterbewusstsein, den »Willen zur Macht« und das *Dasein*.

Die Grundannahme der Neuen Linken ist, dass die bürgerliche Gesellschaft das Ergebnis vielfältiger Gewalt und Unterdrückung durch »Überbauten« (das bürgerliche politische System, das gewöhnliche Bewusstsein, Elitenherrschaft, allgemein anerkannte philosophische Gebilde, Wissenschaft, Gesellschaft, Marktwirtschaft usw.), »Basen« und »Strukturen« (ebenfalls weit definiert, u.a. als »Unterbewusstsein«, »Proletariat«, »Leiblichkeit«, »Masse«, die Erfahrung authentischer Existenz, Freiheit und Gerechtigkeit) sei. Auf diese Weise blasen die Neuen Linken im Gegensatz zu den Alten Linken zum systematischen, kritischen Angriff auf die kapitalistische Gesellschaft aus allen Richtungen gleichzeitig, von der politischen (vgl. die Ereignisse des Mai 1968 in europäischen Hauptstädten) bis hin zur kulturellen, philosophischen und künstlerischen, einschließlich der grundsätzlichen Auffassung von Mensch, Vernunft, Wissenschaft und Realität. Im Laufe dieser gewaltigen intellektuellen Arbeit (der übrigens weder Alte Linke noch Nationalgauchisten die geringste Aufmerksamkeit schenkten) kamen die Neuen Linken zu dem Schluss, dass der Kapitalismus nicht nur das gesellschaftspolitische Böse, sondern der fundamentale Ausdruck einer weltweiten Lüge über den Menschen, die Realität, die Vernunft und die Gesellschaft sei und sich folglich in der kapitalistischen Gesellschaft und ihrer Wirklichkeit die gesamte Geschichte der Entfremdung verdichte. Die Neuen Linke ließ Rousseaus Vorstellung vom »edlen Wilden« wieder aufleben und zeichnete ein ausführliches Panorama einer idealen Gesellschaft ohne Ausbeutung, Entfremdung, Lügen, Unterdrückung oder Ausgrenzung nach dem Vorbild archaischer, durch »Schenkökonomie« (M. Mauss)[10] motivierter Gruppen berufen.

Die Analyse der Neuen Linke zeigte, dass die Moderne nicht nur ihre Freiheitsparolen nicht in die Praxis umsetzte, sondern auch die Diktatur der Entfremdung noch rigider und abstoßender machte, auch wenn sie sie hinter demokratischen und liberalen Fassaden verbarg. So wurde die Theorie des Postmodernismus zusammengesetzt, auf der Annahme gründend, dass dem Weltbild, der

---

10 Mauss veröffentlichte 1923 das Buch *Die Gabe: Form und Funktion des Austauschs in archaischen Gesellschaften* (dt. Frankfurt/Main 1968) worin er archaische Gesellschaften untersuchte und entdeckte, dass ihre Ökonomien nach dem Prinzip gegenseitiger Schenkung anstelle der Vermögensakkumulation moderner Gesellschaften funktionierten. Hrsg.

Wissenschaft, der Philosophie und den politischen Ideologien, die im Anbruch oder Verlauf des Zeitalters der Moderne geschaffen wurden, Fehlinterpretationen, Unglücksfälle, Wahnvorstellungen und »rassistische« Vorurteile zugrundeliegen, die theoretisch sogar die Möglichkeit einer Befreiung der »Struktur« (der »Basis«) von »Überbauten« blockieren. Das führte zu einer Neubewertung der philosophischen Tradition der Moderne und enttarnte die Mechanismen, die die Knotenpunkte der Entfremdung in sich vereinten. Diese Methode bekam den Namen »Dekonstruktion« und forderte eine sorgfältige, gründliche Strukturanalyse des Entstehungszusammenhangs dieses oder jenes Begriffs samt einer Herauslösung seiner Kernbestandteile aus Schichten von Pathos, Moralismus, rhetorischer Figuren und Jongliereien. Foucault zeigte in *Wahnsinn und Gesellschaft* und *Die Geburt der Klinik,* dass die zeitgenössische Beziehung zu psychischen Störungen und allgemein zur Krankheit an sich alle Kennzeichen von intellektuellem Rassismus, Apartheid und anderen totalitären Vorurteilen aufweise, was sich in der Gleichsetzung Kranker mit Kriminellen und der strukturellen Gleichheit von Straf- und Heilanstalten zeige, die in der frühen Moderne ein und dasselbe gewesen seien.

Die bürgerliche Gesellschaft erweist sich trotz Mimikry und demokratischer Fassade als eine totalitäre Zuchtmeistergesellschaft. Darüber hinaus machen die Neuen Linken die tiefliegenden, selten in Zweifel gezogenen normativen Vorstellungen von Vernunft, Wissenschaft, Realität, Gesellschaft usw. als Kern dieser liberalen Diktatur aus, nicht nur den einen oder anderen politischen und ökonomischen Mechanismus, der selbst nur Folge der tieferen Entfremdungsmechanismen ist.

Darin besteht der Hauptunterschied zwischen Neuen und Alten Linken: Die Neuen Linken zweifeln die Struktur der Vernunft und die Grundlagen unserer Vorstellung von Wirklichkeit an, entlarven die positive Wissenschaft als Täuschung und Diktatur der akademischen

Kreise (Feyerabend, Kuhn)[11] und kritisieren den Begriff des Menschen an sich als totalitäre Abstraktion. Sie halten es für unmöglich, im bestehenden System etwas auf dem evolutionären Weg der linken Theorie zu verändern, bestreiten aber gleichzeitig die Wirksamkeit des radikalen Marxismus, der eben nicht überwunden habe, was er hätte überwinden sollen, und wenn doch, dann nicht als orthodoxer Marxismus (sie haben die Kritik des Stalinismus und der sowjetischen Erfahrung von Trotzki gelernt).

Die Neuen Linken formulieren ein umfassendes Projekt der »richtigen« Zukunft, in der folgende Prinzipien Schlüsselpositionen einnehmen:

- Ablehnung der Vernunft (der Aufruf Deleuzes und Guattaris zu bewusster Schizophrenie);
- Abkehr vom Mensch als Maß aller Dinge (»Tod des Menschen« von Lévi-Strauss, »Tod des Autors« von Barthes);
- Überwindung aller sexuellen Tabus (Wahlfreiheit der eigenen Sexualität, Aufhebung des Inzestverbots, Verweigerung der Anerkennung von Perversion als Perversion usw.);
- Freigabe aller Betäubungsmittel, auch der harten;
- Verschiebung hin zu neuen spontanen und flüchtigen Seinsweisen (Deleuzes »Rhizom«);
- Zerstörung der strukturellen Gesellschaft und des Staats zugunsten neuer, freier und anarchischer Kommunen.

Das Buch *Empire: Die neue Weltordnung* von Negri und Hardt, in dem die Thesen der Neuen Linken dargelegt werden, kann als ein bis ins Primitive vereinfachtes politisches Manifest dieser Strömung gelesen

---

11 Paul Feyerabend (1924–1994) und Thomas S. Kuhn (1922–1996) waren Wissenschaftsphilosophen, die die Vorstellung zurückwiesen, dass die moderne Wissenschaft eine Form objektiver Wahrheit — frei von ideologischen oder anderen Vorurteilen — darstelle. Hrsg.

werden. Negri und Hardt nennen das weltweite kapitalistische System ein »Empire« und setzen es mit dem Globalismus und einer amerikanischen Weltregierung gleich. Ihnen zufolge schafft der Globalismus die Bedingungen für eine universale Weltrevolution der Massen, die, indem sie den allgemeinen Charakter des Globalismus und seine Möglichkeiten zur Kommunikation und umfassenden, offenen Wissensverbreitung ausnutzen, ein weltweites Sabotagenetzwerk aufbauen, um einen Übergang von der Menschheit (die sich als Subjekt und Objekt von Unterdrückung, hierarchischen Beziehungen, Ausbeutung und disziplinierenden Strategien abhebt) zu einer Posthumanität (Mutanten, Cyborgs, Klone und virtuelle Realität) und der freien Wahl von Geschlecht, Erscheinung und individueller Vernunft nach eigenen Maßstäben und für einen beliebigen Zeitraum zu schaffen. Negri und Hardt glauben, das werde das kreative Potential der Massen befreien und gleichzeitig die Zerstörung der globalen Macht des »Empires« herbeiführen. Dieses Thema wird in Filmen wie *Matrix* usw. endlos wiederholt.

Die Antiglobalisierungsbewegung ist insgesamt auf einen ebensolchen Zukunftsentwurf hin ausgerichtet. Aktionen wie das Weltsozialforum, wo Antiglobalisten erstmals auf eine gemeinsame Strategie hinarbeiteten, zeigen, dass die Neue Linke Formen konkreter politischer Umsetzung entwickelt. Viele konkrete Ereignisse — Schwulenparaden, Antiglobalisierungsdemos, »Occupy Wall Street«, die Unruhen in den von Migranten bewohnten Vororten europäischer Städte, die Ausschreitungen von »Autonomen« für das Recht auf Hausbesetzungen, breite soziale Proteste neuer Gewerkschaften (die an einen Rummelplatz erinnern), die Bewegung für eine Drogenfreigabe, ökologische Protestaktionen usw. — sind Teil dieser Orientierung.

Außerdem ist die Postmoderne als Kunstrichtung zum Mainstream der heutigen westlichen Kunst geworden und bringt ebendiese neulinke politische Ideologie zum Ausdruck, die durch Bilder, Design oder die Filme von Tarantino und Rodriguez in unseren Lebensstil eindringt, und zwar ohne eine vorherige politisch-philosophische Analyse. Sie läuft unserer bewussten Auswahl davon und krallt sich in unseren Hirnen fest, ohne dass wir es wüssten oder wollten. Das wird von einer allgemeinen Verbreitung virtueller Kommunikationstechnologien begleitet, die eine implizite Einladung zur Postmoderne in sich tragen, und von einer Auflösung in posthumane, hedonistische Fragmente. SMS- und MMS-Nachrichten, Blogs und Vlogs, Flashmobs und andere gewohnte Beschäftigungen der zeitgenössischen Jugend stellen im Grunde die Verwirklichung unterschiedlicher Teilaspekte des neulinken Projekts dar, während sie in der Tat vom bürgerlichen System gesteuert werden, das bewusst Gewinn aus einer Mode schlägt, die diesmal nicht seine eigene, sondern die des verborgenen Feinds ist.

An dieser Stelle sollten wir einige Worte über die Beziehungen der Neuen Linken und Antiglobalisten zu gegenwärtigen Liberalen und Globalisten verlieren. So wie Marx seinerzeit dachte, dass der Kapitalismus trotz seiner Schrecken progressiver als der Feudalismus und das Mittelalter sei (weil er den Anbruch des Sozialismus näherbringe), solidarisieren sich heutige Postmodernisten und Neue Linke in gewissem Umfang mit dem »Empire«, das sie gleichzeitig heftig kritisieren, weil es ihrer Ansicht nach durch Verschärfung der Entfremdung und Verstärkung seiner Weltdiktatur latent die Weltrevolution der Massen vorbereite.

Linke im heutigen Russland

Abschließend wollen wir etwas zum Stand der linken Kräfte im heutigen Russland sagen. In der Praxis zeigt sich, dass wir keine »Alten Linken« im vollen Wortsinn haben, genausowenig wie zu Sowjetzeiten. Die wenigen sowjetischen marxistischen Dissidenten (Sinowjew, Schedowitz, Medwedew) fallen nicht ins Gewicht, weil sie nicht fähig zur Gründung einer ideologischen Schule waren.

Die Nationalkommunisten hingegen sind sozial, psychologisch und politisch breit aufgestellt; ihre Führer sind gegenwärtig die der

Kommunistischen Partei der Russischen Föderation. Weil die gesamte sowjetische Geschichte die vom Sieg des Sozialismus (als eines archaisch begründeten Werks) geprägte Geschichte eines unbewussten Nationalgauchismus ist, überrascht eine solche kontingente Strömung nicht.

Zu Beginn von Sjuganows Aufbau der Kommunistischen Partei der Russischen Föderation[12] (nicht ohne einige Beteiligung meinerseits und Prochanows)[13] bemühte man sich, das Vorhandensein einer nationalen Komponente in der sowjetischen Weltanschauung (Nationalbolschewismus) zu erklären und konzeptionell auszuwerten, aber diese Initiative wurde von der Parteiführung zugunsten einiger anderer, ihr offenbar wichtigerer Anliegen wieder aufgegeben. Was ihre Rhetorik angeht, gerieren sich russische Kommunisten aber als ausgesprochene Nationalkonservative, manchmal sogar als »orthodoxe Monarchisten«.

Durchschnittliche Russen — besonders die Mittelalten und Älteren — sind tatsächlich zum großen Teil unbewusste Nationalgauchisten. Sie unterstützen diesen Ideenkomplex bei jeder sich bietenden Gelegenheit (etwa in der Partei Rodina)[14] und deuten vieles in seinem Sinne, was überhaupt keine Beziehung zu ihm

---

12 Gennadi Sjuganow (geb. 1944) ist Vorsitzender der Kommunistischen Partei der Russischen Föderation, der derzeit zweitgrößten Partei Russlands. Sie wurde 1993 gegründet und versuchte, eine neue Form des Kommunismus mit nationalistischem Einschlag zu erarbeiten. Sie erklärte sich zur Nachfolgerin der Kommunistischen Partei der Russischen Sozialistischen Föderativen Sowjetrepublik, die 1990 ins Leben gerufen worden war, um einen Zweig der KPdSU auf Republikebene für Russland zu schaffen, das stets die einzige sowjetische Teilrepublik ohne eigene Parteiorganisation war. Sie wurde 1991 nach dem Putsch gegen Gorbatschow verworfen. Hrsg.

13 Alexander Prochanow (geb. 1938) ist ein russischer Schriftsteller, der nach dem Zusammenbruch der Sowjetunion zum Ultranationalisten wurde. Er ist Chefredakteur der Zeitschrift *Sawtra* (»Morgen«). Hrsg.

14 Rodina ist ein 2003 gebildeter Zusammenschluss nationalistischer und linker Gruppen. Die Partei sorgte für einiges Aufsehen, als ihr vorgeworfen wurde, Antisemitismus und Rassismus zu verbreiten. Rodina fusionierte 2006 mit der neuen Partei *Gerechtes Russland*, wurde jedoch 2012 reaktiviert. Hrsg.

aufweist (etwa den Sozialkonservatismus der Partei *Einiges Russland* und sogar Putin selbst). Diejenigen marginalen Gruppen, die den europäischen Neonazismus nachzuahmen und einen zusammengebastelten, dem Namen nach »nationalen Sozialismus« zu etablieren versuchen, waren nie Nationalgauchisten. Sie äffen nur (in der Regel aus intellektueller Unzulänglichkeit) die Äußerlichkeiten des Hitlerregimes nach, als würden sie im Sandkasten Soldat spielen oder sich *Siebzehn Augenblicke des Frühlings*[15] ansehen und an der rabenschwarzen Uniform Leonid Bronewois in der Rolle des Heinrich Müller erfreuen. Das Projekt der Nationalbolschewistischen Partei, die zu meiner Zeit kurz vor der Transformation in eine authentische, russische und bewusst nationalgauchistische Partei auf Grundlage der Theorien von Ustrialow, Niekisch und linker Eurasianisten stand, ist Ende der 1990er Jahre leider zu Rowdytum und unvernünftiger Organisation degeneriert und begann später, die vom Westen geförderten, antirussischen, ultraliberalen »orangen«[16] Mächte zu unterstützen (was den Grundsätzen des Nationalbolschewismus komplett widerspricht, der in Theorie und Praxis ein bewusst linkes und streng antiliberales, russisch-patriotisches und folglich antiwestliches Vorhaben darstellt).

Neue Linke und Postmodernisten sind im politischen Spektrum Russlands praktisch nicht vertreten, weil ihnen der philosophische Diskurs der Postmoderne zu kompliziert ist. Eine winzige Gruppe bewusster, repräsentativer Antiglobalisten existiert, ist aber eher im Westen bekannt und bringt nichts zustande, weder im organisatorischen noch im theoretischen Sinne. In der russischen Kunst dagegen — besonders im Moskauer Zentrum für zeitgenössische

---

15 *Siebzehn Augenblicke des Frühlings* ist eine sowjetische Miniserie von 1973 über einen sowjetischen Spion, der die NS-Führungsebene infiltriert hat und mit der Sabotage laufender Verhandlungen über einen Separatfrieden zwischen dem Dritten Reich und den Vereinigten Staaten beauftragt wird. Hrsg.

16 Die »Orange Revolution« fand 2004 und 2005 in der Ukraine statt und wurde als Sieg liberaler Kräfte über das traditionelle politische Establishment aufgefasst. Hrsg.

Kunst Winzavod, aber auch im russischen Film — sind postmoderne Tendenzen ziemlich klar ersichtlich, und ihre künstlerischen Umsetzungen sind manches Mal beeindruckend. Die Bücher von Sorokin[17] oder Pelewin[18] präsentieren Postmodernismus in literarischer Form.

Darüber hinaus trägt das durchschnittliche künstlerische — oder, wichtiger, technische! — Erzeugnis des Westens eine nicht unerhebliche Aufladung mit latenter Postmoderne in sich und besetzt dadurch den russischen Kulturraum mit aktiv wirkenden Zeichen, die in den künstlerischen Laboratorien der Neuen Linken geschmiedet werden und anschließend auf dem Fließband der weltweiten Industrie landen, die einen kurzfristigen Gewinn daraus zieht (und allmählich ihre eigenen Grundlagen verfeinert). Russland spielt hier die Rolle eines trägen Konsumenten, der die politische und ideologische Bedeutung des roboterhaft Gekauften nicht versteht, lediglich Moden oder globalen Trends folgt und dabei vergisst, dass — wie die Postmodernisten sagen — jeder Trend seine »Trendsetter« hat: diejenigen, die einen bestimmten Trend zu einem bestimmten Zweck in die Welt setzen.

---

17 Wladimir Sorokin (geb. 1955) ist ein populärer russischer Schriftsteller und Drehbuchautor der postmodernistischen Schule. Hrsg.

18 Wiktor Pelewin (geb. 1962) ist ebenfalls ein postmodernistischer russischer Schriftsteller. Hrsg.

9. DER LIBERALISMUS UND SEINE METAMORPHOSEN

1932 SCHRIEB der deutsche Nationalbolschewist Ernst Niekisch, dessen Ideen denen der russischen Nationalbolschewisten (Ustrialow) und der Eurasianisten auffallend ähnlich waren, ein Buch mit vielsagendem Titel: *Hitler — ein deutsches Verhängnis*.[1] Das Buch blieb fast unbemerkt, aber ein paar Jahre später ging er dafür direkt ins Konzentrationslager. Die Geschichte gab ihm recht — Hitler war für Deutschland tatsächlich eine exakt solche schicksalhafte Gestalt. Schicksalhaft, also nicht zufällig; fundiert, eingewurzelt in den Lauf der Dinge, mit der Logik des Schicksals verbunden, doch seine Schattenseite verkörpernd. In diesem Buch wiederholte Niekisch, wie in anderen seiner Werke, sinngemäß: »In der menschlichen Gesellschaft gibt es keine Verhängnisse wie die, die der Natur innewohnen — im Wechsel der Jahreszeiten oder in Naturkatastrophen. Die Würde des Menschen besteht darin, immer ›Nein‹ sagen zu können. Er kann sich immer auflehnen. Er kann sich jederzeit erheben und selbst gegen das scheinbar Unausweichliche, Absolute und Unbezwingbare kämpfen. Auch sogar dann, wenn er verliert, gibt er anderen ein Beispiel. Und andere treten an seine Stelle. Und andere sagen ›Nein‹. Deshalb können die schicksalhaftesten und verhängnisvollsten Begebenheiten mit der Stärke der Seele überwunden werden.«

Niekisch kämpfte gegen den Nationalsozialismus und die Nazis, und er sagte früher und genauer als die meisten anderen voraus,

---

[1] Ernst Niekisch: *Hitler — ein deutsches Verhängnis*, Berlin 1932.

welche Folgen ihre blutige Herrschaft für Deutschland und die Menschheit haben würde. Er gab nicht auf. Er warf dem »Verhängnis« den Fehdehandschuh hin und scheute den Kampf nicht. Das Wichtigste ist: Er hat gemeinsam mit einer Handvoll Gleichgesinnter einer scheinbar unbesiegbaren Macht widerstanden. Eine Gruppe von Niekisch-Anhängern — zu denen der Nationalbolschewist Harro Schulze-Boysen[2] zählte — wurde zum Kern der »Roten Kapelle«.[3] Niekisch war fast blind, als ihn sowjetische Truppen 1945 aus dem KZ befreiten. Er konnte die greifbaren Erfolge nicht mehr sehen, für die er sich sein Leben lang aufgeopfert hatte, aber er blieb bis an sein Lebensende von der Notwendigkeit des Widerstandes gegen das Verhängnis der Menschheitsgeschichte überzeugt, möge es auch ihren tiefliegenden Schwungrädern entspringen.

Heute könnte man das Gleiche über den Liberalismus als Ideologie sagen, die im Westen gesiegt hat und ihren Einfluss nun mittels vieler alter und neuer Methoden über die ganze Welt verbreitet, unterstützt von der obersten Weltmacht, den Vereinigten Staaten. Wieder scheint es, als sei diese Macht unausweichlich, nicht zufällig, und als folgte sie demselben grundlegenden, schicksalhaften Gesetz, gegen das Widerstand hoffnungslos erscheinen mag. Es finden sich aber wieder Menschen, wie im Falle Ernst Niekischs, die bereit sind, das gleiche Programm auszuführen, aber diesmal nicht nur in Bezug auf ein einzelnes Land, sondern vielmehr auf die gesamte Menschheit: »Liberalismus ist das Verhängnis der menschlichen Zivilisation.« Gegen ihn zu kämpfen, ihm zu widerstehen und seine vergifteten Dogmen anzufechten — das ist das moralische Gebot aller aufrechten

---

2   Harro Schulze-Boysen (1909–1942) war ein linker Nationalist, der gegen die Ruhrbesetzung durch Frankreich kämpfte und später Mitglied der Volksnationalen Reichsvereinigung wurde. Er pflegte Kontakte zu Nationalisten wie Kommunisten und beteiligte sich von Anfang an an den Tätigkeiten der Widerstandsgruppe »Rote Kapelle«. Er wurde Pilot der Luftwaffe und zum Offizier befördert. 1942 wurde er festgenommen und hingerichtet. Hrsg.

3   »Rote Kapelle« war das Kennwort der Gestapo für einen Berliner Spionagering, der Informationen an die Sowjetunion weitergab. Er nahm 1936 seine Tätigkeit auf und wurde 1942 von der Gestapo ausgehoben. Hrsg.

Menschen auf dieser Erde. Wir müssen diese Wahrheit wieder und wieder, um jeden Preis, streitlustig und sorgfältig wiederholen, auch wenn es nutzlos, unpassend, politisch inkorrekt und manchmal sogar gefährlich erscheinen mag.

Der Liberalismus als Resümee abendländischer Zivilisation (und seine Definition)

Um das Wesen des Liberalismus hinreichend zu verstehen, müssen wir begreifen, dass er kein Zufall ist, sondern sein Eintreten in die Geschichte der politischen und wirtschaftlichen Ideologien auf grundlegenden Prozessen beruhte, die in allen westlichen Zivilisation vonstatten gingen. Liberalismus ist nicht lediglich ein Teil dieser Geschichte, sondern ihr reinster und raffiniertester Ausdruck, ihr Ergebnis. Diese grundsätzliche Beobachtung erfordert eine engere Definition von Liberalismus.

Liberalismus ist eine politische und ökonomische Philosophie und Ideologie, die in sich die wichtigsten Feldlinien des Zeitalters der Moderne verkörpert:

- das Verständnis vom Individuum als Maß aller Dinge;
- den Glauben an die Heiligkeit des Privateigentums;
- die Zusicherung von Chancengleichheit als gesellschaftliches moralisches Gesetz;
- den Glauben an die »vertragliche« Grundlage aller gesellschaftspolitischen Institutionen, einschließlich der obrigkeitlichen;
- die Abschaffung aller staatlichen, religiösen und gesellschaftlichen Autoritäten, die Anspruch auf die »allgemeingültige Wahrheit« erheben;
- Gewaltenteilung und die Einrichtung gesellschaftlicher Systeme der Kontrolle über jedwede staatliche Institution;
- die Schaffung einer Zivilgesellschaft ohne Rassen, Völker und Religionen anstelle traditioneller Regierungen;

- die Vorherrschaft der Marktverhältnisse über andere Formen der Politik (also die These »Wirtschaft ist Schicksal«);
- die Gewissheit, dass der historische Weg der westlichen Völker und Staaten ein allgemeingültiges Entwicklungs- und Fortschrittsmodell für die ganze Welt und deshalb um jeden Preis als Maß und Muster anzusetzen sei.

Genau diese Prinzipien bilden das Fundament des historischen Liberalismus von den Philosophen Locke, Mill, Kant und später Bentham und Constance bis hin zur neoliberalen Schule des 20. Jahrhunderts, etwa Friedrich August von Hayek[4] und Karl Popper. Der Locke-Schüler[5] Adam Smith[6] baute auf den Ideen seines Lehrers auf, analysierte wirtschaftliche Aktivitäten und legte so das Fundament der politischen Ökonomie, indem er die politische und ökonomische Bibel des modernen Zeitalters schrieb.

»Freiheit von«

Die philosophischen Prinzipien des Liberalismus sowie der Name »Liberalismus« an sich sind abgeleitet von der These, dass Freiheit dasselbe wie Libertät sei. Gleichzeitig unterstrichen die liberalen Philosophen, vor allem Mill, dass die von ihnen verfochtene Freiheit eine rein negative Freiheit sei. Darüber hinaus trennten sie die »Freiheit von« von der »Freiheit zu« und empfahlen dafür zwei

---

4 Friedrich August von Hayek (1899–1992) war Ökonom und Schlüsselfigur beim Entstehen der Österreichischen Schule der Nationalökonomie. Er positionierte sich gegen Kollektivismus und staatliche Kontrolle der Wirtschaft zugunsten eines klassischen Liberalismus, weil freier Markt und eingeschränkte Regierungsgewalt die einzig effektiven Methoden seien, um Gesellschaften zu organisieren. Hrsg.

5 John Locke (1632–1704) war ein englischer Philosoph der Aufklärung, der als einer der wichtigsten Theoretiker des Liberalismus gilt; seine Werke waren sehr wichtig für die Entwicklung der modernen Demokratie. Hrsg.

6 Der schottische Ökonom Adam Smith (1723–1790) bereitete dem modernen Kapitalismus den Weg. Er vertrat die Meinung, das individuelle Eigeninteresse wirke sich letztlich positiv auf die Gesamtgesellschaft aus. Hrsg.

unterschiedliche Bezeichnungen: »Libertät« und »Freiheit«. Libertät steht für die Freiheit von etwas. Davon ist Liberalismus abgeleitet. Liberale kämpfen für diese Freiheit und bestehen darauf. Zur »Freiheit zu« — also zur Bedeutung und zum Ziel der Freiheit — schweigen die Liberalen und tun so, als könne jedes Individuum entweder selbst einen Ausdruck seiner Freiheit finden oder die Suche nach einer Möglichkeit, sie zu gebrauchen, gleich gänzlich aufgeben. Diese Frage sei Privatsache, indiskutabel, und habe weder politischen noch ideologischen Wert.

Die »Freiheit von« andererseits wird präzise definiert und hat dogmatischen Charakter. Liberale erklären sich frei

- vom Staat und seiner Kontrolle über Wirtschaft, Politik und Zivilgesellschaft;
- von Kirchen und ihren Dogmen;
- von Klassensystemen;
- von jeglicher Art allgemeiner Verantwortungsbereiche in der Wirtschaft;
- von jeglichem Versuch, die Erträge materieller und nichtmaterieller Arbeit durch die Regierung — egal welchen Typs — oder gesellschaftliche Institutionen umzuverteilen (so lautet die Parole des liberalen Philosophen Philip Nemo, eines Hayek-Schülers: »Soziale Gerechtigkeit ist zutiefst unmoralisch«);
- von ethnischen Bindungen;
- von jeglicher kollektiven Identität.

Man könnte das für eine Art von Anarchie halten, aber das wäre nicht ganz richtig. Anarchisten — zumindest die vom Schlage Proudhons[7] — halten freie, gemeinschaftliche Arbeit, deren Erträge

---

7 Pierre-Joseph Proudhon (1809–1865) war ein französischer Politiker und Philosoph, der gegen den Kapitalismus eingestellt war und das Staatseigentum zugunsten der Vergesellschaftung ablehnte. Hrsg.

vollständig kollektiviert werden, für eine Alternative zum Staat und wenden sich vehement gegen Privateigentum, während Liberale im Markt und der Unantastbarkeit des Privateigentums ein Pfand für die Verwirklichung ihres idealen sozioökonomischen Modells sehen. Davon abgesehen unterstützen Liberale die Regierung, solange sie bürgerlich-demokratisch ist, die Marktentwicklung voranbringt, der »Zivilgesellschaft« Sicherheit und Schutz vor aggressiven Nachbarn garantiert und den Hobbesschen »Krieg aller gegen alle« hinauszögert — obwohl sie in ihren Theorien davon ausgehen, dass der Staat früher oder später absterben werde, um dem Weltmarkt und der Weltgesellschaft Platz zu machen.

In allen anderen Belangen gehen Liberale ziemlich weit und verwerfen praktisch alle gesellschaftspolitischen Institutionen bis hin zur Familie und zu Geschlechterunterschieden. In extremen Fällen unterstützen Liberale nicht nur die Freiheit zu Abtreibungen, sondern auch die Freiheit von Geschlechterunterschieden, indem sie für die Rechte von Homosexuellen, Transsexuellen usw. eintreten. Sie betrachten die ganz eigene Gesellschaftsform der Familie als rein vertragliche Angelegenheit, die — wie alle anderen »Unternehmen« — durch rechtliche Übereinkünfte geregelt sei.

Summa summarum bestehen Liberale nicht nur auf einer »Freiheit von« Tradition und Heiligkeit (und selbstverständlich von früheren Formen traditioneller Gesellschaft), sondern sogar auf der »Freiheit von« Vergesellschaftung und Umverteilung, auf denen ihrerseits linke politische Ideologien — sozialistische wie kommunistische — bestehen (wenn wir von dem Liberalismus zeitgleichen politischen Formen oder sogar seinen Thronprätendenten reden).

Liberalismus und Nation

Der Liberalismus wurde in Westeuropa und Amerika zur Zeit der bürgerlichen Revolutionen hervorgebracht und nahm an Stärke zu, während die politischen, religiösen und gesellschaftlichen Institutionen des Westens, die der Ära der Feudalreiche vorangestanden hatten, allmählich eingingen: Monarchie, Kirche, Landstände. In ihren ersten Phasen befassten sich die Liberalen mit der Idee der modernen Nationenbildung, indem sie die »Nation« als uniformes politisches Gebilde auf vertraglicher Grundlage auffassten und die überkommenen imperialen und feudalen Staatsformen ablehnten. Die »Nation« wurde als Gesamtheit der Bürger eines Staats begriffen; eine Gesamtheit, die in sich die Beziehungen einer Bevölkerung von Individuen birgt, welche durch ein gemeinsames Siedlungsgebiet und das gleiche wirtschaftliche Entwicklungsniveau verbunden sind. Weder ethnische noch religiöse oder klassenbedingte Kriterien hatten auch nur die geringste Bedeutung. Ein solcher »Nationalstaat« (*État-nation*) hatte kein verbindendes geschichtliches Ziel und keine konkrete Bestimmung. Er verstand sich selbst als Gesellschaft oder Unternehmen, gegründet durch die wechselseitige Übereinkunft der Gesellschafter und auf der gleichen Grundlage theoretisch auch wieder auflösbar.

Die europäischen Nationen traten Glauben, ethnische Identität und Klassenbewusstsein in den Staub, weil sie sie für Überreste des »finsteren Mittelalters« hielten. Darin liegt der Unterschied zwischen liberalem Nationalismus und dessen anderen Spielarten: Bei ersterem werden keinerlei Werte ethnisch-religiöser oder geschichtlicher Gemeinschaften berücksichtigt; das Augenmerk liegt einzig auf dem Nutzen und den Vorteilen der kollektiven Übereinkunft der betroffenen Individuen, die aus konkreten, pragmatischen Gründen ein Staatswesen eingerichtet haben.

Die Kampfansage des Marxismus

Während bei der Beseitigung der feudalistisch-monarchischen und klerikalen Herrschaftsformen für den Liberalismus noch alles glattlief und keine der noch aus dem europäischen Mittelalter stammenden ideologischen Alternativen den Liberalen etwas entgegenzusetzen hatte, erhob sich schließlich aus den Tiefen der Philosophie der Moderne eine Bewegung, die mit den Liberalen um die Vorherrschaft über die Modernisierung konkurrierte und eine mächtige konzeptionelle Kritik des Liberalismus ins Feld führte, die sie nicht von Standpunkten der Vergangenheit (also von Rechts) bezog, sondern von Standpunkten der Zukunft (also von Links). Dazu gehörte sozialistisches und kommunistisches Gedankengut, das seine konsequenteste Ausprägung im Marxismus fand.

Marx analysierte die politische Ökonomie Adam Smiths und — allgemeiner — der liberalen Schule sorgfältig, aber zog aus diesen Ideen eine ganz eigene Schlussfolgerung. Er erkannte ihre — im Vergleich zum feudalen Modell traditioneller Gesellschaften — teilweise Korrektheit an, bot aber eine Weiterführung an und wollte die den Liberalen wichtigsten Postulate im Namen der Zukunft der Menschheit widerlegen.

Der Marxismus, entgegen dem Liberalismus,

- bestritt die Gleichsetzung des Subjekts mit dem Individuum und ging stattdessen davon aus, dass das Subjekt kollektiver und klassenbedingter Natur sei;
- erkannte das ungerechte System der Mehrwertaneignung durch Kapitalisten im Verlauf einer Marktwirtschaft an;
- betrachtete die »Freiheit« der bürgerlichen Gesellschaft als verschleierte Form der Klassenherrschaft, die die Mechanismen der Ausbeutung, Entfremdung und Unterdrückung hinter neuen Masken verbergen wolle;
- forderte eine proletarische Revolution sowie die Abschaffung des Markts und Privateigentums;
- setzte seine Hoffnungen in das Vorhaben der Vergesellschaftung des Eigentums (die »Expropriation der Expropriateure«);
- forderte schöpferische Arbeit als gesellschaftliche Freiheit der kommunistischen Zukunft (als Verwirklichung der »Freiheit zu« des Menschen) ein;

- kritisierte den bürgerlichen Nationalismus als eine Form der kollektiven Gewalt gegen die ärmsten Schichten der jeweiligen Gesellschaften und als ein Instrument internationaler Aggression im Namen der egoistischen Interessen der nationalen Bourgeoisie.

So wurde der Marxismus über zwei Jahrhunderte hinweg zum wichtigsten ideologischen Gegner und Konkurrenten des Liberalismus, attackierte seinen Kern und erzielte einige wichtige Erfolge, besonders im 20. Jahrhundert, als eine Sozialistische Internationale auf den Plan trat. Zu einem gewissen Zeitpunkt schien es so, als würden genau diese linken Mächte den Streit um das Erbe der Moderne und die »Rechtgläubigkeit« der neuen Ära gewinnen, und viele Liberale begannen zu glauben, dass der Sozialismus die unvermeidliche Zukunft sei und das bestehende liberale System korrigieren, vielleicht gleich ganz abschaffen würde. Hier liegt der Ausgangspunkt der »sozialliberalen« Tendenzen, die, während sie gewisse »moralische« Annahmen des Marxismus anerkannten, sein revolutionäres Potential abzuschwächen versuchten und zwei grundlegende Ideologien des neuen Zeitalters um den Preis der Ablehnung ihrer bösartigsten und schärfsten Forderungen zusammenführen wollten. Marxistische Revisionisten, insbesondere rechte Sozialdemokraten, forderten das Gleiche unter umgekehrten Vorzeichen.

Die Frage, wie sie sich zu Sozialisten und Linken in Beziehung setzen sollten, spitzte sich für die Liberalen in den 1920ern und 1930ern am meisten zu, als die Kommunisten erstmals die Bedeutung ihrer geschichtlichen Ansprüche und ihre Befähigung, die Macht zu übernehmen und zu halten, unter Beweis stellten. In dieser Epoche entstand die neoliberale Schule (Mises, Hayek und etwas später Popper und Aron), die eine sehr wichtige ideologische These formulierte: Der Liberalismus sei keine Übergangsphase zwischen Feudalismus und Marxismus bzw. Sozialismus, sondern eine geschlossene Ideologie mit dem exklusiven Anspruch auf das Erbe der Aufklärung und der Moderne. Aus dieser Sicht ist der Marxismus selbst keine Weiterentwicklung des westlichen Denkens, sondern eine regressive Rückkehr zur feudalen Epoche der chiliastischen Aufstände und Endzeitsekten, die sich moderner Parolen bedient. Neoliberale bekräftigten dies durch eine systematische Kritik des konservativen deutschen Philosophen Hegel sowie unter Verweis auf die totalitäre sowjetische Erfahrung und forderten eine Rückkehr zu den Ursprüngen, also zu Locke und Smith; außerdem kritisierten sie Sozialliberale für ihre Zugeständnisse und Kompromisse.

Der Neoliberalismus wurde als Theorie am deutlichsten in Europa ausgearbeitet (Österreich, Deutschland und Großbritannien), im großen Rahmen aber in den Vereinigten Staaten umgesetzt, wo Liberalismus die Politik, Ideologie und wirtschaftliche Praxis beherrschte. Und obwohl es zu Zeiten Roosevelts selbst in den USA starke sozialliberale Tendenzen gab (die Ära des *New Deals*, den Einfluss Keynes' usw.), hatte die liberale Schule unbestreitbaren Vorrang. In theoretischer Hinsicht wurde dieser Trend durch die Chicagoer Schule (M. Friedman, F. Knight, G. Simons, J. Stigler und andere) am weitesten vorangetrieben.[8]

Nach dem Zweiten Weltkrieg begann die entscheidende Phase im Kampf um das Erbe der Aufklärung: Liberale trugen mit Unterstützung der USA den Endkampf gegen den Marxismus aus, der durch die Sowjetunion und ihre Alliierten verkörpert wurde. Europa trug in diesem Krieg der Ideologien den dritten Platz davon: Dort überwogen sozialliberale und sozialdemokratische Strömungen.

Der Endsieg der Liberalen in den 1990ern

Der Zusammenbruch der Sowjetunion und unsere Niederlage im Kalten Krieg verdeutlichten, ideologisch betrachtet, die endgültige Rollenverteilung im Kampf um das Erbe der Aufklärung und den zukünftigen Weg. Gerade die überwältigende Tatsache der Niederlage und des Zerfalls der Sowjetunion machte es offensichtlich, dass das

---

[8] Die Chicagoer Schule der Wirtschaftstheorie wurde nach ihrem Ursprung, der Wirtschaftsfakultät der Universität Chicago, benannt. Sie verficht eine totale Deregulierung der Wirtschaft. Hrsg.

geschichtliche Recht auf der Seite der Liberalen war, insbesondere der Neoliberalen, die es dem Sozialismus und Kommunismus verwehrten, die Zukunft als »fortschrittliches Morgen« für sich zu beanspruchen. Die sowjetische und andere sozialistische Gesellschaften stellten sich als sorgfältig getarnte Varianten archaischer Strukturen heraus, die den »mystisch« oder »religiös« aufgefassten Marxismus auf ihre eigene Art und Weise auslegten.

Zuallererst brachte dieser hochwichtige Moment in der politischen Geschichte der Menschheit die grundsätzliche Klärung der wichtigsten Frage der Zeit: Welche der beiden zentralen Ideologien des 20. Jahrhunderts würde den überkommenen Weg der Vergangenheit (im Geiste der Aufklärung) gehen und dadurch automatisch die Zukunft gewinnen, also das Recht, die kommenden Zeiten ideologisch zu beherrschen? Die Frage des nach dem Ziel des historischen Fortschritts war im Prinzip geklärt.

Mitte des 20. Jahrhunderts behauptete der französische Philosoph Alexandre Kojève, ein Hegelianer russischer Herkunft, dass Hegels »Ende der Geschichte« eine kommunistische Weltrevolution bezeichne. Die Traditionalisten (René Guénon, Julius Evola), die die Aufklärung ablehnten, die Tradition verteidigten und das »Weltende« durch den Triumph der »vierten Kaste« (der *Shudras*[9] oder Proletarier) vorhersagten, dachten genauso. Mit Auflösung der Sowjetunion wurde 1991 jedoch klar, dass das »Ende der Geschichte« nicht in marxistischer, sondern in liberaler Gestalt daherkommen würde, woraufhin sich Francis Fukuyama beeilte, der Menschheit zu verkünden, das »Ende der Geschichte« sei der planetarische Triumph des Markts, des Liberalismus, der USA und der bürgerlichen Demokratie. Der Marxismus als mögliche Alternative und Zukunftsentwurf wurde zu einer bedeutungslosen Episode der politischen und Ideengeschichte.

Ab diesem Zeitpunkt begann nicht nur die Hochzeit des Liberalismus in seinen orthodoxesten, fundamentalistischsten

---

9 Im vedischen (hinduistischen) Kastensystem sind die *Shudras* die niedrigste, aus Dienern und Arbeitern bestehende Kaste. Hrsg.

angelsächsischen und antisozialistischen Formen, sondern auch die Freilegung der grundlegenden Tatsache der menschlichen Ideengeschichte: Liberalismus ist Schicksal. Dies aber bedeutet, dass seine Thesen — seine philosophischen, politischen, gesellschaftlichen und wirtschaftlichen Prinzipien und Dogmen — als universal und absolut betrachtet werden müssen, weil es keine Alternativen gibt.

Auf der Schwelle des amerikanischen Jahrhunderts

Eine Folge der politischen Geschichte des 20. Jahrhunderts war die Entdeckung, dass der Liberalismus den Kampf um die Gegenwart gewonnen und sämtliche Gegner auf der Rechten und Linken aus dem Feld geschlagen hatte. Mit dem Sieg der liberalen Ideologie vollendete sich der große Kreislauf der Moderne, und sie erhielt fortan ein Monopol auf die Kontrolle und Ausrichtung der geschichtlichen Entwicklung. Der Liberalismus stand ohne Feind auf Augenhöhe da; es blieb kein umfassendes Subjekt mit angemessenem historischen Selbstverständnis, einer überzeugenden und geordneten Ideologie, ernsthaften materiellen und militärischen Ressourcen und vergleichbaren technologischen, ökonomischen und bewaffneten Kräften mehr. Alles, was der liberalen Ideologie noch entgegenstand, erwies sich als chaotische Ansammlung simpler Ärgernisse und Fehler; es waren lediglich »Störgeräusche«, die durch reine Trägheit gegen die Architekten der »neuen liberalen Ordnung« opponierten. Es war kein Widerstreit alternativer zivilisatorischer und geopolitischer Subjekte, sondern der reaktive und passive Widerstand eines unorganisierten Spektrums. In gleicher Weise denken Straßenbauer über Boden, Regen, Karsttrichter und Sumpfland: Die Diskussion dreht sich nicht um die Forderungen einer anderen Firma nach einem anderen Straßenverlauf, sondern um die Widrigkeiten der Umgebung.

In dieser Situation kam den USA als Bastion des Weltliberalismus ein neuer Stellenwert zu. Von dieser Zeit an waren sie nicht nur eine von zwei Supermächten, sondern der einzige weltweite Akteur mit unangefochtener Vormachtstellung. Der französische Amerikakritiker

Hubert Védrine[10] schlug vor, sie fortan nicht mehr als Supermacht, sondern als Hypermacht zu bezeichnen, um ihre Abgeschiedenheit und asymmetrische Überlegenheit zu unterstreichen. Aus ideologischer Sicht waren der Sieg des Liberalismus und der Aufstieg der USA kein Zufall, sondern zwei Aspekte desselben Geschehens. Die USA gewannen den Kalten Krieg nicht deshalb, weil sie mehr Machtmittel aufgehäuft und im technologischen Wettbewerb einen Vorteil gewonnen hatten, sondern weil sie sich auf die liberale Ideologie stützten, die gleichermaßen ihre technologische Überlegenheit und ihre geschichtliche Rechtschaffenheit im ideologischen Krieg unter Beweis stellte und so die Bilanz der Moderne untermauerte. Und ebenso, wie der Liberalismus seine schicksalhafte Dimension zeigte, wurde das messianische Selbstverständnis der USA manifest bestätigt, das seit dem 19. Jahrhundert in Form der Ideologie des »Manifest Destiny« ein Glaubensartikel der amerikanischen politischen Elite war.

Amerikanische Neokonservative erkannten diesen Stand der Dinge klarer als alle anderen. Wie es einer ihrer wichtigsten Ideologen, William Kristol, formulierte: [11]»Das 20. Jahrhundert war das Jahrhundert des Aufstiegs Amerikas, aber das 21. Jahrhundert wird das amerikanische Jahrhundert sein.« Bedenken wir diese Aussage: Was ist der Unterschied zwischen dem »Jahrhundert Amerikas« und dem »amerikanischen Jahrhundert«? Das »Jahrhundert Amerikas« bedeutet, dass in jener Epoche die Ideologie des Liberalismus ihre Konkurrenten bekämpfte (traditionalistische Überreste, Faschismus, Sozialismus und Kommunismus) und zertrümmerte. Amerika, zuvor

---

10 Hubert Védrine (geb. 1947) war während der Amtszeit des sozialistischen Premierministers Jospin zwischen 1997 und 2002 französischer Außenminister. Védrine ist bekannt für seine Stellungnahme gegen die amerikanische Hegemonie und popularisierte den Begriff »Hypermacht« für die geopolitische Vormachtstellung der USA. Hrsg.

11 William Kristol (geb. 1952) ist einer der einflussreichsten neokonservativen Denker des heutigen Amerikas. Er war einer der Gründer der Denkfabrik »Project for the New American Century« sowie der neokonservativen Zeitschrift *The Weekly Standard* und ist regelmäßiger Kommentator des Fox News Channels. Hrsg.

eine von mehreren Weltmächten, verwandelte sich in die einzig verbliebene. Und nun muss Amerika, dem Denken der Neocons zufolge, das amerikanische Modell, den *American Way Of Life*, als für jedermann verpflichtende Weltordnung durchsetzen. Die USA haben vor unseren Augen aufgehört, ein Nationalstaat zu sein und sind zum Synonym für die Weltregierung geworden. Der gesamte Planet muss seither einem »Weltamerika«, einer »Weltregierung« oder einem »Weltstaat« unterworfen werden. Das ist es, was sie das »amerikanische Jahrhundert« nennen, das Vorhaben der Globalisierung des amerikanischen Modells. Das ist nicht einfach eine Kolonisation oder eine neue Form des Imperialismus, sondern ein Programm zur totalen Etablierung eines alleingültigen ideologischen Systems, eines Abbilds der amerikanischen liberalen Ideologie. Amerika beansprucht seitdem für sich das Recht, eine universelle Einheitsdoktrin zu verbreiten, die das Leben der Völker und Staaten wie ein globales Netzwerk auf tausendfache Weise durchdringt: durch Technologie, Marktwirtschaft, das politische Modell der liberalen Demokratie, Informationssysteme, das System der Massenkultur und ihrer medialen Erzeugnisse sowie die Einrichtung direkter strategischer Kontrolle über geopolitische Vorgänge durch die Amerikaner und ihre Satelliten.

Das amerikanische Jahrhundert stellt eine Umschmelzung der bestehenden Weltordnung zu einer neuen dar, die sich streng am amerikanischen Vorbild ausrichtet. Gelegentlich wird dieser Prozess »Demokratisierung« genannt und zielt auf einige konkrete geopolitische Enklaven, die vor allem aus Sicht des Liberalismus ein Problem darstellen. Auf diese Weise entstanden Projekte wie »Großraum Mittlerer Osten«, »Großraum Zentralasien« und so fort. Ihre Bedeutung liegt in der Entwurzelung bestehender nationaler, politischer, ökonomischer, sozialer, religiöser und kultureller Modelle und ihrer Ersetzung durch das Betriebssystem des amerikanischen Liberalismus. Es ist aber unerheblich, ob es um die Gegner oder die Verbündeten der USA geht; sowohl Freunde als auch Feinde unterliegen der Neuformatierung, genauso wie diejenigen, die neutral bleiben möchten. Dies ist die Bedeutung des »amerikanischen Jahrhunderts«: Der Liberalismus hat seine offiziellen Feinde geschlagen und durchdringt nun alles. Es genügt jetzt nicht mehr, in lokalen Konflikten auf der Seite der USA zu stehen (wie es viele nichtliberale Staaten getan haben, etwa Pakistan, Saudi-Arabien und die Türkei). Von nun an muss der Liberalismus in die Tiefen ausnahmslos aller Gesellschaften und Staaten eindringen, und der geringste Widerstand wird nach den Vorstellungen der Neocons gebrochen werden — so wie in Serbien, dem Irak und Afghanistan.

Amerikanische Kritiker dieser Herangehensweise — beispielsweise der Paläokonservative Patrick Buchanan — verkünden: »Amerika hat die ganze Welt gewonnen, aber sich selbst verloren.« Das hält die Neocons aber nicht auf, weil sie die USA nicht nur als Nationalstaat, sondern auch als Vorkämpfer der liberalen Ideologie auffassen. Es war auch kein Zufall, dass die Neocons aus dem Trotzkismus hervorgingen. So wie die Trotzkisten eine kommunistische Weltrevolution anstrebten und Stalin und seine Vorstellung vom Aufbau des Sozialismus in einem Land gnadenlos kritisierten, fordern die heutigen Neocons eine liberale Weltrevolution und weisen die Forderung der »Isolationisten«, sich auf amerikanisches Territorium und die historischen Verbündeten zu beschränken, kategorisch zurück. Eben jene Neocons, die in der jüngeren amerikanischen Politik den Ton angeben, verstehen die ideologische Bedeutung des Schicksals der politischen Lehren im beginnenden 21. Jahrhundert am besten. Amerikanische Neocon-Kreise nehmen die Bedeutung der weitläufigen Veränderungen in der Welt am genauesten wahr. Für sie bleibt Ideologie der wichtigste Beobachtungsgegenstand, obwohl sie sich heute auch »weicher Ideologie« oder *Soft power* zuwenden.

Liberalismus und Postmoderne

Nachdem sie von formaler Opposition über alternative Ideologien zur neuen Phase einer Einführung im Weltmaßstab übergegangen war, veränderte die liberale Ideologie ihren Status. In der Moderne existierte der Liberalismus immer parallel zu illiberalen Ideologien, war also eine Wahlmöglichkeit, so wie man in der modernen Informationstechnologie theoretisch zwischen Computern mit Microsoft-, MacOS- oder Linuxbetriebssystemen wählen kann. Nachdem er seine Rivalen besiegt hatte, führte der Liberalismus ein Monopol auf ideologisches Denken wieder ein; er wurde zur einzigen Ideologie und ließ keine anderen neben sich zu. Man könnte sagen, dass er von der Ebene eines Programms auf die eines Betriebsystems umschaltete und allgemein wurde. Man bedenke: Wenn wir einen Laden betreten, um einen Computer zu kaufen, sagen wir meistens nicht: »Geben Sie mir einen Rechner mit Microsoft-Betriebssystem.« Wir sagen einfach: »Geben Sie mir einen Rechner«. Unserem Schweigen gemäß verkauft man uns einen Rechner mit einem Betriebsystem von Microsoft. So ist es auch mit dem Liberalismus: Wir installieren ihn in uns selbst, als sei er der Standard, den anzuzweifeln absurd und sinnlos wäre.

Der Inhalt des Liberalismus verändert sich und schaltet von der Ausdrucks- auf die Sprachebene um. Der Liberalismus wird kein »richtiger« Liberalismus, sondern etwas unterhalb der Wahrnehmungsschwelle, eine stille Übereinkunft, Konsens. Dies entspricht dem Umschlagen von der Moderne in die Postmoderne. In der Postmoderne stellt der Liberalismus, der seinen Einfluss bewahrt und sogar noch verstärkt, immer seltener eine intelligente und frei gewählte politische Philosophie dar; er wird unbewusst, selbstverständlich und instinktiv. Dieser instinktive Liberalismus, der sich anmaßt, zur allgemeinen, unbewussten »Matrix« der Zeitgemäßheit werden zu wollen, nimmt allmählich groteske Züge an. Aus den unbewusst gewordenen klassischen Prinzipien des Liberalismus (man könnte analog zum Dollar als »Leitwährung« der Welt von einem »Leitunterbewusstsein« der Welt sprechen) entspringen die grotesken Auswüchse der postmodernen Kultur. Dies ist bereits ein Postliberalismus *sui generis*, der aus dem Endsieg des klassischen Liberalismus folgt, diesen aber zu extremen Schlussfolgerungen führt.

Es erhebt sich also das Panorama der postliberalen Groteske:

- Maß der Dinge ist nicht länger das Individuum, sondern das Postindividuum, das »Dividuum«, das eine ironische Kombination von Teilen verschiedener Menschen nach dem Zufallsprinzip darstellt (ihrer Organe, ihrer Klone, ihrer Simulakren — bis hin zu Cyborgs und Mutanten);

- Privateigentum wird vergöttert, nimmt transzendente Züge an und wird vom Eigentum des Menschen zum Eigentümer des Menschen;

- Chancengleichheit wird zur Gleichheit der Chancenvorstellungen (die »Gesellschaft des Spektakels« gemäß Guy Debord);

- der Glaube an den Vertragscharakter aller politischen und gesellschaftlichen Institutionen mutiert zur Gleichsetzung des Wirklichen mit dem Virtuellen, und die Welt wird zum technischen Modell;

- alle Formen nichtindividueller Autorität verschwinden vollständig, und jedes Individuum ist frei, über die Welt zu denken, wie es will (die Krise der allgemeinen Vernunft);

- Gewaltenteilung als Prinzip verwandelt sich in die Vorstellung einer ununterbrochenen elektronischen Volksbefragung (einer Art elektronischen Parlaments), in der jeder Internetnutzer ständig über jede Entscheidung »abstimmt«, indem er seine Meinung in diversen Foren kundtut, und die wiederum an jeden einzelnen Bürger Macht abgibt (wodurch jeder einzelne effektiv zu einem eigenen Zweig der Regierung wird);

- »Zivilgesellschaft« ersetzt Staatlichkeit vollständig und wird zu einem weltweiten kosmopolitischen Schmelztiegel;

- aus der These »Wirtschaft ist Schicksal« wird die These »Code ist Schicksal«, denn ob Arbeit, Geld, der Markt, Produktion oder Konsum, alles wird virtuell.

Manchen Liberalen und Neocons jagte diese Aussicht, die sich als Folge des ideologischen Triumphs des Liberalismus vor dem Übergang zum Postliberalismus und zur Postmoderne eröffnete, Angst ein. Deshalb forderte Fukuyama, der Urheber der These vom liberalen »Ende der Geschichte«, die USA und den Westen zur »Rückbesinnung« und zum Verharren auf der vorangegangenen Stufe des »altehrwürdigen« klassischen Liberalismus auf, inklusive des Markts, des Nationalstaats und des üblichen wissenschaftlichen Rationalismus, um einen Absturz in den postliberalen Abgrund zu vermeiden. Doch damit widersprach er sich selbst, denn die Logik des Übergangs vom »normalen« Liberalismus zum Liberalismus der Postmoderne ist weder willkürlich noch freiwillig; sie ist in der Struktur der liberalen Ideologie selbst angelegt: Im Laufe der schrittweisen Befreiung des Menschen von allem Uneigenen, also von allen nichtmenschlichen und überindividuellen Werten und Idealen, muss man den Menschen früher oder später von seinem Selbst befreien. Und die furchteinflößendste Krise des Individuums beginnt nicht, wenn es alternative Ideologien bekämpft, die den Menschen als höchsten Wert ablehnen, sondern wenn es seinen endgültigen und unumkehrbaren Sieg erringt.

Liberalismus im heutigen Russland

Wenn wir alles oben über den Liberalismus Gesagte dem gegenüberstellen sollten, was man in Russland unter Liberalismus versteht, dann müssten wir einräumen, dass es hier keinen Liberalismus gibt. Es gibt Liberale, aber keinen Liberalismus. Bis zum Beginn der 1990er Jahre war die marxistische Ideologie die offiziell vorherrschende in Russland, und die absolute Mehrheit der Menschen, die heute auf die eine oder andere Weise die staatlichen Entscheidungen beeinflussen, wurde von Kindheit an in ihrem Sinne erzogen. Die Prinzipien des Liberalismus waren vor allem fremdartig für die instinktiven Grundlagen der russischen Gesellschaft; sie wurden von den weltanschaulichen Organen der UdSSR scharf verfolgt und waren entweder unbekannt oder aber verzerrt und bruchstückhaft abgeleitet. Die einzige Bedeutung des »Liberalismus« der 1990er in Russland war die Freiheit von russisch-sowjetischen politisch-ökonomischen Traditionen und eine unkritische, ignorante und lächerliche Imitation des Westens. Fast niemand aus der postsowjetischen Elite wählte den Liberalismus bewusst und wohlüberlegt; die Führer des russischen Liberalismus sangen bis zum endgültigen Fall der Sowjetunion das Hohelied der Kommunistischen Partei, der marxistischen Lehre, des Plans und des Sozialismus, während die Oligarchen im Zentralkomitee des Komsomols Karriere machten[12] oder im KGB dienten. Als politische Ideologie interessierte der Liberalismus niemanden; es wurde kein Cent dafür ausgegeben. In den 1990er Jahren wurde dieser billige und korrupte Liberalismus als Ersatzideologie für das postsowjetische Russland beibehalten. Aber anstatt liberale Prinzipien zu verfolgen, befassten sich seine Unterstützer und Vorbeter mit Karrierismus, Privatisierungen und ihren eigenen kleinen Geschäften, bei denen sie bestenfalls die Richtlinien der westlichen Beauftragten für die Abwicklung des sowjetischen und russischen Staats befolgten. Es war eine Zerrüttung des früheren ideologischen Gebäudes, ohne dass an seiner Stelle etwas Neues errichtet wurde. Niemand hat diese zweifelhafte »Freiheit von« überhaupt wirklich gewählt.

Als Putin an die Macht kam und versuchte, den Prozess der Auflösung Russlands umzukehren, stieß er weitestgehend auf keinerlei ideologische Opposition. Stattdessen wurde er von Wirtschaftsklüngeln angefochten, deren Absichten er erkannte, und von aktiveren Einflussagenten, die tief in Spionage im Auftrag des Westens verstrickt waren. Die absolute Mehrheit der Liberalen verwandelte sich schnell in »Unterstützer Putins«, indem sie sich den persönlichen patriotischen Sympathien des neuen Staatsoberhaupts anpassten. Auch Leitfiguren des russischen Liberalismus wie Gaidar[13]

---

12 Komsomol war die Abkürzung für »Gesamtsowjetischer Leninscher Kommunistischer Jugendverband«, die Jugendorganisation der KPdSU. Hrsg.

13 Jegor Gaidar (1956–2009) war ein russischer Ökonom, der 1992 kurzzeitig Premierminister der Russischen Föderation war. Er entwickelte die

und Tschubais[14] benahmen sich wie gewöhnliche Opportunisten; ihnen konnte der ideologische Inhalt der Reformen Putins kaum egaler sein.

In Russland drang der Liberalismus ungeachtet der 1990er Jahre nicht tief ein und brachte keine politische Generation echter, überzeugter Liberaler hervor. Er wirkte vor allem von außen auf Russland, was letztlich zu einer Verschlechterung der Beziehungen zu den USA, zur Obstruktion Putins und seines Kurses durch den Westen und als Reaktion zu Putins Münchener Rede führte.[15]

Weil sich aber die Anzahl bewusster Liberaler während der kritischen Momente des Wandels als kein bisschen größer als die Anzahl bewusster Kommunisten am Ende der 1980er Jahre herausstellte, bestand Putin nicht auf ihrer ideologischen Drangsalierung, sondern nahm nur die hemmungsloseren der liberalen Oligarchen und die direkten Einflussagenten, die in ihrer Missachtung der Gesetze unverschämt wurden, an die Kandare. Indem er intuitiv die Erhaltung und Sicherung der russischen Souveränität anstrebte, geriet Putin in Konflikt mit dem liberalen Westen und seinen Globalisierungsplänen, ohne jedoch seine Maßnahmen zu einer alternativen Ideologie auszuarbeiten. Das lag hauptsächlich daran, dass es nur so wenige überzeugte Liberale in Russland gab.

Ein echter Liberaler ist derjenige, der in Übereinstimmung mit den Grundsätzen des Liberalismus handelt, auch wenn das mit

---

»Schocktherapiemethode« für die Überführung der russischen Ökonomie von Planwirtschaft zu Marktwirtschaft, einschließlich der sofortigen Abschaffung staatlicher Regulierung und Einführung liberaler Reformen. Diese Politik war kontrovers, weil sie viele Russen in Armut stürzte. Hrsg.

14 Anatoli Tschubais (geb. 1955) ist ein russischer Politiker, der unter Jelzin als stellvertretender Premierminister diente. Nach dem Zusammenbruch der Sowjetunion wurde er mit der Privatisierung der russischen Industrie beauftragt. Hrsg.

15 Während der Münchener Sicherheitskonferenz am 10. Februar 2007 kritisierte Putin die amerikanische Hegemonie und die — in seinen Worten — maßlose Gewaltanwendung der USA in internationalen Konflikten wie im Irak; eine solche Politik setze das Völkerrecht herab und führe zu einem Wettrüsten. Hrsg.

ernsten Konsequenzen, Repressalien und sogar dem Verlust des Lebens verbunden sein könnte. Wenn Menschen sich nur dann als Liberale gebärden, wenn Liberalismus erlaubt, modisch oder sogar verpflichtend ist, und diese Prinzipien beim geringsten Gegenwind zu verleugnen bereit sind, hat ein solcher »Liberalismus« nichts mit dem echten Liberalismus zu tun. Es scheint, dass Chodorkowski,[16] die »Ikone« heutiger russischer Liberaler, das verstanden hat, nachdem er einige Zeit im Gefängnis verbrachte. Mir scheint jedoch, dass er darin eine Ausnahme unter den Liberalen darstellt, die in Freiheit sind.

Der Kreuzzug gegen den Westen

So sehr der Liberalismus heute auch seine Alternativlosigkeit verkünden mag: In der Menschheitsgeschichte gibt es immer eine Wahl. Solange der Mensch lebt, kann er frei wählen; sowohl das, was alle wählen, als auch das, was niemand wählt. Der Liberalismus (und übrigens auch die USA und der Westen) bietet sich heutzutage nicht als eine Möglichkeit von vielen an, sondern bezeichnet sich als einzig mögliche Wahl. Das ist keine gewöhnliche Willkür: Die Logik der politischen Geschichte der Moderne steht für die Stichhaltigkeit einer solchen Herangehensweise.

Man könnte natürlich denken, dass vielen Menschen in der Welt zu spät bewusst geworden sei, was am Ende des 20. und am Anfang des 21. Jahrhunderts vor sich ging, und dass sie aus Gewohnheit an den Sozialismus, den Kommunismus und sogar die Religion glauben. Oder vielleicht akzeptiert jemand den Liberalismus aus anderen, örtlich oder individuell bedingten Gründen nicht — beispielsweise nachdem er festgestellt hat, dass er in einem solchen System zu den

---

16 Michail Chodorkowski (geb. 1963) ist ein russischer Oligarch, der nach dem Zusammenbruch der Sowjetunion mit der Ausbeutung der sibirischen Ölfelder Milliarden verdiente und 2004 der reichste Mann Russlands war. Chodorkowski, Vertreter einer liberalen Politik und Putinkritiker, wurde 2003 wegen Betrugs angeklagt und zu einer Haftstrafe verurteilt, woraufhin sein Geschäftsimperium zusammenbrach. Gerüchteweise wurde seine Haft arrangiert, um einen Rivalen Putins zu beseitigen. Er wurde 2013 entlassen. Hrsg.

»Verlierern« zählt. Das ist aber nicht viel wert: Alle systematischen und fundamentalen Alternativen werden vernichtet, und irgendjemandes randständige, traurige und unüberlegte Unzufriedenheit bewirkt — politisch-ideologisch betrachtet — rein gar nichts.

Nichtsdestoweniger kann (und — meiner Meinung nach — muss!) der Liberalismus (und auch der Postliberalismus) sogar in der neuen Ära seines offensichtlichen Zwangscharakters abgelehnt werden. Und wenn hinter ihm die ganze Macht der Trägheit der Moderne, des Geists der Aufklärung und der Logik der politischen und wirtschaftlichen Geschichte der europäischen Menschheit in den letzten Jahrhunderten steht, dann muss er eben mitsamt der Moderne, der Aufklärung und der ganzen europäischen Menschheit abgelehnt werden. Mehr noch: Nur die Anerkennung des Liberalismus als Schicksal, als grundlegende Strömung, die den Verlauf der westeuropäischen Geschichte beinhaltet, wird uns ermöglichen, wirklich »Nein!« zu sagen. Wir müssen ihn in seiner Funktion als globalen metaphysischen Faktor ablehnen, nicht als konkrete, versehentliche Entartung oder als Verzerrung einer normalen Entwicklung. Der Weg, den die Menschheit im Zeitalter der Moderne einschlug, hat zu eben diesem Liberalismus und der Zurückweisung von Gott, Tradition, Gemeinschaft, Volk, Imperien und Königreichen geführt. Ein solcher Weg geht sich ganz logisch: Nachdem er sich dafür entschieden hatte, sich von allem zu befreien, was ihn in Schach hielt, erreichte der moderne Mensch seinen logischen Gipfelpunkt: Er wird vor unseren Augen von sich selbst befreit.

Die Logik des Weltliberalismus und der Globalisierung zieht uns in den Abgrund der postmodernen Auflösung und Virtualität hinab. Unsere Jugend ist bereits halb darin versunken, denn die Kodizes des liberalen Globalismus werden effizient auf unbewusster Ebene eingeführt — durch Angewohnheiten, Werbung, Glamour, Technologie, die Medien, Prominente. Der Verlust der Identität ist mittlerweile ein gängiges Phänomen, und längst nicht nur der der nationalen oder kulturellen Identität, sondern auch der sexuellen und schon bald sogar der menschlichen. Und die Verteidiger der Menschenrechte, die die Tragödie ganzer Völker nicht wahrnehmen, die sie ihrem grausamen Plan einer »Neuen Weltordnung« opfern, werden morgen wegen der Diskriminierung von Cyborgs oder Klonen aufschreien.

Die Weigerung des Volks, den Liberalismus anzunehmen, ist völlig verständlich und allgegenwärtig. Sie wird aber kraft- und wirkungslos bleiben, bis wir anerkennen, dass wir es nicht mit einem Unfall, sondern mit etwas Systembedingtem zu tun haben; nicht mit einer vorübergehenden Abweichung von der Norm, sondern mit einer tödlichen, unheilbaren Krankheit, deren Ursprünge wir in jenen Zeiträumen suchen müssen, in denen vielen Menschen alles noch makellos und rein erschien und die Menschheit in eine Ära des Fortschritts, der Weiterentwicklung, der Freiheit und Gleichberechtigung einzutreten schien. Das aber war nur ein Abglanz der kommenden Agonie. Der Liberalismus ist ein absolutes Übel, und zwar nicht nur in seiner handfesten Ausgestaltung, sondern auch in seinen grundlegenden theoretischen Voraussetzungen. Und sein Sieg, sein weltweiter Triumph unterstreicht und veranschaulicht nur seine niederträchtigsten Aspekte, die zuvor verschleiert worden waren.

Die »Freiheit von« ist die widerwärtigste Formel der Sklaverei, denn sie verführt den Menschen zur Rebellion gegen Gott, gegen traditionelle Werte, gegen die moralischen und spirituellen Grundlagen seines Volks und seiner Kultur.

Selbst wenn der Liberalismus alle offiziellen Auseinandersetzungen gewonnen und uns tatsächlich an den Rand eines »amerikanischen Jahrhunderts« gebracht hat, steht uns der wahre Kampf erst noch bevor. Aber er findet erst dann statt, wenn wir die wahrhaftige Bedeutung der Vergangenheit wirklich verstanden haben werden; wenn die metaphysische Bedeutung des Liberalismus und seines verhängnisvollen Siegs in vollem Ausmaß bekannt sind. Dieses Übel kann nur beseitigt werden, wenn man es mit der Wurzel ausreißt, und ich schließe nicht aus, dass ein solcher Sieg erfordern könnte, all jene geistigen und konkreten Scheinheiligkeiten vom Angesicht der

Erde zu tilgen, denen die weltweite Irrlehre entsprungen ist, wonach der Mensch das »Maß aller Dinge« sei.[17] Nur ein globaler Kreuzzug gegen die USA, den Westen, die Globalisierung und ihre politisch-ideologische Ausprägung, den Liberalismus, kann eine angemessene Erwiderung darstellen.

Die Ausarbeitung der Ideologie dieser Kreuzzugskampagne ist zweifellos eine Aufgabe, die Russland nicht allein bewältigen sollte, sondern zusammen mit all jenen Weltmächten, die auf die eine oder die andere Weise dem »amerikanischen Jahrhundert« entgegenstehen. Nichtsdestoweniger muss diese Ideologie in jedem Fall mit der Anerkennung der fatalen Rolle des Liberalismus beginnen, die den Weg des Westens von dem Moment an bestimmte, in dem er die Werte Gottes und der Tradition zurückwies.

---

17 Diese Aussage stammt ursprünglich vom griechischen Philosophen Protagoras (ca. 490–411 v. Chr.). Weil das Zitat nur als Fragment überliefert ist, sind sein ursprünglicher Kontext und seine Bedeutung umstritten. Hrsg.

10. DIE ONTOLOGIE DER ZUKUNFT

GIBT ES EINE ZUKUNFT? Das ist eine berechtigte Frage, denn sie regt zum Nachdenken über die Ontologie der Zeit an. *Was existiert*, oder wenigstens: Was existiert jetzt gerade? Gerade weil es jetzt gerade existiert, erscheint es der großen Mehrheit unserer direkten, empirischen Wahrnehmungen richtig. *Was existiert hat*, oder die Fakten über das, was früher einmal war, wird durch historische Bestandsaufnahmen und andere Überbleibsel belegt. Aber in beiden Fällen sind Fälschungen und Missverständnisse möglich. Daher ist die Existenz dessen, was *noch kommen wird*, bestenfalls fraglich.

In *Sein und Zeit* sprach Martin Heidegger von drei Ekstasen der Zeitlichkeit, nämlich der Gewesenheit, der Gegenwart und der Zukunft. Offenbar gibt es drei diesen Ekstasen entsprechende ontologische Argumente: der Augenblick (es gibt/es gibt nicht) bezieht sich auf die Gegenwart; die Wiederholung (es gab/es gab nicht) auf die Gewesenheit; das Vorlaufen (es wird geben/es wird nicht geben) auf die Zukunft. Es scheint, als könnten wir anhand der Sachlage eine Hierarchie bilden: Es ist, es war, es wird sein. »Es ist« liegt am deutlichsten vor Augen. »Es wird sein« ist das Zweifelhafteste. »Es war« liegt dazwischen. Die Zukunft ist die unzuverlässigste der drei Ekstasen der Zeitlichkeit. Mit der Zukunft kann man im gleichen Maße rechnen wie mit »es ist« oder »es war«. Das, was »war«, gab es tatsächlich, oder wir glauben es zumindest aufgrund der vorliegenden Beweise. Über die Zukunft kann man sich nie sicher sein. Jedes nur erdenkliche Ereignis könnte eintreten, wird es aber sehr wahrscheinlich nicht. Deshalb mangelt es der Zukunft im Vergleich zu den anderen Ekstasen der Zeit an »Sein«.

Von diesem Standpunkt aus können wir in verschiedene Richtungen weitergehen. Wir könnten beispielsweise die Stichhaltigkeit der ontologischen Argumente in Frage stellen, die den offenkundigsten Moment betreffen — die Gegenwart. Das ruft Kant und seine Zweifel am inneren Wesen des Objekts in Erinnerung. Die Tatsache der schlichten Wahrnehmung einer Sache genügt nicht, um ihre Existenz zweifelsfrei zu beweisen. Das ist das Rätsel des »Dings an sich« der Philosophie Kants. Nicht die *reine Vernunft*, sondern nur die *praktische Vernunft* verleiht — basierend auf dem moralischen Imperativ — einem Objekt das Sein. Ein Objekt sollte Sein besitzen. Es wäre besser, wenn es es hätte. Deshalb muss es es haben.

Wenn das »Sein« der Gegenwart als des offenkundigsten aller Zeitpunkte ernsthaft bezweifelt werden kann, dann haben wir einen interessanten Punkt erreicht: Alle drei Zeitpunkte sind demnach nicht ontologisch beweisbar, lassen sich nicht verifizieren und betreffen nur die gnoseologische Ebene, also die Erkenntnisphilosophie und das menschliche Lernvermögen. Dies stellt der Gegenwart ein schlechtes Zeugnis aus, deren Wirklichkeit wir gewöhnlich voraussetzen, wirkt sich aber auf die beiden anderen Momente, Gewesenheit und Zukunft, positiv aus. Gewesenheit und Zukunft erhalten dadurch die gleiche Beachtung wie die Gegenwart. Aus Sicht der reinen Vernunft haben Gegenwart, Gewesenheit und Zukunft den gleichen phänomenologischen Wert. In diesem Fall *ist* die Zukunft das Phänomen, und deshalb *ist* sie, phänomenologisch gesehen. Als das Phänomen selbst *ist* die Zukunft und *ist real*. Die Zukunft ist demgemäß eine Tatsache.

In seiner Analyse der apriorischen Formen der Empfindungen ordnet Kant die Zeit dem Subjekt und den Raum dem Objekt zu. Das bedeutet, dass die Zeit der Subjektsphäre am nächsten liegt. Zeit ist folglich subjektiv. Es ist das transzendentale Subjekt, das die Zeit in die Objektwahrnehmung hineinbringt.

Wir wollen jetzt den Blickwinkel wechseln und die Zeit phänomenologisch überdenken. Husserl schlug vor, die Zeit vermittels der Musik zu studieren. Das Bewusstsein, Musik zu hören, beruht nicht auf dem Erkennen einzelner Noten. Musik zu hören, ist etwas anderes, als eine konkrete, im jetzigen Augenblick erklingende Note zu hören. Ein Bewusstsein von Musik entsteht dadurch, dass man eine einzelne Note in der Gegenwart hört und sich gleichzeitig an die vergangenen Noten erinnert, die nach und nach im Nichts verschwinden. Sie klingen im Bewusstsein nach und verleihen der Musik ihren ästhetischen Sinn. Husserl nennt das »Retention«. Die Vergangenheit ist in der Gegenwart präsent. Die Gegenwart gewinnt dadurch Zusammenhang und schließt die Vergangenheit als schwindende Gegenwart ein.

Das ist der methodologische Schlüssel zum Verständnis der Geschichte. Geschichte ist das Bewusstsein des Vorhandenseins der Vergangenheit in der Gegenwart. Die vorübergegangenen Ereignisse hallen in der Handlung des Erinnerns nach. Klio und Polyhymnia, die Musen der Geschichte und der Zeit in der griechischen Mythologie, sind Schwestern. Es ist notwendig, sich daran zu erinnern, um unserer Gegenwart einen Sinn zu verleihen. Die *Anamnesis*[1] Platons hat die gleiche Funktion. Die Seele soll sich an die verborgene Vergangenheit ihrer vorangegangenen Leben erinnern, um die Ganzheitlichkeit der Melodie des Schicksals wiederherzustellen. Nur so kann sie in harmonischer Weise gespielt werden.

Die Zukunft muss also in diesem Zusammenhang verstanden werden. Die Zukunft schließt fortwährend an die Gegenwart an. Nicht im Moment des *Novums*, der Neuigkeit, sondern im Prozess des Verklingens der Gegenwart in der Gewesenheit. Die Zukunft ist die Schlussphase der Gegenwart, ihr Nachklang. Wir leben die

---

[1] Platon zufolge, der das Konzept in den sokratischen Dialogen *Menon* und *Phaidon* behandelte, wird die Seele wiederholt in einer Abfolge von Körpern wiedergeboren, wobei sie jedes Mal alles vergisst, was sie in den früheren Leben wusste; daher sei das Lernen in Wahrheit ein Erinnern an zuvor Gewusstes und keine Aneignung neuen Wissens. Diesen Prozess nannte Platon *Anamnesis*. Hrsg.

Zukunft gerade jetzt und bereits jetzt, während wir die Note der Melodie des Lebens spielen. Die Zukunft ist der Vorgang des Todes der Gegenwart, die Aufmerksamkeit richtet sich auf das Aufgehen der Melodie in der Totalität der Harmonie. Das *Novum* erscheint nur dann in der Zukunft, wenn die Harmonie verlorengeht, wenn die Aufmerksamkeit einschläft, dann schrecken wir jäh aus dem Schlaf und können die Töne, die wir hören, nicht mehr erkennen. Im ersten Moment ergeben sie einfach keinen Sinn. Das ist das *Novum*: spontane Verständnislosigkeit gegenüber dem, was in der Ekstase der Zeit geschieht. Es ist die Natur eigenständiger, zusammenhangloser Ereignisse. Es ist der verschobene Moment eines Daseins ohne Geschichte, also ohne ein Gefühl von Erkenntnis und Bewusstsein.

Edmund Husserl ist viel tiefer in die Phänomenologie der Zeit eingedrungen. Er entdeckte die neue Instanz des Bewusstseins unterhalb des Niveaus, auf dem wir die Natur der Zeit, wie die Musik sie erhellt, wahrnehmen. Husserl zufolge gibt es unterhalb dieser Stufe noch eine weitere, eine endgültige, die für unsere Wahrnehmung des jetzt Seienden anhand der Beweislage und eine viel intensivere Wahrnehmung der Realität, die an die immer aufs Neue dahinsterbende Vergangenheit erinnert, verantwortlich ist. Diese Instanz ist das Bewusstsein selbst, das Bewusstsein als solches, das der Intentionalität und der dualen Natur des Begreifens vorausgeht, das zwangsläufig zweigeteilt ist in Wahrgenommen-Werden und Wahrnehmen. In der Gegenwart nimmt das Bewusstsein nur sich selbst und nichts anderes wahr. Das ist die endgültige Erfahrung der letzten Quelle der Realität. Nach Husserl liegt die Basis allen Bewusstseins in der transzendentalen Subjektivität, in der es sich in einer Art Kurzschluss selbst begreift. Diese Erfahrung ist selbstbezogen. In ihr liegt die Wahrnehmung des reinen Seins als Gegenwart der Subjektivität des Bewusstseins.

Dieser Kurzschluss verursacht Dualismen aller Art — logischer und temporaler Natur. Das Bedürfnis nach einem Ende dieses Traumas ist in der Schaffung der Zeit, der Zusammenfügung der drei zeitlichen Momente, mit Händen zu greifen. Es bedarf eines

Bewusstseins von Zeit, um die Gegenwart zu verbergen, denn sie ist die traumatische Erfahrung der selbstbezogenen Natur reinen Bewusstseins. Intentionalität und logische Urteile wurzeln allesamt in dieser Ausweichbewegung vor der Wahrnehmung der schmerzlichen Leere, in der sich das Bewusstsein seiner selbst bewusst wird.

Ein solcher Blickwinkel auf die Stufen des Bewusstseins erklärt den Ursprung der Zeit mit einem Ausweichen vor der Gegenwart und der unerträglichen Anspannung durch das alleinige Vorhandensein derselben. Diese Anspannung wird durch die Entfaltung aller nur vorstellbaren Arten von Dualitäten, die das Gewebe des unablässigen Fortschreitens der Zeit bilden, schlagartig aufgelöst. Das Modell dieses Prozesses ist die Schöpfung der drei zeitlichen Momente. Die logischen und räumlichen Symmetrien folgen dem nach — Dualitäten wie ja/nein, wahr/falsch, hoch/tief, rechts/links, hier/dort usw. Vorher/nachher marschiert im Gleichschritt mit. Zeit konstituiert ein Bewusstsein, das vor der unerträglichen Konfrontation mit sich selbst flieht. Diese Konfrontation ist jedoch unausweichlich, und so entstehen die Gegenwart und die hohe Präzision ihrer existentiellen Wahrnehmung.

Was ist der wichtigste Aspekt dieser Auslegung der Morphologie der Zeit? Es ist die Vorstellung, dass die Zeit dem Objekt vorausgehe und wir bei der Konstruktion von Zeit eine *innere* Tiefe des Bewusstseins suchen sollten, kein Bewusstsein, das in *äußeren* Phänomenen wurzelt, die durch den subjektiven Prozess traumatischer Selbstbewusstwerdung konstituiert werden. Die uns umgebende Welt wird erst durch die grundlegende Handlung des *Vergegenwärtigens*, die der Geist vollbringen muss, zu dem, was sie ist. Wenn der Geist schläft, fehlt der Realität das Gefühl eines gegenwärtigen Daseins. Sie ist völlig in einen kontinuierlichen Traum eingetaucht. Die Welt wird durch die Zeit geschaffen, und Zeit ist ihrerseits die Manifestation selbstbewusster Subjektivität, eine *Intrasubjektivität*.

Diese Bemerkungen führen uns zu Überlegungen über die Zukunft — Prognosen, Ausblicke und Analysen.

Wenn wir vom Menschen zur Gesellschaft und von Anthropologie zu Soziologie übergehen, können wir bestätigen, dass die Zukunft etwas absolut Subjektives und in diesem Zusammenhang also etwas Gesellschaftliches ist. Die Zukunft ist gesellschaftlich, weil sie eine geschichtliche Besonderheit darstellt und der Natur eines Objekts nicht immanent ist. Das Objekt hat keine Zukunft. Die Erde, Tiere, Steine, Maschinen — sie alle haben keine Zukunft. Nur das, was im menschlichen gesellschaftlichen Kontext liegt, kann an der Zukunft teilhaben, und dann nur indirekt. Ohne ein selbstbezogenes Bewusstsein kann es keine Zeit geben. Zeit ist das, was in uns liegt und uns dazu macht, was wir sind. Zeit ist die ultimative Identität des Menschen.

Diese Subjektivität der Zeit impliziert nicht, dass Prognosen zu selbsterfüllenden Prophezeiungen werden, wie Robert K. Merton[2] glaubte, oder dass irgendein Ereignis *a priori* umsetzbar ist. Die Zukunft ist streng determiniert, nicht spontan. Weil die Zeit geschichtlich ist, wird sie durch ihren geschichtlichen Inhalt exakt vorherbestimmt. Das Subjekt steht nicht außerhalb ihrer Struktur, es ist ihr vielmehr vollkommen unterworfen. Die Zeit braucht die Zukunft als Hohlraum für das fortwährende Verschwinden der Gegenwart und — zum Teil — auch der Vergangenheit. Ohne die Zukunft hätte das Subjekt nicht den notwendigen Raum zum Ausweichen vor der unmöglichen Begegnung mit sich selbst und vor dem oben erwähnten Kurzschluss. Der eingefrorene Moment der Gegenwart ohne eine Zukunft ist der des Todes.

Die Gesellschaft braucht die Zukunft, um immer weiter vor sich selbst zu fliehen. Die Aufzeichnung einer solchen Flucht ist der Sinn der Geschichte. Die Gesellschaft braucht eine Erzählung der

---

2 Robert K. Merton (1910–2003) war ein amerikanischer Soziologe. Zu den vielen von ihm entwickelten Konzepten zählt die »selbsterfüllende Prophezeiung«, die er in seinem Buch *Social Theory and Social Structure* (Glencoe 1949) beschrieb, wonach der Glaube oder die Erwartung einer sozialen Gruppe ihr Verhalten beeinflusst. Merton führt als Beispiel eine Frau an, die heiratet, aber davon überzeugt ist, dass ihre Ehe geschieden werden wird; ihre Erwartung beeinflusst ihre Handlungen und führt schließlich zu diesem Ergebnis. Hrsg.

Vergangenheit. Die Zukunft ist durch die Struktur des Subjekts vorgezeichnet. Deshalb ist sie streng definiert. Das Subjekt kann sich nicht selbst vom Vernunftgebrauch abhalten, es kann nicht *nicht* denken und die zeitlichen Rhythmen nicht selbst hervorbringen. Die Zukunft *ist*, im gleichen Maße wie Gegenwart und Vergangenheit. Wo es Zeit gibt, gibt es auch Zukunft.

Die Zukunft hat Sinn. Sie hat Sinn, noch bevor sie sich ereignet. Darüber hinaus hat die Zukunft Sinn, *selbst wenn* sie sich nie ereignen sollte. Darin liegt der semantische Wert von Prophezeiungen und Prognosen: Auch wenn sie nicht eintreten, sind sie mit Bedeutung aufgeladen und helfen dabei, die Gegenwart zu erklären. Außerdem helfen uns Prophezeiungen und Prognosen, die Bedeutung der Zukunft zu erkennen. Wenn die Zukunft die Erwartungen von Prophezeiung und Prognose widerlegt, so verleiht die Tatsache dieser Widerlegung der Zukunft einen Sinn, weil unser Verständnis von ihr zum Teil aus Unverwirklichtem besteht. Eine unerfüllte Prophezeiung ist ebenso bedeutsam wie eine erfüllte Prophezeiung.

Die Zukunft lässt sich ebenso präzise analysieren wie Gegenwart und Vergangenheit. Die einzigen Eigenarten der Zukunft sind die blitzartige Begegnung des tiefsten Bewusstseins mit sich selbst und der tiefe Schock durch ein bewusstes Verständnis der Gegenwart an sich. Die Gegenwart — das ist die Note, die gerade erklingt. Sie ist aber keine Musik und kann deshalb nicht analysiert werden. Die einzelne Note, für sich genommen, sagt nichts aus. Sie transportiert nichts. Sie wird nur verständlich, wenn man sie im Zusammenhang mit den anderen Noten des jeweiligen Stücks betrachtet. Der Kontext gibt ihr einen Sinn. Im Kontext der Zeit ist die Note also etwas Ganzes, das in den drei zeitlichen Momenten *a priori* angeordnet ist. Wir erfahren die Zeit in ihrer Totalität. Daher ist die Zukunft bereits im Sinn der Musik angelegt. Die Geschichte ist nicht nur unsere Erinnerung an das Vergangene. Sie ist auch die Erläuterung der Gegenwart und die Erfahrung der Zukunft. Wenn wir die Geschichte und ihre Logik durchschaut haben, können wir mit Leichtigkeit erraten, was folgt, was geschehen wird und welche Note als nächste kommen müsste. Wenn wir die Gesellschaft kennen, können wir in ihrer Geschichte die Harmonie, die Perioden, die Kehrreime und die Struktur der Komposition ausmachen. Natürlich könnten wir überrascht werden, aber das Überraschendste wäre die Möglichkeit eines authentischen Augenblicks, in dem die Selbsterkenntnis des reinen Bewusstseins erfahrbar wird. Es ist möglich, durch die Stärke dieses inneren Lichts der Selbstreflektion zu erwachen. In dieser traumatischen Situation entdecken wir zwischen den innersten und den äußersten Schichten unseres Bewusstseins unsere Identität. Wir leben in der Schöpfung der äußeren Welt durch das innere Selbst. Das aber ist nicht länger Geschichte; es ist ein Einbruch in die Geschichte, ein Vordringen in den Kern der Zeit, wo die Zeit unablässig hergestellt wird. Diesem Punkt entspringt die Zeit. Dort existiert sie in der ungeteilten Einheit aller drei Ekstasen — Gewesenheit, Gegenwart und Zukunft.

Zeit kann auf unterschiedliche Art und Weise konstruiert und organisiert werden. Die Vergangenheit kann auf verschiedenen Wegen mit Gegenwart und Zukunft verbunden werden. Diese *kreisförmige Zeit* beruht auf dem Muster einer ewigen Wiederkehr. Im Zentrum der kreisförmigen Zeit liegt die Erfahrung eines kurzschlussartig mit sich selbst verbundenen Bewusstseins. Die Kraft dieses Traumas weist unsere Wahrnehmung des Lebens ab und verbannt sie an den Rand, wo sie zur kreisförmigen Zeit wird, in der Zukunft Vergangenheit wird und es in alle Ewigkeit so weitergeht. Sie ist die ewige Wiederkehr des Gleichen.

Zeit kann als eine rückläufige Linie organisiert werden, als die *traditionelle Zeit*. Hier wird die Erfahrung des Kurzschlusses in die Vergangenheit verlegt. Das Ohr versucht, die fernen Geräusche der Vergangenheit zu erfassen und möglichst genau wiederzugeben. In der traditionellen Gesellschaft beruht die Zeit auf der unablässigen Mühe der Platonischen *Anamnesis*. Hier sind Gedächtnis und Überlieferung das Wichtigste. In dieser zeitlichen Organisation werden Zukunft und Gegenwart durch die Vergangenheit geschaffen.

Realität und Gegebenheit ziehen sich in die Vergangenheit zurück und werden dem Gedächtnis überantwortet.

Zeit kann auch als der dauerhafte Zustand des Wartens auf die Zukunft konstruiert werden. Das ist die endzeitliche oder messianische Zeit. Hier wird die Erfahrung des Kurzschlusses in die Zukunft projiziert. Die Geschichte wird sich in der Zukunft vollenden, wo die ultimative Natur der Wirklichkeit liegt. Diese zeitliche Organisation fokussiert das Kommende. Das Morgen ist der Brennpunkt des geschichtlichen Sinns. Das Sein richtet sich auf das zukünftige Leben hin aus.

Es gibt eine andere zeitliche Konstruktion, die objektgebunden ist und an den äußersten Rand des Subjekts gerückt wurde, wo die gegenständliche Welt festliegt. Diese Organisation der Zeit ist die *materielle Zeit*, Zeit, die in das Wesen der körperlichen Welt eingeführt wurde. Sie ist die Zeit des Gemetzels, des Todes des Subjekts.

Das Bewusstsein kann verschiedene Formen der Zeit und ihre Kombinationen konstruieren. Bevor es die mit Formen angefüllte Welt schafft, erzeugt das Subjekt die Form der Zeit, in der diese Welt existieren soll.

Die Geschichtsverläufe verschiedener Gesellschaften unterscheiden sich voneinander. Auch die Kompositionen, die Musiker, die Komponisten, die Instrumente, die Musikgenres und die verwendeten Notenschriften unterscheiden sich. Deshalb kann die Menschheit als Ganzes keine Zukunft haben. Sie hat keine Zukunft. Es hat überhaupt keinen Sinn, von der Zukunft der Menschheit zu sprechen, weil ihr jeglicher semantischer Wert fehlt, genauso wie ein Gefühl für diese unterschiedlichen gesellschaftlichen Konstruktionen von Geschichte und Zeit. Jede Gesellschaft ist ein eigenständiger Bewusstseinsakt, der sich auf rationaler und zeitlicher Ebene ausbreitet. Sie alle sind einzigartig und offen. Aber bevor wir die Geschichte einer bestimmten Gesellschaft erfassen können, müssen wir uns in die Tiefen ihrer Identität versenken. Die Tatsache, dass jedes Volk, jede Kultur und jede Gesellschaft eine eigene Geschichte hat, macht Zeit zu einem lokalen Phänomen, das auf der Geographie gründet. Jede Gesellschaft verfügt über ihre eigene Zeitlichkeit. Für jede Gesellschaft sind sämtliche zeitlichen Momente anders — Vergangenheit, Gegenwart und Zukunft. Gesellschaften können sich kreuzen und überschneiden, einander befruchten und zusammenwirken. Das gilt jedoch nicht für ihr Verständnis von Geschichte. Geschichte ist ortsgebunden. Ein gemeinsames Verständnis von Geschichte ist nur auf Grundlage der Vorherrschaft einer Gesellschaft über andere möglich, die den Versklavten ihre eigene Geschichte und dadurch ihre Identität aufzwingt.

Das heißt: Wenn eine Gesellschaft eine Zukunft haben soll, dann muss es ihre eigene sein. Ihre Zukunft wird durch Rückbindung an die wachsenden Kräfte des sie konstituierenden Subjekts geformt. Eine Gesellschaft wird durch das Gewebe des kollektiven Bewusstseins der Individuen geeint, die sie bilden. Das bedeutet, dass wir die semantischen Stufen unserer jeweiligen Vergangenheiten vereinen sollten. Es bedeutet ferner, dass die symphonische Natur einer gegebenen Kultur realisiert werden muss, um das harmonische Zusammenwirken der Noten und Melodien unserer eigenen, besonderen Komposition unter Beweis zu stellen. Die Vergangenheit verblasst, aber sie verlöscht niemals. Würde die Vergangenheit verlöschen, verlöre die Gegenwart ihren Sinn und die Zukunft die Möglichkeit, stattzufinden. Das Verblassen der Vergangenheit ist essentieller Bestandteil der Zeit. Es ist für die Morphologie der Zeit ganz genauso notwendig wie das Aufflackern der Gegenwart und die Unschärfe der Zukunft.

Deshalb sollten die Mitglieder einer Gesellschaft heute nach ihrer Zukunft fragen. Wenn sie eine Geschichte haben, könnten sie auch eine Zukunft haben. Wenn sie sowohl Geschichte als auch Zukunft haben, dann *sind* sie. *Sind* sie, dann ist die Zukunft jetzt gerade in der Gegenwart angelegt. Die Zukunft wird jetzt gerade erschaffen.

Auf dieser Grundlage können wir gleichermaßen Prognose und Entwurf etablieren. Nach Heidegger beschreibt der Begriff der *Geworfenheit* die Interaktionen zwischen Subjekt und Umgebung im

Alltagsleben, die es dazu veranlassen, instinktiv zu handeln, unmittelbar auf Reden und Handeln anderer zu reagieren, sich der jeweiligen Situation »anzupassen« und sie unmittelbar zu interpretieren. In eine Situation *geworfen* zu sein, ohne zuvor darüber nachdenken zu können, und deshalb gar nicht zu handeln, ist auch eine Handlung, denn das Reflektieren der Situation (also nicht zu handeln) ist ebenso etwas, das sich als Handlung verstehen lässt. Deshalb muss man auf instinktive Interpretationen zurückgreifen und mit dem Strom schwimmen. Die *Geworfenheit* des Subjekts, sein *Dasein*, zwingt es, sich selbst in die Zukunft zu projizieren. Etymologisch ist klar: »Subjekt« besteht aus *sub-* und *-jectum* (*sub-jacere*), »Projektion« aus *pro-* und *-jectum* (*pro-jacere*). In beiden Fällen finden wir das lateinische Verb für »werfen«. Darin wurzelt die Analyse der Zukunft: Indem wir die Zukunft erfassen, erschaffen wir sie. Deshalb besteht jedes Nachdenken über die Zukunft daraus, an der Geschichte und am Bewusstsein der Zeit an sich zu arbeiten.

Es steht zu bezweifeln, dass eine Gesellschaft eine andere jemals so verstehen könnte, wie sie von ihren eigenen Mitgliedern verstanden wird. Diese Möglichkeit würde die Existenz der Metagesellschaft voraussetzen, des Gesellschaftsgotts, der mit den äußersten Tiefen des Bewusstseins in gleicher Weise arbeiten könnte, wie das Bewusstsein mit Wahrnehmung, *Noesis*,[3] Absichtlichkeit, Logik, Zeit und schlussendlich der Welt arbeitet. Offensichtlich ist insbesondere die westliche Gesellschaft von einer solchen ethnozentrischen Herangehensweise und von »universalistischer« Überheblichkeit betroffen, die beide ihrer rassistischen und kolonialen Vergangenheit entspringen. Im 20. Jahrhundert wurde diese Anschauung jedoch als völlig unbegründet und falsch enttarnt. Strukturalisten, Soziologen, Kulturanthropologen,

---

3   *Noesis* oder *Nous* ist ein griechischer Begriff für Geist oder Intellekt. Die Neoplatoniker verstanden darunter den Prozess, durch den der Geist Materie in Form verwandelt, wobei Form mit Schönheit identifiziert wurde. Sie glaubten auch, dass Objekte sowohl durch den Verstand als auch durch die Seele transformiert werden könnten (wobei allerdings die Vernunft als perfektere Methode galt). Hrsg.

Postmodernisten, Phänomenologen, Linguisten, Existenzialisten usw. haben mit überzeugenden Argumenten aufgezeigt, dass die innere Natur einer solchen Einstellung vom Willen zur Macht und einer paranoiden Aufnötigung der eigenen Identität herrührt. Diese Krankheit nennt man westlichen Rassismus.

Der Westen ist ein lokales und historisches Phänomen. Er stellt eine sehr intensive Zivilisation dar, sehr speziell, sehr arrogant und sehr schlau. Aber er ist nur eine Zivilisation von vielen. Der Westen hat seine Geschichte, und er *ist* aufgrund seiner Geschichte. Der Versuch, diese Geschichte zugunsten eines reinen Universalismus, einer Metakultur und einer Metasprache aufzugeben, ist zum Scheitern verurteilt. Er kann nur zu einem der beiden folgenden Ergebnisse führen: Der Westen wird

1. entweder seine eigene Identität verlieren und zum Automaten werden

2. oder versuchen, seine eigene Geschichte, die er für universal hält, allen anderen Zivilisationen aufzuzwingen, wodurch er sie zerstört und eine Art globales Konzentrationslager für ihre Kulturen schafft.

Die erste Möglichkeit impliziert ein Ringen der Automaten mit der Menschheit. Die zweite impliziert eine unumgängliche weltweite Befreiungsbewegung, die diesen Neoimperialismus bekämpft. Der Westen muss selbst entscheiden, wie er mit den Folgen seiner Geschichte und ihrer Konsequenzen umgehen möchte. Der Westen kann versuchen, seine Geschichte abzuschließen, aber er wird es wahrscheinlich nicht schaffen, die Geschichte aller anderen abzuschließen.

Jetzt ist die Zeit, den Kampf um das historische Sein der Gesellschaften aufzunehmen. Dieses historische Sein ist die Zeit, deren Sinn jeweils subjektiv gebildet wird. Dieser Sinn kann nur in einer konkreten Gesellschaft selbst liegen. Zeit wird sozial und subjektiv hergestellt. Der Westen kann den Sinn nichtwestlicher Gesellschaften nicht durchkreuzen. Die nichtwestlichen Gesellschaften, also der

»Rest«, können den Westen und seine Werte nicht verstehen. Sie irren sich immer wieder darin, zu glauben, sie könnten es. Das ist Unsinn. Sie können es nicht. Aber genauso können Westler den »Rest« nicht verstehen. Die Struktur der Subjekte, das Zeitgefühl und die Musik, das alles ist anders. Keine Metakultur kann Vergangenheit, Gegenwart und Zukunft historischer Gesellschaften aufdecken: Sie liegen zu tief und sind durch die zerstörerische Kraft des selbstbezogenen Moments vor fremden Augen geschützt, durch den Schock dieser immensen Spannung. Was für den Westen existiert, existiert für die anderen Kulturen nicht. Wir haben es also mit verschiedenen Auffassungen von Zeit und unterschiedlichen Wegen in die Zukunft zu tun.

Kommen wir endlich zum »Ende der Geschichte« und zur Globalisierung. Das Ende der Geschichte ist der logische Abschluss des Universalismus. Das Ende der Geschichte ist die Abschaffung der Zukunft. Die Geschichte schreitet voran und erreicht ihr Endstadium. Es gibt keinen Raum mehr, in den sich vordringen ließe. Mit Abschaffung der Zukunft wird die gesamte Struktur der Zeit, inklusive Vergangenheit, abgeschafft. Wie kann das sein? Es lässt sich mit dem gleichzeitigen Ertönen sämtlicher Noten, Motive und Melodien eines Musikstücks vergleichen, was in einer Kakophonie mit Heulen und Zähneknirschen endet. Gleichzeitig ruft es absolute Stille, Taubheit und Bitterkeit hervor. Dadurch wird es keinen Raum für die Verzeitlichung der inneren Spannung transzendentaler Subjektivität mehr geben; der Kurzschluss würde exponentiell anwachsen, ohne die Möglichkeit, abgeleitet zu werden. Das bedeutet das Aufflammen eines Brands, desselben Feuers, das gewöhnlich zusammen mit dem Schwert auftritt.

Um den Feuersturm und das Schwerterklirren zu verhindern, die auf ein Schließen des zeitlichen und logischen Entlastungsventils folgen würden, wird die Welt versuchen, das Bewusstsein in Netzwerken und Virtualität einzuwickeln, in die es vor dem Innendruck der Selbsterkenntnis problemlos flüchten kann. Wenn das gelingt, dann entsteht die neue Welt des Maschinenreichs. Die weltumspannenden

Netzwerke und der Cyberspace lassen nur die Existenz von Postmenschen, Postgesellschaft und Postkultur zu. An die Stelle des Feuers werden Blitzschlag und Elektrizität treten. Bisweilen heißt es, Fukuyama sei bereits ein Roboter.

Die Globalisierung ist gleichbedeutend mit dem Ende der Geschichte. Beide gehen Hand in Hand. Sie sind begrifflich verbunden. Unterschiedliche Gesellschaften haben unterschiedliche Historien, also auch eine unterschiedliche Zukunft. Wenn wir allen auf der Erde existierenden Gesellschaften ein gemeinsames »Morgen« schaffen wollen, wenn wir eine globale Zukunft vorstellen wollen, dann müssen wir zuvor die Geschichte dieser anderen Gesellschaften zerstören, ihre Vergangenheit auslöschen, den fortlaufenden Augenblick der Gegenwart vernichten und die durch den Gehalt der historischen Zeit geschaffenen Realitäten virtualisieren. Eine »gemeinsame Zukunft« bedeutet die Tilgung partikularer Geschichte. Das aber bedeutet, dass es überhaupt keine Geschichte und also auch keine Zukunft mehr geben wird. Die gemeinsame Zukunft ist keine Zukunft. Die Globalisierung ist der Tod der Zeit. Die Globalisierung hebt die transzendentale Subjektivität Husserls genauso auf wie das »Dasein« Heideggers. Es gäbe nichts mehr, weder Zeit noch Sein.

Wir müssen mit der Verzweigung zeitlicher Konstruktionen umgehen. Es ist an der Zeit, diese Frage mit all ihrer impliziten Bedeutung zu stellen. Jetzt, am Anbruch des Endes der Geschichte, am Rande des Abgrunds des Posthistoires, könnten wir uns entscheiden, andere ontologische Antworten zu geben.

Wenn wir die Zukunft konstruieren, sollte sie keine globalen Ausmaße annehmen. Sie kann nicht nur eine einzige Zukunft sein; wir brauchen viele verschiedene Arten von Zukunft. Die transzendentalen Subjektivitäten, Kulturen und Gesellschaften können Räume für die Freisetzung von Energien offenhalten, die durch die Begegnung mit sich selbst entstehen, ebenso für den erwähnten Kurzschluss durch Verzeitlichung: Das garantiert das Bestehen der Außenwelt und die Fortsetzung der (immer und notwendig) ortsgebundenen

Geschichte. Die Zeit wird weiterlaufen, und die Welt als Erfahrung wahren *Anwesens* im Sinne Heideggers wird durch die Struktur der tiefen Subjektivität gestützt werden. Geschichte wird lokal bleiben. Die gemeinsame Geschichte muss eine Symphonie der unterschiedlichen, von den einzigartigen chronologischen Rhythmen der Zeiten geschaffenen Melodien der örtlichen Geschichten sein, nicht ein einzelnes Stück, das versucht, den Rest zu übertönen und auszublenden, bis es zum einzigen noch hörbaren Klang geworden ist.

Die nächste Frage lautet: Bildet die Formalisierung des Nationalstaats die Struktur des transzendentalen Subjekts als Schöpfer der Geschichte korrekt und vollständig ab? Wird die künftige historische Zeit zwangsläufig national (wie von der Moderne konstruiert) oder doch auf andere Weise ausgedrückt werden? Vielleicht wird sie zu vormodernen Formen zurückkehren? Wenn Huntington Zivilisationen heraufbeschwört, gesteht er ein, dass sich entwickelnde Örtlichkeiten und lokale Identitäten möglicherweise von den bestehenden, künstlich geschaffenen Nationalstaaten unterscheiden könnten. Zivilisationen sind kulturelle und religiöse Gemeinschaften — nicht ethnisch-nationale. Wir könnten uns einen Rückschritt in die vornationale Richtung vorstellen (islamische Integration), einen Schritt nach vorn in die postnationale Richtung (Europäische Union oder Eurasische Union), oder wir könnten dulden, dass andere Zivilisationen in nationalstaatlicher Form existieren. Die historischen Narrative und die Weise, auf welche die Politik Zeit formalisiert, könnten geändert werden. Das bedeutet im geschichtlichen Sinne, dass es viel zu tun gibt. Während jemand lebt, kann er nicht nur die Zukunft verändern, sondern auch die Vergangenheit. Eine Geste oder bedeutungsvolle Aktion in der Gegenwart verleiht der Vergangenheit einen neuen Sinn. Erst nach dem Tod geht jemandes Vergangenheit in den Besitz eines anderen über. Deshalb ist die Geschichte von Völkern, Gesellschaften und Kulturen offen. Sie haben die Möglichkeit, die erstaunliche Wende zu vollziehen, die es braucht, um ihre Vergangenheit aus einer neuen Perspektive zu betrachten. Geschichte ist also Musik und das Werk der Musen.

Ist es Zivilisationen vorherbestimmt, miteinander zu kollidieren? Das ist nicht in Stein gemeißelt: In der Geschichte gibt es keine linearen Regeln. Verschiedenheit führt nicht zwangsläufig zu Konflikt und Kampf. Natürlich kennt die Geschichte den Krieg, aber sie kennt auch den Frieden. Es hat immer schon Krieg und Frieden gegeben. Es wird immer Krieg und Frieden geben. Sie dienen dazu, die Spannung und Belastung der Gegenwart abzubauen. Sie entfesseln und unterwerfen Schrecken und Tod. Totaler Krieg und totaler Friede sind gleichermaßen mörderisch.

Die Kontinuität der Geschichte ortsgebundener Gesellschaften anstelle einer einzigen, universalen Erzählung wird zur Erhaltung des Seins führen und damit dazu, dass es für die Zukunft möglich wird einzutreten.

Die zweite Möglichkeit ist die Globalisierung. Sie widerruft die Zukunft und bedarf der Heraufkunft der Postmenschheit. Sie schafft eine Postwelt, die aus Simulakren und virtuellen Strukturen besteht. An die Stelle des transzendentalen Subjekts, des *Daseins*, tritt die Gesellschaft als großes Rechenzentrum, als Matrix oder Supercomputer. An die Stelle der Zeit treten Simulakren von Vergangenheit, Gegenwart und Zukunft. Das Simulakrum der Vergangenheit ist das falsche Gedächtnis, das Ergebnis künstlichen Einflusses, der das geschichtliche Gedächtnis umschreibt. Diese Absonderung des transzendentalen Subjekts macht die Vergangenheit veränderbar wie eine raubkopierte DVD. Eine alternative Fassung der Gesellschaft ließe sich als »Prequel« hinzufügen. Ein solcher Austausch der Vergangenheit ist technisch möglich. Hinreichende Kontrolle über die Gegenwart macht die Vergangenheit leicht umschreibbar.

Der Austausch der Zukunft folgt aus dieser Manipulation. Wenn man zwei grundverschiedene Musikstücke mischt und übereinanderlegt, entsteht in der Zukunft eine Kakophonie der Echos. Die Zukunft ist gelähmt, und die Bedeutungen der Zeit verschwimmen, spalten sich auf und vervielfachen sich.

Es ist etwas komplizierter und erfordert mehr Raffinesse, die Gegenwart zu manipulieren. Um sie zu beseitigen, muss die transzendentale Subjektivität nicht nur abgeschottet, sondern ausgerottet werden. Das erfordert den Übergang vom Menschen zum Postmenschen.

Entwicklungen in der Erforschung des menschlichen Genoms, das Klonen, Fortschritte in der Robotik und neue Generationen von Cyborgs, all das bringt uns der Heraufkunft der Postmenschheit näher. Ziel dieses Vorgangs ist das Hervorbringen von Kreaturen ohne einen Hauch von Subjektivität, die über keine existentielle Dimension verfügen. Simulakren können nicht nur aus Vernunft, sondern auch aus Unkenntnis erzeugt werden. Der wichtigste Aspekt dieses Prozesses ist die Abschaffung der Gegenwart. Solche postmenschlichen Kreaturen und leblosen Objekte — Tiere, Fahrzeuge, Pflanzen, Steine und dergleichen — haben kein Gespür für die Gegenwart.

Wenn die Globalisierung weitergeht, wie sieht dann das Schicksal der Subjektivität aus? Wie sieht die Ontologie einer Zukunft aus, die sich — wahrscheinlich — nie ereignen wird? Hier lässt sich eine eher unorthodoxe Theorie aufstellen. Nehmen wir an, dass Multipolarität eine Totgeburt ist, die Geschichte ihr Ende gefunden hat und der globalistische Entwurf Realität wurde. Wie wird die endgültige Austreibung der transzendentalen Subjektivität durchgeführt werden? Wie wird die »Letztentscheidung« hinsichtlich der Abschaffung des *Daseins* umgesetzt? Immerhin sollten die Menschheit und die Gesellschaften diese Entscheidung für sich selbst treffen, solange sie noch existieren. Es ist unmöglich, das Andere anzurufen, um es gegebenenfalls für die Entscheidung und ihre Folgen zu preisen oder ihm die Schuld zuschieben zu können. Solch ein Verweis auf das Andere ist nur zulässig, wenn das Selbst und das Andere ein und dasselbe sind. Verlieren wir unsere Identität, so verlieren wir auch unsere *Alterität*, die Fähigkeit zum »Anderssein« und damit auch die Fähigkeit, zwischen Selbst und Nicht-Selbst zu unterscheiden und folglich die Existenz einer alternativen Perspektive anzuerkennen. Wir sind dann die Drehbuchschreiber eines Endes der Geschichte, das uns ganz allein betrifft.

Wenn wir auf diese Weise die Existenz des Anderen ausgeschlossen haben, muss noch geklärt werden, wie der Mensch den letzten Akt der Selbstzerstörung bewerkstelligen kann. Wie kann er die Initiativen der Existenz auf die postmenschliche Welt übertragen, eine Welt, die mit dem Ende des letzten Menschen sofort verschwinden wird — und somit niemand mehr übrig sein wird, um sie zu bezeugen?

Das stellt ein gewichtiges Problem dar und erfordert ein noch tieferes Verständnis der Struktur des transzendentalen Subjekts, das die Zeit und ihre Ausformulierungen hervorbringt. Niemand sonst kann entscheiden, wie die Zeit zurückgesetzt oder einem Ende zugeführt werden soll, einem Ende, das wir nur selbst herbeiführen können, durch eine endgültige Selbstverbrennung, das Hochgefühl des Kurzschlusses. Daher trägt das Subjekt die Möglichkeit eines solchen Chronozids in sich. Die Globalisierung und das Ende der Geschichte lassen sich nicht auf jemandes Willen reduzieren, der nicht die Quelle der Zeitschöpfung ist, zumindest nicht innerhalb der Grenzen der immanenten Philosophie. Das kann folglich nur eines bedeuten: In den Tiefen der transzendentalen Subjektivität liegt eine weitere Schicht, die Husserl nicht freigelegt hat. Husserl war überzeugt, die letzte Schicht entdeckt zu haben. Nun zeigt sich, dass dem nicht so ist. Es muss eine weitere Dimension geben, die noch ihrer Entdeckung harrt — die verborgenste Dimension.

Wir können sie das »Radikale Subjekt« nennen.

Wenn Husserls transzendentale Subjektivität die Realität durch die Erfahrung einer Manifestation der Selbsterkenntnis bildet, dann findet sich das Radikale Subjekt nicht auf dem Weg hinaus, sondern auf dem Weg hinein. Es zeigt sich nur im Augenblick der ultimativen geschichtlichen Katastrophe, in der traumatischen Erfahrung jenes einen »Kurzschlusses«, der stärker ist und einen Moment länger andauert, als auszuhalten ist.

Dieselbe Erfahrung, durch die sich die transzendentale Subjektivität manifestiert und ihren Inhalt entfaltet, was wiederum die Zeit mit ihrer wesenhaften Melodie erzeugt, wird dem Radikalen Subjekt zur Einladung, sich auf eine andere Weise zu offenbaren — auf der anderen Seite der Zeit. Für das Radikale Subjekt ist die Zeit in all ihren Formen und Gestalten nichts weiter als eine Falle, ein Trick, ein Lockmittel, um die echte Entscheidung hinauszuzögern. Für das Radikale Subjekt stellen nicht nur Virtualität und elektronische Netzwerke das Gefängnis dar, vielmehr ist bereits die Realität selbst zu einem geworden: ein Konzentrationslager, Todesqualen, eine Tortur. Der Schlaf der Geschichte ist das Gegenteil des Zustands, in dem das Radikale Subjekt existieren, sich vollenden und etwas werden könnte. Die Schöpfung der Subjektivität, die die sekundäre Gliederung der Zeitlichkeit darstellt, ist ein Hindernis für seine Verwirklichung.

Wenn wir die These vom Radikalen Subjekt akzeptieren, stoßen wir sofort auf einen Beleg dafür, wer die Entscheidung zugunsten der Globalisierung, des Suizids der Menschheit und des Endes der Geschichte getroffen hat — dafür, wer diesen Plan erdacht und umgesetzt hat. All das kann demzufolge nur die drastische Gebärde des Radikalen Subjekts sein, das seine Befreiung von der Zeit in der Schaffung einer zeitlosen (unmöglichen) Realität sucht. Das Radikale Subjekt ist mit jeder Art von Zeit unvereinbar. Es fordert vehement eine Antizeit ein, die aus dem in radikalem Licht verklärten Freudenfeuer der Ewigkeit hervorgeht.

Wenn jeder und alles dahingegangen ist, bleibt nur das, was nicht vergehen kann. Vielleicht ist das der Grund für diese größte aller Bewährungsproben.

11. DIE NEUE POLITISCHE ANTHROPOLOGIE

Der politische Mensch und seine Abarten

Der Mensch als Funktion der Politik

WAS DER MENSCH IST, leitet sich nicht von ihm als Individuum her, sondern von der Politik. Es ist die Politik als Dispositiv der Gewalt und legitimen Macht, die den Menschen definiert. Es ist das politische System, das uns formiert. Darüber hinaus hat das politische System ebenso geistige und begriffliche Macht wie unbegrenztes transformatives Potential. Die Antwort auf die anthropologische Frage beruht auf der Machtstruktur in der Gesellschaft. Die Macht an sich besteht aus zwei Elementen: einerseits der Macht, das durch die staatlichen Institutionen in der Gesellschaft verankerte Paradigma zu bestimmen, andererseits der Macht, über die Gewalt zu bestimmen, die zur Integration dieses Paradigmas in die Gesellschaft gebraucht wird. Deshalb wird unsere politische Auffassung des Menschen in einer konkreten Gesellschaft von deren höchster Machtinstanz und ihrer Struktur bestimmt. Hier entspringt die Sphäre der politischen Anthropologie, die Lehre des politischen Begriffs vom Menschen. Es gibt aber auch das Konzept des politischen Menschen. Der Unterschied zwischen diesen beiden Kategorien ist, dass der politische Begriff vom Menschen der Begriff vom Menschen *als solchem* ist, das Staat oder politisches System uns verabfolgen. Der politische Mensch ist hingegen ein besonderes Mittel, den Menschen mit seinem Staat und seinem politischen System in Übereinstimmung zu bringen. Erst installiert der Staat oder das politische System diesen Begriff in uns, und im Anschluss werden uns unsere Rechte gleichzeitig gewährt und genommen.

Auf der vorbegrifflichen Ebene aber, der der politischen Anthropologie, liegt es an uns, uns unsere eigenen Rechte zu geben (oder zu nehmen) und einen politischen Status anzunehmen (oder zurückzuweisen). Wir glauben, dass wir eine *Causa sui* seien, Ursache unseres eigenen Seins, und uns nur dann in der Sphäre der Politik wiederfänden. Es ist jedoch die Politik, die uns konstituiert. Es hängt von der Politik ab, ob wir in einer Geburtsklinik oder auf offenem Feld geboren werden und ob man uns anschließend in ein elektrifiziertes Krankenzimmer oder eine dunkle, verrauchte Hütte trägt. Die Politik verleiht uns unseren politischen Status, unseren Namen und unsere anthropologische Struktur. Die anthropologische Struktur des Menschen wandelt sich, wenn das politische System wechselt. Mit dem Übergang von traditioneller zu moderner Gesellschaft erhalten deshalb der politische Mensch und ebenso die politische Anthropologie neue Formen. Wenn wir innerhalb der Grenzen konventioneller politisch-anthropologischer Strukturen bleiben, die in meinem Buch über die Philosophie der Politik ausführlich dargelegt wurden, so lassen sich zwei Eindrücke betonen. Erstens können wir aussagen: »Seht nur, wie groß die Umwälzung in der politischen Anthropologie ist, die sich durch den Übergang vom traditionellen zum modernen Staat ereignet hat!« Es mag uns verblüffen oder erstaunen, dass nicht nur die politischen Institutionen, sondern auch der Mensch selbst auf grundlegendster Ebene verändert werden. Darauf folgt aber die unvermeidliche Einsicht, dass wir gerade dabei sind, den politischen Modus von der Moderne hin zur Postmoderne zu verschieben, und wir erkennen, dass wir einer völlig neuen Lage gegenüberstehen. Aus unserem Blickwinkel wird klar, dass die Parameter von traditioneller und moderner Gesellschaft ineinander übergehen. In der Tat wurde

Homo politicus, der politische Mensch, in beiden Weltanschauungen verkündet. Seitens der Moderne haben wir natürlich das vernunftbasierte, autonome Individuum; am anderen Pol steht ein Partikel einer gewissen ganzheitlichen Gesamtheit. Die Postmoderne ihrerseits verkündet, es gebe gar keine Unterschiede zwischen diesen beiden Typen von Gesellschaft, Politik und Begriffen vom Menschen. Es ist unbedeutend, ob dieser Mensch nach liberalem, individualistischem Ansatz oder gemäß dem ganzheitlichen *Eidos* konstituiert wird;[1] am Ende steht immer der Mensch.

Grenzen der Postanthropologie und Ursprung der Postpolitik

In diesem Stadium können wir völlig neue Symptome herausstellen, die dem durch die Politik der Postmoderne geschaffenen Menschentypus eigen sind: *Entpolitisierung*, *Autonomisierung*, *Mikroskopisierung* und *Sub-* sowie *Transhumanisierung*. Das heißt: Der Mensch wird heute nicht mehr als Ganzes betrachtet — seine Teile werden als unabhängig angesehen. Es sind seine Begehrlichkeiten, Emotionen, Stimmungen und Neigungen, die zählen. Während einerseits die Aufmerksamkeit vom Individuum auf eine subindividuelle Ebene verlagert wird, verschmilzt andererseits diese Ebene gleichzeitig mit anderen Subindividuen; sie tritt also in den Bereich des Transindividuellen ein. Das Chaos eines heutigen Clubs lässt sich als Metapher dieser Transindividualität sehen. Bei einer Quadrille und selbst beim Tanzen zu Rockmusik, die immer noch zur Spätmoderne gehört, kann man noch zwischen Paaren, Figuren, Ausdrucksstilen und Geschlechtern unterscheiden. Ein moderner Club aber wird von Kreaturen unbestimmten Geschlechtes, unklaren Aussehens und vager Identität bevölkert, die sich gleichförmig zum Takt der Musik bewegen. Darüber hinaus hat das Tanzen hyperindividualistischen

---

[1] In der Platonischen Ideenlehre bezeichnet das *Eidos* die »Idee« als essentielle Form einer Sache, ehe sie durch Gedanken oder Sprache abstrakt abgebildet wird. Hrsg.

Charakter: Die Tänzer bewegen sich nicht, sondern werden bewegt. Was jeden einzelnen Tänzer bewegt, bewegt auch die anderen. Bewegen sie sich voneinander getrennt? Nein, ihre Körper bewegen sich simultan und geben einer allgemeinen Resonanz nach. Etwas ähnliches findet in der Politik statt: die Entindividualisierung des Individuums sowie die Sub- und Transindividualisierung politischer Institutionen und Strukturen.

Wir stehen also einer völlig neuen Politik gegenüber, deren Essenz die Ableugnung der Politik selbst als konkreter, klarer, autoritativer Linie ist. Ganz egal, wie wir die Machtfrage lösen (wem sie zusteht — der Elite, der Kaste, den Priestern, den Kriegern oder dem demokratischen Parlament), wird sie noch immer eine Formalisierung der politischen Verhältnisse sein. Interessen, Standpunkte, Ebenen, Ränge und Rollen sind immer sichtbar. Wir haben es mit einer politischen Gesellschaft zu tun, ob sie nun modern oder traditionell sein mag. Wenn nun aber die Machtfrage selbst beseitigt werden soll, wenn jemand behauptet, es gebe keinen solchen Begriff, wenn wir gezwungen sind, diese Frage zurückzunehmen, wenn die Auffassung vom Subjekt des politischen Prozesses verboten ist, dann wird es von einer rhizomatischen Entität verdrängt (Gilles Deleuze und Félix Guattari verwenden die Begriffe »Rhizom« und »rhizomatisch« für eine Theorie und Forschung, die vielfältige, nichthierarchische Ein- und Ausgangspunkte zur Darstellung und Interpretation von Daten ermöglicht), die Hardt und Negri als *Multitude* bezeichnet haben.[2] Diese »Vielheiten« fungieren gleichermaßen als Subjekt und Autorität. Dementsprechend wird das Konzept des Staats durch das des Poststaats ersetzt. Was ist der Poststaat? Er ist die Vorstellung von der Abschaffung des Staats. Es beginnt der Vorgang der Dämonisierung des Staats, dem die Behauptung zugrunde liegt, der Staat mische sich in das Privateigentum ein. Das Wort »Staat« wird schließlich selbst zu

---

[2] Nach Hardt und Negri ist die *Multitude* ein kollektives gesellschaftliches Subjekt, das das heutige globale Imperium sowohl aufrechterhält als auch seine letztendliche Zerstörung herbeiführen wird. Hrsg.

einem Schimpfwort, und infolgedessen wird seine Abschaffung eine naheliegende Maßnahme. Danach wird alles abgeschafft, was einer absoluten Freiheit entgegensteht.

Letztendlich unterliegen alle Formen vertikaler Symmetrie (der Ausrichtung einer Hierarchie »von oben nach unten«) der Zerstörung, und alles wird horizontal. Die vertikalen Machtlinien und die des Staats werden ebenso horizontal, und dadurch verflüchtigt sich die politische Anthropologie, die eine so oder so geartete Verfassung des Individuums annimmt, und zerstreut sich im Raum des rhizomatischen Staubs. Man könnte das *Apoliteia* nennen.[3] Wenn es aber wirklich *Apoliteia* wäre, dann sähen wir ein allmähliches Verblassen des Politischen, seine Entropie. Es geht aber weder um *Apoliteia* noch um die Gleichgültigkeit gegenüber der Politik. Stattdessen finden wir eine absichtliche, axiologische Strömung vor, nämlich die Liquidierung politischer Strukturen oder — wenn wir die Strukturen sowohl der Vormoderne als auch der Moderne einschließen — der Struktur des Politischen. Das heißt, beide werden abgelehnt, weil sie der Postmoderne entgegenstehen. Gleichzeitig bedarf die aktive Verurteilung des Politischen des politischen Willens. Es zeigt sich, dass die Postmoderne mit politischer Bedeutung aufgeladen ist. Sie ist auch mit einer gebieterischen, erkenntnistheoretisch obsessiven und dabei politisch auf Entpolitisierung verpflichtenden Bedeutung aufgeladen. Sie ist also keine bloße Entropie der politischen Struktur; sie ist ein revolutionäres Gegenprojekt, eine theoretische Intrige der politischen Postanthropologie. Und im Zentrum dieser Postanthropologie liegt natürlich das rhizomatische, sub- und transindividuelle Netzwerk. Es ist dieser unscharfe Nebel der Vielheit, der die Strukturen des Willens absichtlich zerstört, die das *Politische* in seinem klassischen Sinne nach Carl Schmitt ausmachen.

---

[3] Griech.: »das Unpolitische«. Julius Evola und Ernst Jünger bedienten sich in ihren späteren Jahren dieses Begriffs, um ihre Gleichgültigkeit gegenüber Fragen der praktischen Politik zu beschreiben. Hrsg.

Die Kernthemen der Postpolitik

Heute lässt sich die Lage folgendermaßen zusammenfassen: Wir fügen der Sphäre des Politischen (also Schmitts klassischer Politik, die Vormoderne und Moderne einschließt) die zerstörerische, zersetzende Strategie der politischen Postmoderne hinzu (die das gleiche autoritäre, offensive Dispositiv besitzt) und erhalten Politik in ihrer weitesten Bedeutung, ihrer absoluten Bedeutung. Das ist das *absolut Politische*, innerhalb dessen Grenzen wir zwei grundsätzliche anthropologische Modelle plazieren können. Es klingt ganz selbstverständlich: Das erste ist der »zeitgenössische Mensch«, der vom Politischen aufgebaut wurde, aber gegen die Politik als solche kämpft. Er ist wie einer der Tänzer im Club. Er hat seinen Internetblog, er sieht fern, er behauptet, die Opposition zu wählen (das heißt, latent stimmt er der zerstörerischen, staatsfeindlichen politischen Strömung zu, auch wenn ihm eine durchdachte, zusammenhängende politische Agenda fehlt). Wann immer er sich mit einem integralen politischen Konzept auseinandersetzt, sagt er zuallererst »Nein«, seine Haltung dem Thema gegenüber ist sehr aggressiv und hat eine zielgerichtete Wirkung. Die andere Figur ist der *politische Soldat*. Der »politische Soldat« ist ein gänzlich anderer, in den 1930er Jahren entstandener Entwurf, der in einer Persönlichkeit all das zusammenfasst, was wir als klassische Herangehensweise an *das Politische* bezeichnet haben. Seine Definition ist sehr anschaulich: Der politische Soldat unterscheidet sich darin vom Durchschnittsbürger, dass er für Politik tötet und stirbt. Sein Töten und sein eigener Tod werden zum existentiellen Element der Manifestation des Politischen, und so erhält die Politik für ihn eine existentielle Dimension. Im Gegensatz zum politischen Soldaten beschäftigt sich der Politiker mit dem Politischen, tötet oder stirbt aber niemals dafür. Wenn ein Politiker mit Mord und Totschlag konfrontiert ist, sagt er: »Nun, ich sollte meine Überzeugungen wohl lieber überdenken.«

Das ist ein wundervolles, romantisches Bild, das als Teil der Moderne und des 20. Jahrhunderts Verwendung fand, in dem man diese prächtigen politischen Soldaten betrachten konnte. Nietzsches Worte beleuchten ihre Rolle in der Geschichte des 20. Jahrhunderts. Während im 19. Jahrhundert noch Krieg um materielle Ziele geführt wurde, werde »ein kriegerisches Zeitalter anheb[en], das vor allem die Tapferkeit wieder zu Ehren bringen wird! Denn es soll einem noch höheren Zeitalter den Weg bahnen und die Kraft einsammeln, welche jenes einmal nötig haben wird — jenes Zeitalter, das den Heroismus in die Erkenntnis trägt und *Kriege* führt um der Gedanken und ihrer Folgen willen.«[4] Wann diese Zeit war? Sie war das 20. Jahrhundert. Das gesamte 20. Jahrhundert war voller politischer Soldaten, die sich gegenseitig für ihre Überzeugungen umgebracht haben. Sie töteten und wurden getötet. Darüber hinaus ist jede traditionelle Gesellschaft, etwa das Mongolenreich Dschingis Khans, von politischen Soldaten begründet worden. Auch das Russische Reich wurde von politischen Soldaten aufgebaut. Die Moderne war sehr empfänglich für diese Gestalt. Es heißt, der politische Soldat kämpfe nur für edle und spirituelle Ideen. Dem ist aber nicht so. Sogar ein Liberaler kann zum politischen Soldaten werden, obwohl es nichts Spirituelles oder Edles im Liberalismus gibt. Er wird vielleicht für ziemlich schwachsinnige Ideen sterben, aber — und das ist sehr wichtig — er bleibt ein politischer Soldat. Der politische Soldat hat funktionellen Charakter und sollte nicht übertrieben verherrlicht werden. Er ist ein charmanter, aber rein zweckmäßiger Teil der Moderne.

Wir glauben, dass dieser politische Soldat auf der Ebene der politischen Anthropologie dem zerfallenen, rhizomatischen postmenschlichen Androiden gegenübersteht. Wir nehmen diese Auffassung zur Kenntnis, und es mag aussehen, als seien wir bereit, unsere ideologischen Differenzen hinter uns zu lassen und mit dem politischen Soldaten die postmoderne Welt anzugehen. Meine These ist jedoch, dass wir — angesichts des Phasenwechsels, in dem wir uns befinden — in einer Gesellschaft leben, wo dieser Konflikt möglich, aber sein Ergebnis schon im Vorfeld klar ist. In der Tat ist die Figur des

---

4 Friedrich Nietzsche: *Die fröhliche Wissenschaft*, Chemnitz 1882.

politischen Menschen verschwunden. Und seine anthropologische Nische wurde von einer anderen Persönlichkeit besetzt, einer sehr gerissenen und fragwürdigen Persönlichkeit, die nicht der politische Soldat ist, aber gleichzeitig auch keinen Bezug zum zischenden, rhizomatischen, zwitschernden Subindividuum hat. Diese Persönlichkeit ist das Simulakrum des politischen Menschen. Sie imitiert den politischen Soldaten, so wie die Postmoderne die Moderne imitiert. Eine letztgültige Analyse wird nicht das Szenario »Mensch vs. Postmensch« ergeben. Stattdessen sehen wir den unverhüllten, verfaulten liberalen Postmenschen und den Pseudomenschen, den Pseudosoldaten, in dem die generelle Substanz dieser geschichtlichen Phase zu sich selbst gefunden hat. Deshalb gibt es das Phänomen des gegenwärtigen Faschismus, das eine exzellente Verdeutlichung dieses Zustands darstellt. Jedes Überbleibsel eines Faschismus, der durch politische Soldaten getragen wurde, verschwand 1945. Jeder einzelne erklärte Faschist nach 1945 ist ein Simulakrum. Die Ängste der Liberalen, die die Form von Faschisten annehmen, sind nichts anderes als eine Parodie. Sie unterscheiden sich kaum von den verrotteten und halb aufgelösten Massen. Der Kommunismus hat länger als der Faschismus durchgehalten und sein Simulakrum in sich selbst erzeugt. Bereits die späten Kommunisten waren pseudopolitische Soldaten. Heute hat der Kommunismus keine Chance mehr, ins Leben zurückzukehren. Gleiches gilt für den Faschismus. Wir werden bald sehen, dass auch der Liberalismus an diesem Punkt angekommen ist. Zumindest unsere Liberalen, die eigentlich gar keine sind, beweisen das: Gib ihnen ein bisschen Geld, und sie werden alles und nichts behaupten. Wir haben es mit Wesen zu tun, denen alles im Sinne der klassischen politischen Anthropologie fehlt.

Fatalismus der Postanthropologie und *Angelopolis*

Soweit sich erkennen lässt, haben wir es mit der »Falte« Gilles Deleuzes zu tun (dieses Konzept ermöglicht kreative Überlegungen zur Erzeugung von Subjektivität und letztlich über die Möglichkeiten der Erzeugung nichtmenschlicher Formen von Subjektivität): Wir sehen die Konfrontation zwischen postpolitischer Anthropologie und pseudopolitischem Soldaten. In diesem Fall ist die Antithese des Postmenschen der Unmensch. Wenn wir ihn betrachten, erlangen wir eine sehr komplexe und bestechende Perspektive, nämlich entweder die phantasmagorische Verzweiflung, vor der Baudrillard, der die Welt in radikal posthistorischen Kategorien schilderte,[5] eingeknickt ist, oder das Gefühl, mit dieser »Falte«, dieser postanthropologischen Aussicht, nicht zufrieden zu sein. So oder so: Wenn wir das Verhängnis dieses Gegensatzpaars erfasst haben, können wir ruhig einen Schritt zurücktreten und die Lage beurteilen.

Da wir die anthropologische Frage gestellt haben, müssen wir nach einer Lösung suchen und gleichzeitig diese Postanthropologie berücksichtigen, also nicht das Bevorstehende abwarten, sondern stattdessen davon ausgehen, dass es bereits eingetreten ist. Was bringt uns diese Perspektive? Ich denke, dass wir einige Andeutungen bei Schmitt finden können, der den klassischen Begriff des Politischen geschaffen hat. Er sprach von »politischer Theologie«. Schmitt legte dar, dass alle politischen Ideologien und Systeme integrale theologische Modelle mit ganz eigenen Glaubenssätzen, Dogmen, Institutionen und Riten sind. Deshalb muss man Politik als religiöses Phänomen betrachten, um sie verstehen zu können. Politische Theologie setzt jedoch die Existenz eines politischen *Telos* voraus, das entweder, wie der *Leviathan* von Hobbes,[6] von Menschen gemacht oder aber nichtmenschlichen Ursprungs sein kann wie das für Schmitt besonders wichtige katholische Modell des *Imperiums*. Natürlich wird es in der postanthropologischen Struktur, in der Postmoderne wenig helfen, an das Telos als politischen Faktor zu appellieren, der das System zu

---

5 Einer der Kerngedanken Baudrillards war, dass die gegenwärtige Wirklichkeit aus Begriffen und Symbolen ohne entsprechende Bedeutung in der realen Welt konstruiert sei. Er nannte diesen Zustand »Hyperrealität«. Hrsg.

6 Im *Leviathan* verfocht Hobbes das Konzept der absoluten Monarchie nach dem Prinzip des Gesellschaftsvertrags (einer Übereinkunft zwischen Herrscher und Beherrschten). Hrsg.

einer integralen Theologie entfaltet, weil wir die Grenzen der politischen Theologie überschritten haben.

Es ist nicht möglich, bei der Beschreibung des postanthropologischen Modells der heutigen Politik über politische Anthropologie zu sprechen. Uns ist nicht gestattet, über eine ganzheitliche politische Theologie zu sprechen, weil wir die grundlegende Mutation der »Falte« erlebt haben. Worüber dürfen wir sprechen? Wir haben politische Vorgänge, Quellen der Macht und Dispositive des Einflusses; wir sehen beispielhafte Epistemologien, die genauso wie im Rahmen der klassischen Politik befördert und beworben werden. Sie bleiben bestehen, was nicht heißt, dass es das Politische im weiteren Sinne gibt — es ist nur so, dass es weder Mensch noch Gott gibt. Wer übt diese Postpolitik aus? Ich habe eine gewisse These, die ich das Konzept von *Angelopolis* (»Stadt der Engel«) oder *Angelopoliteia* (Engelspolitik) nenne, die Wende von der politischen Theologie zur politischen Angelologie. Das bedeutet, dass die Sphäre des Politischen allmählich durch die Auseinandersetzung zwischen übermenschlichen Wesen gesteuert wird und sich auf ihr gründet. Damit meine ich Entitäten, die weder menschlicher noch göttlicher Natur (oder überhaupt nicht göttlich) sind. *Angelopolis* hat enormes Potential, politische Rollen zu verteilen, ohne Humanoide und Posthumanoide einzubeziehen. Beispielsweise könnte man meinen, dass ein Mann eine SMS verschickt, aber in Wahrheit verschickt die SMS sich selbst. Berücksichtigt man die wachsende Vereinheitlichung und mangelnde Originalität dieser Nachrichten, so wird ihr überindividuelles Wesen mehr und mehr offensichtlich.

Es gibt tatsächlich eine Kommandozentrale der Postpolitik. Es gibt Handelnde und Entscheidungen, aber in der Postmoderne sind sie restlos entmenschlicht. Sie liegen außerhalb des Rahmens der Anthropologie. In traditionellen Lehren und überkommenen Eschatologien finden wir einen gewissen Beleg für diese These, denn diese behaupten, dass die Endzeit nicht von menschlicher Hand heraufbeschworen wird; stattdessen werde diese Hand unmittelbar vor der Letzten Stunde einhalten. Der letzte Akt wird nicht vom Menschen abhängen. Es wird ein Krieg der Engel sein, ein Krieg der Götter, eine Auseinandersetzung zwischen Entitäten, ungebunden durch geschichtliche oder wirtschaftliche Gesetzmäßigkeiten und Muster und gleichgültig gegenüber Religionen oder konkreten politischen Eliten. Und dieser Krieg der Engel lässt sich politisch denken. Das ist die *Angelopolis* oder »Politische Angelologie«, die ich als Begriff jenseits von Mystizismus und Esoterik mit dem gleichen Sinn und ähnlichem Charakter wie Schmitts Metapher »politische Theologie« zur Erörterung stelle. Politische Angelologie ist als Metapher zu verstehen, die ebenso wissenschaftlich wie rational ist. *Angelopolis* ist ein Weg, die derzeitigen Vorgänge zu verstehen, zu deuten und hermeneutisch zu entziffern, die uns umgeben und als von der politischen Anthropologie und von der Menschheit als Spezies ebenso wie als (politisch festgeschriebener und konstituierter) Begriff entfremdet zu betrachten sind.

12. DIE VIERTE POLITISCHE PRAXIS

DIE ANHÄNGER der Vierten Politischen Theorie brauchen einen Plan. Der Plan beruht auf dem folgenden Gedanken: Wenn uns die Vierte Politische Theorie als eine Zusammenstellung von Begriffen und als eine theoretische Definition vorliegt, dann *muss* diese Theorie verwirklicht werden, denn jede theoretische Konstruktion lässt sich — abhängig von den Umständen — umsetzen oder eben nicht.

Wenn wir also theoretisieren und von der Vierten Politischen Theorie reden, dann sollten wir auch darüber nachdenken, wie sie praktisch umzusetzen wäre. Das aber sollte uns zu denken geben, denn die Vierte Politische Theorie beansprucht für sich, die politische Topographie der Moderne mitsamt allen eingeschlossenen impliziten und verborgenen dualistischen Modellen zu beenden. Wir können ein Schema herausarbeiten, das die Korrelation zwischen der Theorie und ihrer Praxis in unterschiedlichen Wissensbereichen darstellt: Wissenschaft, Metaphysik, Religion, Philosophie, Technologie und allgemeine Anwendung. Unten ist eine Tabelle mit diesen unterschiedlichen Wissensbereichen auf der horizontalen und zwei Spalten auf der vertikalen Achse, »Begriff I« und »Begriff II«. Die erste Spalte betrifft den Bereich in theoretischer, die zweite in praktischer Hinsicht.

Bereich	Begriff I	Begriff II
Wissenschaft	Theorie (Nachdenken)	Praxis (Dinge)
Metaphysik	Prinzip	Manifestation
Religion	Mythos	Ritual
Philosophie	Mentalität	Tun
Technologie	Idee (Entwurf)	Verwirklichung (Umsetzung)
allgemeine Anwendung	Denken	Handeln

Natürlich kann uns das Nachdenken über diese Spalten selbst zu einigen sehr interessanten Schlussfolgerungen führen, ausgehend von der Frage, was im wissenschaftlichen Sinne Theorie (nämlich Denkarbeit und Vorstellungsvermögen) und was Praxis (als Begriff dem griechischen *Pragma* — [getane] Sache, Handlung — entlehnt) ist. Als vor einigen Jahren die Frage aufkam, wie ein »Ding« (*Res*, davon leitet sich »Realität« her) zu definieren sei, führte die Suche nach einem Pendant dieses Grundbegriffs in der zeitgenössischen Philosophie zu der Offenbarung, dass es im Griechischen kein hinreichendes Äquivalent für dieses lateinische Wort gibt. Es gibt *Pragma* als »Agieren« und »Akt« gleichermaßen. Es ist als Objekt aktiv, aber nicht als Leistung. Dann gibt es bei Aristoteles noch eine »Seiendheit« (*Ousia*), die in späteren lateinischen Übersetzungen als *Res* ausgelegt wird.

Es gibt also kein Wort im Sinne von »Ding« im Griechischen, und das ist sehr wichtig, denn das heißt, dass auch das Konzept der Realität fehlt. Realität wird auf Grundlage der *Res* gebildet, sie ist eine Eigenschaft der *Res*, Realität *ist* (wessen? was?) — etwas, das sich auf das »Ding« oder die »Dinghaftigkeit« bezieht. Es gibt für das lateinische *Res* also die griechischen Wörter *Pragma*, *Ousia* und *Praxis*. *Pragma* ist gleichzeitig Handlung und Objekt.

Das ist sehr interessant: Die gesamte griechische Metaphysik entwickelte sich zwischen »Theorie« als Überlegung und »Handlung«

(*Praxis*) und hielt sich dabei nicht mit der strengen Subjektivität des Lateinischen auf, mit dem »Dinghaften«, das sich im Wort *Res* versteckt.

Wenn wir die bereits erwähnte Dualität dieser Tabelle im Detail betrachten, so stoßen wir auf Guénons[1] Modell des »Prinzips des Manifestierten«; es fällt auf, dass in diesem Fall die Manifestation der Praxis näher ist als dem Manifestierten — wir sehen die Aktivität in der zweiten, praxisbezogenen Spalte. Wenn wir einige weitere Aussagen über Religionsgeschichte und -soziologie treffen, landen wir beim Funktionalismus und der Sozialanthropologie Malinowskis,[2] die diese Trennung von Mythos und Ritual untersucht.

Man erinnere sich der ursprünglichen griechischen Definition des Mythos: Der *Mythos* ist eine Geschichte, die während eines Rituals erzählt wird. Die Dualität von Mythos und Ritual ist eines der zentralen Themen in der Geschichte von Religion und Sozialanthropologie. Philosophie kann man als die Dualität »Mentalität/Aktivität« sehen, was »Theorie/Praxis« entspricht. Bei der Technologie schließlich ist es einfach — sie ist die Dualität von Vorhaben und Umsetzung.

Wir haben also zwei Spalten. Setzen wir die Vierte Politische Theorie als »Begriff I« ein, finden wir wahrscheinlich einen besonderen Begriff der Vierten Politischen Praxis, das wir dementsprechend in die zweite Spalte einsetzen könnten. Wäre die Vierte Politische Theorie eine ideologische Variante oder die Kombination von Elementen der politischen Theorien der Moderne, würden wir uns streng daran halten. Das heißt: Wenn wir einen neuen Begriff

---

1 René Guénon (1886–1951) war ein französischer Schriftsteller, der die Traditionalistische Schule religiösen Denkens begründete. Der Traditionalismus fordert eine Ablehnung der modernen Welt und ihrer Philosophien zugunsten einer Rückkehr zu Spiritualität und Lebensweise der Vergangenheit (Guénon selbst lebte zuletzt als Sufi in Kairo).

2 Bronisław Malinowski (1884–1942) war ein polnischer Anthropologe. Seine ethnographischen Untersuchungen, die auf umfangreicher Feldforschung bei Stammesvölkern beruhten, waren in ihrer Herangehensweise wegweisend. Hrsg.

schaffen, der aus den gleichen Elementen besteht und auf der gleichen Topographie beruht wie die politischen Ideologien der Moderne, sollten wir dieses Feld nicht nur theoretisch, sondern auch praktisch diskutieren — in der zweiten Spalte.

Und grundsätzlich wäre das interessant, denn es könnte sehr nützlich sein, die mit der Vierten Politischen Theorie zusammenhängende Semantik in Bezug auf die zweite Spalte zu diskutieren. Ich werde dieses Problem jedoch anderen überlassen und schlage einen anderen Weg vor.

Die Sache ist die: Wenn wir über den Kern der Vierten Politischen Theorie und ihre grundlegenden Probleme sprechen, verstehen wir, dass ihre Leitidee in der Abkehr vom Subjekt-Objekt-Dualismus besteht, von dem von Absicht und Ausführung und von der dualen Topographie, auf der die Philosophie der Moderne, die Wissenschaft der Moderne und die Politologie der Moderne beruhen.

Es ist kein bloßer Zufall, dass wir das *Dasein* als Subjekt der politischen Theorie betrachten. Das *Dasein* im Sinne Heideggers ist ein Weg, die Dualität von Subjekt und Objekt zu überwinden, also ein Anspruch, die Wurzel der Ontologie zu finden.

Heidegger erwähnte bei der Erörterung des *Daseins* das *Inzwischen*. Die wesentliche Natur des *Daseins* ist das *Dazwischen*. *Dasein* ist *Inzwischen*. Wenn es um die Vierte Politische Theorie geht, sollten wir das System des klassischen politischen Dualismus, die wissenschaftliche Topographie sowohl der Moderne als auch der aristotelischen Zeit, nicht verwenden und stattdessen davon ausgehen, dass das Subjekt und sein Kern, die Grundlage der Vierten Politischen Theorie, im *Dasein* zu finden sind.

Die Vierte Politische Praxis muss hingegen auf andere Art untersucht werden, und zwar unter Berücksichtigung der Kritik Heideggers an der Konstruktion nichtfundamentaler Ontologie, also Ontologie, wie wir sie kennen. Heidegger war der Ansicht, zum Verständnis des *Daseins* müssten wir eine Fundamentalontologie verwirklichen, die nicht den Kontakt mit den *ontischen* (realen) Wurzeln des *Daseins* verlieren und nicht früher oder später durch Weiterentwicklung oder Sublimation zu etwas werden dürfe, das mit den zweitausend Jahre alten allgemeinen philosophischen Konstruktionen von Platon oder sogar den letzten Vorsokratikern bis hin zu Nietzsche zusammenhängt, auf denen die Moderne beruht.

Wir sollten das *Dasein* als Zentrum und Achse der Vierten Politischen Theorie einsetzen. Was bedeutet das in Bezug auf die Praxis? Es bedeutet, dass sich das *Dasein* weder als theoretische Konstruktion noch als Richtlinie eignet. Sollte es, wie ein Narrativ, als Mythos dienen? Das kommt der Sache viel näher, muss aber sorgfältig durchdacht werden. Man sollte das *Dasein* nicht einfach als Geisteshaltung nutzen, zumindest nicht als eine ontologische Mentalität; ebensowenig wie als Begriff oder etwas mit Bezug zum Subjekt.

Diesen universalen und prädualistischen Stellenwert des *Daseins* in der Philosophie Heideggers vor Augen, möchte ich vorschlagen, zur Beschreibung der Vierten Politischen Praxis Bezug auf irgendeine Wurzel zu nehmen, auf etwas, das vor diesem Dualismus liegt. Was also ist der Kern der Vierten Politischen Praxis? Dieser Kern liegt zwischen den Spalten, zwischen »Begriff I« und »Begriff II«, zwischen Theorie und Praxis. Das bedeutet aber keinesfalls ihre Kombination oder einen goldenen Mittelweg. Der »goldene Mittelweg« ist Unsinn, und man sollte sich von ihm distanzieren. Wir sollten keinen Mittelweg suchen oder einen Kompromiss zwischen den beiden Spalten, der Polarität von Theorie und Praxis, sondern die gemeinsame Wurzel suchen, aus der diese Begriffspaare wachsen. Aus Sicht der *Dasein*sanalyse sind sowohl Subjekt als auch Objekt dem *Inzwischen* entsprungene ontologische Konstruktionen.

Uns interessiert der Vorgang, in dessen Verlauf Theorie und Praxis auf den Plan traten, der Vorgang, in dem Theorie und Praxis noch nicht geteilt und erst recht keine Gegensätze sind. Wir suchen nach jener Art von Vorgang, in der Prinzip und Manifestation eine gemeinsame Wurzel haben (sie können niemals, nicht für einen einzigen

Moment, eine gemeinsame Wurzel haben, und genau das ist besonders interessant), jener Art, in der Mythos und Ritual noch nicht getrennt und Mentalität und Aktivität deckungsgleich sind, wo Idee für Verwirklichung steht und Verwirklichung Idee ist, wo Denken und Handeln denselben Ursprung haben.

Uns interessiert genau diese dazwischenliegende Ebene, die nicht durch eine horizontale Betrachtung der paarigen Begriffe zu erreichen ist, sondern nur vermittels einer neuen, nichthorizontalen Dimension. Anders als für den Hegelianismus, den Marxismus, die Kommunikationstheorie und im Grunde die gesamte Struktur der Moderne ist für uns nichts von Belang, das auf der Linie zwischen Theorie und Praxis liegt. Wir suchen etwas, das nicht Teil des horizontalen Unterraums ist, das sich nicht nach Verhältnismäßigkeit in Spalten gruppieren lässt, das nicht auf der Linie zwischen Theorie und Praxis liegt. Uns geht es um etwas, das sich unter Theorie und Praxis verbirgt, irgendwo in der gemeinsamen Wurzel, der beide entwachsen. So gesehen war die sowjetische Frage nach der Prioritätensetzung zwischen Bewusstsein und Materie ein schwerer Fehler. Unsere Priorität ist hingegen das Problem der gemeinsamen Wurzel, und wir sollten die Vierte Politische Theorie und ihre Praxis aus dieser Wurzel züchten.

Wenn wir diesen Gedanken als grundlegend anerkannt haben, dann können wir feststellen, dass die Vierte Politische Theorie ebenso Theorie wie Praxis und umgekehrt ist.

Mit anderen Worten: Wenn wir das *Inzwischen* nachvollziehen können, das diese beiden Spalten eingehend verdeutlichen, wenn wir die Geometrie dieses politischen Vektors erfassen können (das heißt natürlich: des in Wahrheit philosophischen und metaphysischen Vektors), so sehen wir, dass diese beiden Stämme derselben Wurzel entwachsen.

Wenn wir uns auf das Subjekt der Vierten Politischen Theorie konzentrieren, also auf *Dasein* oder *Inzwischen*, werden wir verstehen, dass es nicht in die horizontale Anordnung dieser beiden Spalten passt. Warum reden wir von Wurzeln, nicht aber über den Kopf? Das ist eine sehr ernste und tiefsinnige Frage, denn wir müssen die darin enthaltene Reduktion erkennen. Wenn wir zuerst eine horizontale Reduktion vollziehen und dabei kein zufriedenstellendes Ergebnis erzielen, werden wir schlussfolgern, dass wir stattdessen eine vertikale Reduktion vornehmen sollten, um uns *ontischen* Wurzeln, nicht aber ontologischen Höhen anzunähern. Deshalb sollten wir Aspekte wie die seelische Dimension und das Göttliche zurückstellen, um uns stattdessen auf das Chaos und andere vertikale, tiefenorientierte Konzepte zuzubewegen.

Nietzsche schrieb: »Nicht, wenn die Wahrheit schmutzig ist, sondern wenn sie seicht ist, steigt der Erkennende ungern in ihr Wasser.«[3] Wie können wir demnach ein klares Konzept der Vierten Politischen Praxis entwerfen? Der erste Schritt sollte sein, die Reihenfolge der beiden Spalten umzukehren. Wir sollten Praxis als Theorie herausbekommen, Prinzip als Manifestation begreifen, Mentalität als Aktivität und Denken als Handeln. Was ist die Vierte Politische Praxis? Sie ist Nachdenken. Was ist die Manifestation der Vierten Politischen Praxis? Ein noch zu enthüllendes Prinzip. Inwieweit wird der Mythos als Ritual verwirklicht? Er wird zur theurgischen Tatsache (man bedenke, dass die neuplatonische Theurgie die Belebung der Statuen praktizierte). Was ist Aktivität als Mentalität? Die Vorstellung, dass Gedanken magisch sind und die Realität verändern können; die Andeutung, dass Gedanken die Realität als Tatsachen ersetzen können. Die Vierte Politische Praxis führt uns zum Wesen der übernatürlichen Welt, zur Antithese zu Webers Metapher[4] bei der Verwirklichung des technologischen Aspekts des Entwurfs. Was ist die übernatürliche Welt? Sie ist eine Welt, in der es keine Barriere zwischen Gedanke und Verwirklichung gibt. Ihr Prinzip ist das Bekenntnis zu einer magischen

---

3 Friedrich Nietzsche: *Also sprach Zarathustra. Ein Buch für Alle und Keinen*, Chemnitz 1883, S. 75. Hrsg.

4 Max Weber war der Ansicht, dass Wissenschaft und Technologie es dem modernen Menschen verunmöglicht hätten, an Übernatürliches zu glauben; er nannte das »Entzauberung der Welt«. Hrsg.

Weltanschauung, die auf der Vorstellung fußt, dass allein das Denken Welten überschreiten kann — und es dazu nichts weiter als einen Gedanken braucht. Was für ein Denken ist das? Reines Denken. Das Vehikel der Vierten Politischen Theorie und Praxis liegt in einer übernatürlichen Welt. Es geht um eine Wandlung, die Transformation von Geist in Körper und Körper in Geist, die auch das zentrale Problem der Hermetik ist.

Wir haben festgestellt, dass die Vierte Politische Praxis keine grobe Umsetzung der Vierten Politischen Theorie ist, in irgendeinem Raum, wo die Theorie etwas anderes als die Praxis sein soll. Es gibt keinen Raum, keinen *Topos* und keine Topologie mehr in der Vierten Politischen Praxis jenseits der Theorie; wir haben schon vor Beginn alle anderen Räume ausgelöscht, nicht im Augenblick der Vollendung, sondern gleich zu Anfang, bevor wir im präontologischen Kontext begonnen haben. Anders gesagt: Wir sollten nicht nach vorn blicken (dort ändert sich nie etwas) und auch nicht zurück, wenn wir das Elend um uns herum wirklich verändern wollen, denn alle Überreste, die diese ultimative Form der Entartung möglich und akut gemacht haben, sind Auswüchse dieses Elends und verbleiben dort. Diese Wurzeln sind nicht einfach aus der Luft gegriffen. Der Trümmerhaufen, in dem wir leben, ist kein Zufall und verfügt über eine hintergründige Logik. Hier äußert sich eine vorzeitliche Metaphysik in modernen und postmodernen Methoden. Dementsprechend liegt der einzige Weg des wahren politischen Kampfs darin, die Vierte Politische Praxis als Wurzel anzugehen, frei vom Evolutionsprozess, vom Begriff selbst bis hin zu seinem Schlussstrich, an dem wir uns jetzt befinden — denn unser politischer Kampf wird entweder auf Erlösung und Endzeit zielen oder bedeutungslos sein.

Und hier kommen wir zum Abschluss: Wie sieht eine Welt aus, die jede Dualität vermeidet? Sie sieht wie die Postmoderne aus, wie die Virtualität. Die verkabelte und virtuelle Gegenwart sagt nur eines aus: Dies ist weder Theorie noch Praxis, weder Prinzip noch Manifestation, weder Mythos noch Ritual, weder Denken noch Handeln. Die

Virtualität ist nur eine Verhöhnung der Vierten Politischen Theorie und Praxis. Es ist hinreichend gegen die Intuition, aber diese postmoderne Realität kommt ihr näher als alle vorangegangenen Topologien einschließlich der theologischen und prototheologischen. Die Virtualität kommt dem einzigartigen Modell der Vierten Politischen Theorie und Praxis näher als jedes andere Element.

Es stellt sich also die Frage, wie sich unser Traditionalismus oder unsere neue Metaphysik zur Postmoderne verhält. Ich halte sie für einander sehr nah. Die Virtualität versucht, die semantischen Felder der Spalten auf horizontaler Ebene zu vermischen, bis sie nicht mehr voneinander zu unterscheiden sind. Wir könnten das Rhizom von Deleuze als postmoderne und poststrukturalistische Verballhornung des *Daseins* bezeichnen. Sie sind einander ähnlich und werden oft mit denselben Attributen beschrieben. Doch man beachte, wie der Postmodernismus das Problem der Umkehrung der Spaltenordnung löst: indem er an die Oberfläche appelliert, und das ist der Grundgedanke bei Deleuze. Erinnert sei an seine Interpretation des »organlosen Körpers« Artauds,[5] seine Auslegung der Notwendigkeit der Zerstörung, der Nivellierung aller Struktur, und an seine Darstellung der menschlichen Epidermis, der äußersten Hautschicht, als Grundlage der Leinwand, auf die sein Bild projiziert wird. Es ist ein Moment der Farce, in dem sich Vierte Politische Theorie und Postmodernismus treffen. Wenn sich die Spalten auf horizontaler Ebene vermischen, kommt einiger Wahnsinn zustande. Nehmen wir an, dass *Homo integros*, der vollständige, integrale Mensch, aus *Homo sapiens* und *Homo demens* besteht. Deleuze sagte: »Befreit den *Homo demens*!« Er war der Ansicht, dass der Wahnsinn der Unterwerfung

---

5 Antonin Artaud (1896–1948) war ein französischer Künstler und Dramatiker, der das Konzept des »Theaters der Grausamkeit« entwickelte. Damit war nicht Sadismus gemeint, sondern eine Methode, um für das Publikum Lügen zu zerstören und die darunter verborgene Wahrheit aufzudecken. In seinem Theaterstück *Schluß mit dem Gottesgericht* (1947) schrieb Artaud: »Wenn Sie ihm einen Körper ohne Organe hergestellt haben, dann werden Sie ihn von all seinen Automatismen befreit und ihm seine wirkliche und unvergängliche Freiheit zurückerstattet haben.« Hrsg.

unter den *Homo sapiens* entkommen und den Übertritt zwischen beiden Spalten in der politischen Sphäre vollziehen sollte. Schon haben wir den rhizomatischen Prozess sowie polarisierte und chronologische Zeitvorstellungen. Diese postmoderne Demenz ähnelt der Vierten Politischen Theorie sehr und zeichnet sich lediglich durch ihre rein horizontale Ausrichtung und Abgeflachtheit aus. Das Hauptproblem der Postmoderne ist, dass sie jegliche vertikale Orientierung — sowohl im Sinne von Höhe als auch von Tiefe — ausmerzt.

Die Letzten Tage und die endzeitliche Bedeutung der Politik werden sich nicht selbst verwirklichen. Wir werden vergebens auf das Ende warten. Wenn wir nur warten, wird das Ende niemals kommen, und es wird auch niemals kommen, wenn wir nicht warten. Das ist von essentieller Bedeutung, denn Geschichte, Zeit und Realität haben besondere Strategien, um dem Jüngsten Gericht zu entgehen — oder, besser gesagt: Sie vollführen ein besonderes Umkehrmanöver, das den Eindruck erweckt, alle seien zur Besinnung gekommen. Das ist das große Instrumentarium des Heideggerschen ewigen *Noch nicht*. Wenn die Vierte Politische Praxis die Endzeit nicht zu verwirklichen vermag, ist sie hinfällig. Das Ende aller Tage sollte kommen, aber es wird nicht von selbst kommen. Es handelt sich um eine Aufgabe, nicht um eine Gewissheit. Es ist aktive Metaphysik. Es ist die Praxis. Und es kann für eine sinnvolle Auflösung der rätselhaften Schichten sorgen, auf die man bei der Suche nach der Vierten Politischen Praxis stößt.

13. GESCHLECHTER IN DER VIERTEN POLITISCHEN THEORIE

ANALYSIEREN WIR ZUERST, welche Geschlechterlehren für die politischen Theorien der Moderne bestimmend sind. Wenn wir die Position aufmerksam untersuchen, von der aus Sozialismus, Liberalismus, Nationalismus, Faschismus und Nationalsozialismus operieren, werden wir bemerken, dass die klassischen Geschlechterauffassungen aller politischen Theorien der Moderne einige Merkmale gemeinsam haben. Auf der einen Seite ist das nichts genuin Modernes, denn die Moderne folgt in diesem Aspekt der traditionellen europäischen Gesellschaft (und sogar dem vormodernen Christentum), die größtenteils patriarchalisch war. Selbst vor dem Christentum war sie patriarchalisch, zurück bis hin zur Urzeit im Mittelmeerraum, die Bachofen in seinem Buch *Das Mutterrecht* behandelte.[1] Mit anderen Worten: Hinter der Moderne und der modernen Geschlechterkonzeption steht ein westliches oder globales Patriarchat. Dieses Patriarchat hat die Struktur und das politische Verständnis der Geschlechter in der Moderne stark

---

1   Johann Jakob Bachofen (1815–1887) war ein Schweizer Anthropologe, der in seinem Buch *Das Mutterrecht. Eine Untersuchung über die Gynaikokratie der alten Welt nach ihrer religiösen und rechtlichen Natur* (Stuttgart 1861) behauptete, dass das lunare Matriarchat der Urzustand der menschlichen Gesellschaft gewesen und das solare Patriarchat später als Opposition dagegen entstanden sei. Hrsg.

beeinflusst. Dieses Patriarchat hat bei der endgültigen Formulierung der Geschlechternormen in den politischen Theorien der Moderne jedoch gewisse Veränderungen durchgemacht.

Es ist zulässig, »das Geschlecht« aus soziologischer Perspektive, also als gesellschaftlich konstruiertes Phänomen zu betrachten. Das steht in Kontrast zum anatomischen Geschlecht, das der biologischen Perspektive zugrunde liegt. Geschlechter sind soziale Konventionen, die sich von Gesellschaft zu Gesellschaft ändern können. Gleichzeitig ist die politische Ausformulierung des Geschlechts die soziale Norm, die auf Grundlage politischer Macht als Imperativ anerkannt wird. Deshalb praktizieren archaische Gesellschaften Riten des Erwachsenwerdens oder der Initiation, nach denen ein Junge als »Mann« betrachtet werden kann; andernfalls hat er kein soziales Geschlecht und darf nicht die sozialen Funktionen eines Manns erfüllen (Ehe, Teilnahme an Jagd und Ritualen). Je nach den Anforderungen einer Gesellschaft können sich die Geschlechterlehren ändern. Beispielsweise wurden in einigen Sklavenhaltergesellschaften männliche Sklaven nicht als Männer angesehen und dazu gezwungen, Frauenkleider zu tragen. Sklaven wurden als Frauen gehandhabt, weil sie nicht den sozialen Status von Männern hatten. Daher rührt das Phänomen der Kastration — der Entzug der physischen Kennzeichen der Männer in einem Aufwasch mit ihrem sozialen Status. Geschlecht ist deshalb sowohl ein soziologisches als auch ein politisches Phänomen. Politisch deshalb, weil wir es mit der Verwaltung gesellschaftlich regulierter sozialer Normen zu tun haben — Gemeinde, Polizei und so weiter — von denen man nicht ohne eine Reihe von Sanktionen zurücktreten kann.

Die drei politischen Theorien der Moderne stellen alle die gleichen Fragen: »Wer ist die politische Person? Was ist das politische Geschlecht?« Zuallererst ist »die Person« der Mann. Aus soziologischem Blickwinkel sind Frauen erst unlängst zu »Personen« geworden, und das führt uns zur Frage der politischen Rechte der Frau. Aus Perspektive der Moderne ist eine Frau keine Person. Eine Person kann nur ein Mann sein; allerdings nicht jeder beliebige Mann, sondern nur ein besonderer Typus Mann. Die Kennzeichen eines echten Manns umfassen Wohlstand (in Europa war Besitz bis Ende des 19. Jahrhunderts notwendige Bedingung des Status als *Bürger*, also des politischen Geschlechts), Vernunft, Sparsamkeit und einen Wohnsitz in der Stadt (der Bauer wurde gesellschaftspolitisch nicht als gleichermaßen bedeutsam angesehen). Deshalb entsprach bei den ersten russischen Dumawahlen auf Staatsebene 1905[2] die Stimme eines Städters hundert Bauernstimmen. In der Moderne ist ein Bauer keine ganze »Person«. Andere Eigenschaften eines »Manns« sind Reife und Alter. Diese sozioprofessionellen und altersabhängigen Kategorien sind in den Auffassungen von Geschlechtern und Geschlechterfunktionen enthalten. Die letzte Eigenschaft ist, dass ein »Mann« der europäischen Zivilisation angehören und weiße Haut haben muss. Nehmen wir die Erwägungen über kulturelle Überlegenheit und Rassismus zusammen, so erhalten wir das Bild des »politischen Menschen« aus anthropologischer Sicht.

Solche Geschlechterlehren bilden eine Achse aller drei bedeutenden politischen Ideologien der Moderne und ihrer Ableitungen. Diese Ideologien unterscheiden sich allerdings hinsichtlich dieser Figur des »Manns«. Die »männerbejahendste« ist die Theorie des Liberalismus, weil sie die Figur des vernünftigen, reichen, erwachsenen weißen Manns als Norm und Naturphänomen ansieht. Der Liberalismus kanonisiert und standardisiert diesen Geschlechterbegriff, indem er versucht, die für das Europa des 18. und des 19. Jahrhunderts typische bürgerliche Gesellschaftsstruktur zu verewigen. Er behauptet, dass dieses Geschlecht eine Tatsache sei, und projiziert es auf die Zukunft: »Die moderne Welt ist von Männern geschaffen, wurde von Männern erdacht und vorweggenommen und wird Männern

---

2 Nach der Russischen Revolution von 1905 wurde die Staatsduma einberufen, angeblich mit der Absicht, als parlamentarisches Unterhaus eine Beraterrolle gegenüber der Monarchie zu spielen. 1906 verabschiedete Gesetze stellten jedoch sicher, dass die Duma wenig Einfluss auf den Zar und seine Minister hatte und die souveräne Macht weiterhin bei ihm lag. Hrsg.

gehören, dem *Homo oeconomicus* und dem *Homo faber*.« Ein solches Geschlechterverständnis unterliegt im Laufe der Zeit dem Wandel: Der Bereich des »männlichen« Geschlechts vergrößert sich; der Archetyp beginnt, Bauern, Arme, Frauen und nichtweiße »Rassen« einzuschließen. Wie funktioniert dieser Mechanismus im Hinblick auf Frauen? Frauen werden allmählich »männliche« Eigenschaften zugeschrieben: Eine Geschäftsfrau ist diejenige, die männliche Qualitäten aufweist; weiße Frauen werden »Bürger«. So wird »die Frau« allmählich als »der Mann« angesehen. Somit bedeutet liberaler Feminismus, das Streben, Frauen zu befreien, Frau und Mann als identisch anzusehen und so gesellschaftspolitisch gleichzustellen, also die Frau sozial als Mann darzustellen. Das gleiche Prozedere greift bei der Darstellung des Bauern als Stadtmensch, der nichtweißen »Rassen« als weiß, der Armen als reich, der »Dummen« als vernünftig. Eine Frau hinter dem Steuer eines Autos ist ein Mann oder eine Manneskarikatur. Im Liberalismus bleiben die Trennungen der gesellschaftlichen Geschlechterbegriffe jedoch bestehen. Frauen mögen technisch die gleichen Rechte wie Männer haben und dadurch, dass sie die Funktionen eines »Manns« ausüben, als den Männern gleich angesehen werden, doch die soziale Konstruktion von »Mann« und »Frau« bleibt unverändert.

Die Zweite Politische Theorie, der Marxismus, geht von der gleichen Position aus: Geschlechter sind bürgerliche politische Konstruktionen. Diese Situation wird jedoch kritisiert und das Bedürfnis nach Veränderungen zum Ausdruck gebracht. Daraus entwickelt sich eine Vorstellung von totaler Gleichheit, auch hinsichtlich des Geschlechts. Der Begriff der Geschlechtergleichheit unterscheidet sich in der Zweiten Politischen Theorie qualitativ vom Verständnis der Gleichheit der Ersten Politischen Theorie. Der Feminismus oder Geschlechteregalitarismus des Marxismus vertritt die Ansicht, dass Männer und Frauen im Kontext der marxistischen Ideologie aufhören, Männer und Frauen zu sein, die die übliche und imperative Geschlechtertrennung des Liberalismus ausmachen. Das heißt, wir finden den Wunsch vor, die bürgerliche Definition der Geschlechter zu transzendieren. Tatsächlich verliert hier der »Mann« seinen alleinigen Besitz der Vernunft. Der ungarische neomarxistische Philosoph Georg Lukács[3] schrieb, die »dialektische Methode als Methode der Geschichte [sei] jener Klasse vorbehalten geblieben, die das identische Subjekt-Objekt, das Subjekt der Tathandlung, das ›Wir‹ der Genesis von ihrem Lebensgrund aus in sich selbst zu entdecken befähigt war: dem Proletariate«.[4] Von einem solchen Ansatz ausgehende klassische Marxisten rufen konsequenterweise nach Wahnsinn, Schizophrenie und dem »Schizorevolutionär« (Deleuze). Sie verlassen sich auf die urbanen Armen und die Proletarier, die nie vollwertige Bürger werden können; sie wenden sich an die nichtweiße Stadtbevölkerung; sie ignorieren jedoch die Landbewohner und Bauern, die sie durch die Brille der bürgerlichen Wahrnehmung sehen. Insgesamt aber sehen wir in der Geschlechterpolitik der Kommunisten eine neue Tendenz: Sie erkennen den *Status quo* der Geschlechter an und offerieren, ihn unter dem Banner des Historischen Materialismus zu verändern. Das bedeutet, den bürgerlichen Menschen nach unten hin zu überschreiten und an die stoffliche Substanz (wörtlich: »das unten Stehende«) zu appellieren, an das unterschiedslose Reich der Arbeit, wo zwischen der »braven« Köchin,[5] dem Seemann und dem männlichen Helden kein qualitativer Unterschied besteht. Marxisten wagen sich noch weiter nach unten vor, wo von Geschlechterhierarchien und -strategien nichts mehr übrig ist. Deshalb haben die extremsten marxistischen Ideen das Verlangen, den bürgerlichen Archetyp zu zerstören.

---

3   Georg Lukács (1885–1971) war ein ungarischer marxistischer Philosoph, der einen alternativen Marxismus gegenüber der in der Sowjetunion vertretenen Orthodoxie suchte. Seine Werke sind bis heute einflussreich, besonders im Bereich der Literaturtheorie. Er hatte vorübergehend auch den Posten des stellvertretenden Volkskommissars für Unterrichtswesen der kurzlebigen Ungarischen Räterepublik von 1919 inne. Hrsg.

4   Georg Lukács: *Geschichte und Klassenbewußtsein. Studien über marxistische Dialektik*, Berlin 1923, S. 106. Hrsg.

5   Lenin sagte einmal: »Im Sozialismus könnte jede Köchin genauso gut den Staat lenken.« Hrsg.

Die Realität der Praxis unterschied sich jedoch von der Theorie: Im stalinistischen Russland triumphierte der männliche Archetyp, der »vernünftige, gebieterische Mann«, trotz verschiedener Versuche, eine der Revolution von 1917 unmittelbar entsprechende marxistische Geschlechtergleichheit herzustellen. Trotzdem ist die Vorstellung, die soziale Konstruktion des »Manns« durch den Verweis auf die Anatomie und die »Wunschmaschine«[6] zu überwinden, für den Marxismus charakteristisch.

Der Faschismus, die Dritte Politische Theorie, akzeptiert das Modell des städtischen, weißen, europäischen, vernünftigen, wohlhabenden »Manns« und verherrlicht es. Während der Liberalismus dieses Modell zur Norm erhob, beginnt der Faschismus, dem »Mann« zusätzliche Eigenschaften zu verleihen. Im Nationalsozialismus sollte er nicht nur ein Weißer sein, sondern zusätzlich nordisch; nicht nur vernünftig, sondern im Besitz der einzigartigen germanisch-arischen Vernunft. Das gleicht dem Standpunkt Lévy-Bruhls, der behauptete, dass nur die Europäer einen *Logos* besäßen und andere Völker von prälogischen, unzivilisierten Gesellschaftsstrukturen gelenkt seien. Die Männlichkeit wurde weiter überhöht und Frauen dazu gedrängt, sich nur noch mit Kindern, Kirche und Küche zu beschäftigen. Andere Geschlechterlehren wurden peripher angeboten: Julius Evola etwa verkündete in seiner *Metaphysik des Sexus*[7] die Überlegenheit des Maskulinen über das Feminine und vertrat die Ansicht, dass Männer schlafende potentielle Götter und Frauen schlafende potentielle Göttinnen seien; letztere stünden jedoch ein wenig niedriger in der Geschlechterhierarchie. Wenn wir uns mit der Dritten Politischen Theorie befassen, sollte auch das obskure Konzept des »nordischen Matriarchats« erwähnt werden: Dort gab es eine Ontologie des

---

6 Deleuze und Guattari verwenden den Begriff »Wunschmaschine« zur Beschreibung der — aus ihrer Sicht — wesenhaft mechanischen Natur des Begehrens, das sie als eine Art Maschine sehen, die in ein Netzwerk anderer biologischer Maschinen eingebettet ist. Hrsg.

7 Julius Evola: *Metaphysik des Sexus*, ungek. Ausg., Frankfurt/Main, Berlin u. Wien 1983. Hrsg.

Weiblichen. Herman Wirth,[8] ein Schüler Bachofens, behauptete, das Höchste Wesen sei eine Frau und Frauen seien von Männern völlig verschieden; es müsse sich daher um die Essenz der Frau handeln, die *weiße Frau*. In der Dritten Politischen Theorie blieb aber das durch den Liberalismus geschaffene und dann übersteigerte Bild die Norm.

Die Vierte Politische Theorie steht für ein Streben danach, die Geschlechterkonstruktion der drei politischen Theorien der Moderne zu überwinden. Was also ist hier die Geschlechterstrategie, der Imperativ? Die Vierte Politische Theorie klammert zuallererst den »Mann« aus, also den »Mann« als für die Moderne typisches gesellschaftlich konstruiertes Geschlecht. Die Vierte Politische Theorie wendet sich nicht an einen derartigen »letzten Menschen«, weil er den abgeschlossenen Archetyp der Moderne darstellt. Sie tastet die Konturen ihres »Manns« außerhalb der Sphäre des Geschlechtlichen ab. Wir erheben uns gegen diese Konstruktion eines »Manns«, der Vernunft, Wohlstand, Verantwortung, Stadthaus, weiße Haut und dergleichen besitzt. Dieses Männerbild muss sterben; es ist in der geschichtlichen Sackgasse der Moderne eingesperrt und hat keine Überlebenschance. Ein solcher Mann reproduziert die kleinen Hierarchien und kann seine eigenen Grenzen nicht überschreiten. Er glaubt, unsterblich zu sein. Durch Selbstreflektion schafft er endgültige Realitäten — Spiegel, die Spiegel spiegeln. Genauso verhält es sich mit allen Bildern, auf die der moderne Mann ausgedehnt worden ist: Geschäftsfrauen, Nichtweiße in »angesehenen« Funktionen usw.

Die jenseits des Paradigmas der Moderne positive Eigenschaft des Manns ist die Halbwüchsigkeit. Das Subjekt der Vierten Politischen Theorie ist ein halbwüchsiger Mann. Man nehme zum Beispiel

---

8 Der Niederländer Herman Wirth (1885–1981) glaubte an eine uralte, weltweite nordische Kultur, die bis auf einige in alten Mythen und Symbolen codierte Spuren vergessen worden sei. Er widmete sein Leben dem Beweis dieser These. In den 1930er Jahren gehörte er zu den Gründern des SS Ahnenerbes, schied jedoch nach drei Jahren wieder aus. Hrsg.

Gilbert-Lecomtes und René Daumals *Le Grand Jeu*,[9] wo versucht wurde, ohne Reifung zu leben, um sich weiter wie ein Kind benehmen zu können. Das kann als Einladung verstanden werden, für die Vierte Politische Theorie — ein ästhetisches und politisches philosophisches System — Geschlechterregeln zu entwickeln. Unter dem Konzept des nichtweißen »Manns« verbirgt sich das prälogische Weltsystem von Lévy-Bruhl, wo der *Logos* nicht das einzige Mittel gesellschaftlicher Organisation ist. Hier bedienen wir uns Lévi-Strauss' Theorien der Sozialanthropologie und Ethnosoziologie, die auf der Analyse von Erfahrungen mit etlichen nichtweißen Gesellschaften beruhen. Auch Wahnsinn spielt eine Rolle: alle Formen intellektueller Grenzüberschreitung, die Praxis freiwilligen Irreseins von Hölderlin und Nietzsche bis hin zu Bataille und Artaud. Wahnsinn ist Teil des geschlechtlichen Arsenals der Vierten Politischen Theorie. Generell: nichtweiß/-europäisch; wahnsinnig; weder städtisch noch durch eine konstruierte Landschaft definiert. Beispielsweise der Ökologe oder der Ureinwohner, also eine Person, die sich nicht von der Natur abgespalten hat, wie es Redfield in *The Folk Society* beschrieben hat.[10] Wir schaffen also einen Suchalgorithmus aus allen Elementen, die von der Moderne ignoriert oder zurückgewiesen werden. Diese Elemente machen einen großen Teil von Existenz und Metaphysik aus, einen Bereich verschärfter Präsenz der Vierten Politischen Theorie. Um die Vierte Politische Theorie zu ergänzen, sollten wir alle Geschlechterlehren ablehnen, die der Liberalismus mit sich bringt. Dem Geschlechterbegriff der Zweiten Politischen Theorie lässt sich die Vorstellung der »Wunschmaschine« entlehnen, die Idee, den »Mann« durch weltweiten Egalitarismus innerhalb materieller Grenzen zu überwinden. Vom klassisch faschistischen Geschlechtermodell der Dritten Politischen Theorie lässt sich genausowenig lernen wie vom Liberalismus, während die randständigen Konzeptionen sehr

---

9   *Le Grand Jeu* (Das große Spiel) war der Name einer kleinen Pariser Künstlergruppe um Daumal sowie ihrer kurzlebigen Zeitschrift. Sie versuchten, Avantgarde mit östlichen Traditionen zusammenzuführen. Hrsg.

10 Robert Redfield: *The Folk Society*, Indianapolis 1947. Hrsg.

interessant sein können, etwa die Ontologisierung der Geschlechter (nach Evola) und die Vorstellung eines nordischen Matriarchats.

Was ist das Subjekt der Vierten Politischen Theorie? Das Subjekt der Vierten Politischen Theorie ist das *Dasein* oder *Inzwischen*, das in der Mittellage zwischen Subjekt und Objekt Befindliche, das dem *Trajet anthropologique* (der »anthropologischen Bahn«) von Gilbert Durand vergleichbar ist. Gibt es in *Dasein*, *Trajet*,[11] und dem Imaginären[12] eine gesellschaftliche Konzeption des Sexus? Und was ist das Geschlecht des *Daseins*? Wir müssen das normative und imperative Geschlecht der Vierten Politischen Theorie formulieren. Mit den Geschlechtern in der Vierten Politischen Theorie verhält es sich ebenso wie mit dem Sexus im *Dasein* — wir erklären das eine Unbekannte mit einem anderen. *Dasein* lässt sich in gewisser Weise sexualisieren, aber sein Geschlecht kann weder männlich noch weiblich sein. Vielleicht ist es sinnvoll, es als androgyn zu behandeln. Könnte man sagen, dass die Vierte Politische Theorie sich an das androgyne Wesen richtet und ihr Geschlecht das androgyne ist? Vielleicht, aber nur dann, wenn es möglich ist, das Androgyne nicht mit den erkennbar geteilten Modellen der Geschlechter als Hälften eines Ganzen anzureichern. Platon zufolge bilden die Geschlechter eine Einheit, die zerteilt wurde. Laut Durand ist der *Trajet* das, was zwischen Subjekt und Objekt liegt, und wird im Verhältnis zu beiden definiert, so wie das *Dasein* nach Heidegger im *Inzwischen* liegt, an der Grenze zwischen Innerlichem und Äußerlichem, und sich an dieser existentiellen Linie der Teilung der Einheit herausbildet. Der Begriff des »Imaginären« enthält die Teilung in sich selbst (*Dihairesis*) als eine seiner möglichen Anwendungen. Wenn wir das Androgyne also in diesem Sinne nicht als eine Zusammenfügung, sondern als etwas Eingewurzeltes oder Radikales verstehen, können wir von einem radikalen Gedanken sprechen, bei dem es sich nicht um ein Geschlecht, sondern um die Hälfte

---

11 Durand prägte den Begriff »anthropologische Bahn« für das Verhältnis zwischen Physiologie und Gesellschaft. Hrsg.

12 Hier im Sinne eines Werkzeugs, das Menschen erlaubt, das Verhältnis zwischen materieller Welt und geistiger bzw. spiritueller Welt wiederzuentdecken. Hrsg.

von etwas anderem handelt. Das heißt, das Geschlecht der Vierten Politischen Theorie ist diese Hälfte, dieses Geschlecht, und gleichzeitig das Ganze, das daher keiner Antithese bedarf und unabhängig ist. Wir können über dieses Geschlecht mutmaßen, dass es nicht so sehr der Analyse sexueller oder geschlechtlicher Archetypen entspringt, sondern dem philosophischen und politischen Nachdenken über das Subjekt der Vierten Politischen Theorie. Ändern wir also die Fragestellung. Fragen wir nicht nach dem Geschlecht des *Daseins*, sondern antworten wir, dass das Geschlecht des Subjekts der Vierten Politischen Theorie dem des *Daseins* ist. In diesem Fall können wir auch vom radikalen Androgynen reden, das keine Kombination von Mann und Frau darstellt, sondern vielmehr die urtümliche, unberührte Einheit abbildet.

Wie verändern sich die Geschlechter unter den Bedingungen der Postmoderne? Die Postmoderne stellt eine Kombination aller drei politischen Theorien dar. Einerseits sehen wir eine abgeschlossene Moderne, die ihr logisches Ende als *Hypermoderne* (oder »Ultramoderne«) erreicht hat. Deshalb projizieren alle drei politischen Theorien ihre eigenen Geschlechterarchetypen, die die Beschränkungen ihrer Strukturen darstellten, auf die Postmoderne. Diese Beschränkungen drücken sich in der Geschlechterinstitutionalisierung in der Postmoderne aus. Was ist das postmoderne Geschlecht? Es ist die extreme Steigerung des »liberalen Mannes«, dessen Archetyp auf all seine Antithesen zutrifft: die Dummen, die Armen, die Nichtweißen, die Kleinen usw. Es ist genauso das Geschlecht der Globalisierung, wenn die Eigenschaften eines bestimmten Typus als gesellschaftliche Standards im universalistischen Sinne auf alle anderen Typen ausgedehnt werden. Daher stammt die Vorstellung, dass Proletarier nur noch nicht reich gewordene Bürger seien, Schwarze nur noch nicht modernisierte Weiße und Frauen nur noch nicht gänzlich befreite Männer. Wir sehen also, dass dieser aufzehrende Archetyp seine Bedeutung verliert. Die weitere Ausdehnung existierender Geschlechtermodelle kann dazu führen, dass die

Hypermoderne wie ein Schimmelpilz explosionsartig wächst, und ihre Geschlechterarchetypen werden scheitern. Wir befinden uns nun in diesem Moment einer weiteren postmodernen Ausdehnung und des endgültigen Bruchs der Geschlechter. Die Stadien dieses Bruchs sind Feminismus, Homosexualität, Geschlechtsumwandlungen und Transhumanismus.

Im Westen hatte die Zweite Politische Theorie großen Einfluss auf die Eliten, besonders die kreativen Berufe (Schauspieler, Schriftsteller, Philosophen usw.). Siehe da: die »Wunschmaschine«, die linken Feminismus in eigene Vorstellungen einer Freiheit vom Geschlecht aufnimmt. Donna Haraway[13] ist eine solche Feministin, oder eher eine ansatzweise Neomarxistin und Postmodernistin. Sie argumentierte, dass die erwachsene Frau vielleicht einen Drang nach »Befreiung« verspüre, eine Befreiung in unserer Kultur aber auch die Definition ihres Gegenteils beinhalte. Daher sei es notwendig, Mann und Frau gleichermaßen zu überwinden, indem man zum Cyborg wird. Ihr zufolge sind die Geschlechter nur zu überwinden, indem man das Menschsein überwindet. In eine ähnliche Kerbe schlägt Foucaults[14] Vorstellung von Sexualität, wonach Sexualität als neutrales Dispositiv vor dem Geschlecht liegt: Sexualität, die sich über die Fläche der Leinwand, des »organlosen Körpers«, ausbreitet. Diese Pansexualität — eine weiche Oberfläche sexueller Erregung — bleibt unklar darin, wem sie warum entlehnt worden ist und, was das wichtigste ist, welcher Orientierung oder Ausrichtung sie ist. Insgesamt leistet das marxistische Gedankengut den wichtigsten Beitrag zur

---

13 Donna Haraway (geb. 1944) ist emeritierte Professorin an der University of California, Santa Cruz, die einen von ihr sogenannten *Cyborg feminism* entwickelt hat. Die Theorie ist komplex, läuft aber darauf hinaus, dass Geschlechterrollen künstlich konstruiert seien und keinerlei Bezug zur biologischen Realität hätten. Hrsg.

14 Der französische Philosoph, Historiker und Soziologe Michel Foucault (1926–1984) wird dem Strukturalismus und Postmodernismus zugeordnet, obwohl er beide Zuschreibungen ablehnte. Er befasste sich nicht nur mit philosophischen Themen, sondern auch mit dem Wahnsinn und seiner Behandlung, Gefängnissen, Medizin und der Geschichte der Sexualität. Hrsg.

Abschleifung und Zerstörung der Geschlechterkonstruktionen der Moderne. Postmoderne Elemente des Faschismus finden sich in den BDSM-Praktiken.[15] Zeitgenössischer Faschismus enthält stark sadomasochistische Anteile, und pervertierter Faschismus ist — zusammen mit Feminismus, Cyborgs, dem »organlosen Körper« usw. — eine wesentliche Eigenschaft des Postmodernismus.

Schließlich finden wir uns in einer interessanten Situation wieder: Das beherrschende Geschlecht der Moderne wird als weitere Ausdehnung seiner ursprünglichen Konzeption enttarnt, fällt schnell in sich zusammen und steht in einigen Fällen kurz vor der Explosion (oder ist vielleicht schon explodiert). Wir befinden uns im Übergang zwischen Hypermoderne und Postmoderne und wissen nicht, wo Wahrheit und wo Wirklichkeit liegen. In einer postmodernen Geschlechterkonstruktion wird es also keinen Mann mehr geben. Stellen wir uns folgendes vor: Der Archetyp des »Manns« zerfällt in Stücke, die keine Teile eines Ganzen mehr darstellen, sondern nur für sich selbst stehen. Konservative Kräfte können sich für diesen Archetyp einsetzen und die Wiederkehr der Männlichkeit — des vernünftigen, wohlhabenden Weißen — fordern, aber damit versuchen sie nur, über Geschlechterrekonstruktionen die Moderne weiterzuführen. Diese Position erscheint hoffnungslos, und von hier aus vollzieht unserer Ansicht nach wiederum die Vierte Politische Theorie einen Schritt vorwärts. Wir schlagen vor, auf das Geschlecht als *Dasein* zuzugehen, trotz der allbekannten Vorhaltungen und Schmähungen, die wir hervorrufen werden. Indem wir die uns bekannten Grenzen der Geschlechter überschreiten, gelangen wir in den Bereich der Ungewissheit, der Androgynie und des engelhaften Sex. In derselben Sphäre müssen wir das Geschlecht der Vierten Politischen Theorie suchen, indem wir über die Grenzen der zusammengestürzten Chimäre der Moderne hinausschauen. Wir können im Moment nur

---

15 »Bondage and discipline, dominance and submission, sadism and masochism« (Fesselung und Disziplin, Dominanz und Unterwerfung, Sadismus und Masochismus). Hrsg.

Umrisse liefern: Wir wissen, dass es das Geschlecht des *Daseins* und des *Trajet* ist, dass dieses Geschlecht eine eingewurzelte Wirklichkeit darstellt und dass es dem Imaginären angehört. Wenn wir unsere Untersuchung ausdehnen, können wir nach dem Geschlecht des Radikalen Selbst fragen, das fernab der üblichen Paradigmen liegt.

14. GEGEN DIE POSTMODERNE WELT

Das Unheil der Unipolarität

DIE HEUTIGE WELT ist unipolar mit dem weltweiten Westen als Zentrum und den USA als Kern.

Diese Art von Unipolarität hat geopolitische und ideologische Eigenschaften. Geopolitisch gesehen bedeutet sie die strategische Beherrschung der Erde durch die nordamerikanische Hypermacht und den Versuch Washingtons, das Kräftegleichgewicht auf dem Planeten so zu arrangieren, dass die gesamte Welt ihren eigenen nationalen, imperialistischen Interessen gemäß regiert werden kann. Das ist schlecht, weil es andere Staaten und Nationen ihrer wahren Souveränität beraubt.

Wenn es nur eine Macht gibt, die entscheidet, wer recht und wer unrecht hat, wer bestraft werden sollte und wer nicht, dann haben wir eine Art globaler Diktatur. Das ist nicht hinnehmbar. Wir sollten also dagegen ankämpfen. Wenn uns jemand unsere Freiheit nimmt, müssen wir reagieren. Und wir werden reagieren. Das amerikanische Imperium muss zerstört werden. Und irgendwann wird es auch soweit kommen.

Ideologisch betrachtet basiert die Unipolarität auf modernen und postmodernen Werten, die sich offen gegen die Tradition richten. Ich teile die Vision René Guénons und Julius Evolas, die die Moderne und ihr ideologisches Fundament (Individualismus, liberale Demokratie,

Kapitalismus, Konsumismus und so weiter) für die Ursache der zukünftigen Menschheitskatastrophe, und die weltweite Vorherrschaft des westlichen Lebenswandels für den Grund des endgültigen Zerfalls der Erde gehalten haben. Der Westen nähert sich seinem Ende, und wir dürfen nicht zulassen, dass er uns andere allesamt mit in den Abgrund reißt.

Aus spiritueller Sicht ist die Globalisierung die Schöpfung einer großen Farce, das Königreich des Antichristen. Und die Vereinigten Staaten sind der Ausgangspunkt dieser Expansion. Amerikanische Werte behaupten, »universal« zu sein. In Wirklichkeit ist das eine neue Form ideologischer Aggression gegen die Vielfalt der Kulturen und Traditionen, die es anderswo auf der Welt noch gibt. Ich bin entschieden gegen westliche Werte, die ihrem Wesen nach die der Moderne und Postmoderne sind und von den Vereinigten Staaten durch Waffengewalt oder Aufdringlichkeit verbreitet werden (siehe Afghanistan, Irak, Libyen, vielleicht bald auch Syrien und Iran).

Deshalb sollten sich alle Traditionalisten ebenso gegen den Westen und die Globalisierung wie gegen die imperialistische Politik der Vereinigten Staaten wenden. Das ist die einzig logische und konsequente Position. Also müssen Traditionalisten und die Unterstützer traditioneller Prinzipien und Werte dem Westen entgegentreten und den Rest der Welt verteidigen, wenn dieser Rest Zeichen der Traditionsbewahrung aufweist, ob nun teilweise oder im Ganzen.

Es kann Menschen geben und gibt sie tatsächlich, im Westen und selbst in den Vereinigten Staaten, die mit dem Stand der Dinge nicht einverstanden sind und Moderne und Postmoderne ablehnen. Sie sind die Verteidiger der geistigen Traditionen des vormodernen Westens. Sie sollten sich unserem gemeinsamen Kampf anschließen. Sie sollten an unserer Erhebung wider die modernen und postmodernen Welten teilnehmen. Wir würden zusammen gegen einen gemeinsamen Feind kämpfen.

Eine weitere Frage stellt sich nach der Struktur einer möglichen antiglobalistischen und antiimperialistischen Front und nach ihren

Verbündeten. Ich denke, dass wir alle Kräfte einbeziehen sollten, die gegen den Westen, die Vereinigten Staaten, liberale Demokratie, Moderne und Postmoderne kämpfen. Unser gemeinsamer Feind ist die notwendige Motivation für alle Arten politischer Allianzen. Das betrifft Muslime und Christen, Russen und Chinesen, Linke und Rechte, Hindus und Juden, die die derzeitigen Verhältnisse, die Globalisierung und den amerikanischen Imperialismus in Frage stellen. Sie sind dadurch gewissermaßen allesamt Freunde und Verbündete. Unsere Ideale mögen unterschiedliche sein, aber wir haben eine starke Gemeinsamkeit: den Hass auf die derzeitige gesellschaftliche Realität. Unsere unterschiedlichen Ideale sind potentiell (*in potentia*). Die Herausforderung aber, der wir gegenüberstehen, ist aktuell (*in actu*). Das ist die Grundlage für ein neues Bündnis. All jene, die ein negatives Urteil über Globalisierung, Verwestlichung und Postmodernisierung teilen, sollten ihre Bemühungen um die Schaffung einer neuen Strategie des Widerstands gegen das allgegenwärtige Unheil miteinander abstimmen. Gemeinsame Verbündete finden sich sogar innerhalb der Vereinigten Staaten unter denen, die der gegenwärtigen Dekadenz den Pfad der Tradition vorziehen.

Auf dem Weg zur Vierten Politischen Theorie

An diesem Punkt müssen wir eine sehr wichtige Frage stellen: Welcher Art von Ideologie sollten wir uns als Gegenstück zur Globalisierung und ihren liberaldemokratischen, kapitalistischen und modernistischen/postmodernistischen Prinzipien bedienen? Ich denke, dass alle früheren antiliberalen Ideologien (Kommunismus, Sozialismus und Faschismus) nicht länger relevant sind. Sie versuchten, den liberalen Kapitalismus zu bekämpfen, und sie sind gescheitert. Das liegt zum Teil daran, dass am Ende aller Zeiten das Böse triumphiert, und zum Teil an ihren inneren Widersprüchen und Beschränktheiten. Es ist also an der Zeit, die illiberalen Ideologien der Vergangenheit einer gründlichen Revision zu unterziehen. Was sind ihre positiven Seiten? Ihre positive Seite ist die Tatsache, dass sie ebenso antikapitalistisch und antiliberal wie antikosmopolitisch und antiindividualistisch waren. Diese Eigenschaften sollten akzeptiert und in eine künftige Ideologie integriert werden. Die kommunistische Doktrin selbst ist jedoch modern, atheistisch, materialistisch und kosmopolitisch. Das muss verworfen werden. Auf der anderen Seite sind die gesellschaftliche Solidarität, soziale Gerechtigkeit, der Sozialismus und die allgemein ganzheitliche Sicht auf die Gesellschaft im Kommunismus an und für sich gut. Wir müssen also die materialistischen und modernistischen Anteile des Kommunismus aussondern und beseitigen, während wir seine sozialen und ganzheitlichen Aspekte bewahren und annehmen.

Was die Theorien des Dritten Wegs betrifft, die manche Traditionalisten wie Julius Evola bis zu einem gewissen Grad sehr geschätzt haben, so gab es viele inakzeptable Elemente, insbesondere Rassismus, Xenophobie und Chauvinismus. Dabei handelt es sich nicht nur um moralisches Versagen, sondern auch um theoretisch und anthropologisch zusammenhanglose Einstellungen. Unterschiede zwischen Ethnien ergeben keine Überlegenheit oder Unterlegenheit. Die Unterschiede sollten ohne rassistische Empfindungen oder Gedanken akzeptiert und gutgeheißen werden. Es gibt keinen einheitlichen oder universalen Maßstab zur Beurteilung verschiedener ethnischer Gruppen. Wenn eine Gesellschaft über eine andere zu urteilen versucht, gebraucht sie ihre eigenen Kriterien und wendet damit intellektuelle Gewalt an. Eben dieses ethnozentrische Gebaren ist das Kriminelle an Globalisierung und Verwestlichung und auch am amerikanischen Imperialismus.

Wenn wir den Sozialismus seiner materialistischen, atheistischen und modernistischen Eigenschaften entkleiden und die rassistischen und kleinmütig nationalistischen Aspekte der Doktrinen des Dritten Wegs zurückweisen, gelangen wir zu einer völlig neuen Art von politischer Ideologie. Wir nennen sie die Vierte Politische Theorie oder 4PT; die erste ist der Liberalismus, den wir grundsätzlich anfechten, die zweite ist die klassische Form des Kommunismus, die dritte sind Nationalsozialismus und Faschismus. Ihre Entfaltung beginnt am Schnittpunkt verschiedener antiliberaler politischer Theorien der Vergangenheit (Kommunismus und Dritter Weg). So kommen wir zum Nationalbolschewismus, der einen Sozialismus ohne Materialismus, Atheismus, Fortschrittsdogma und Modernismus ebenso darstellt wie die modifizierten Theorien des Dritten Wegs.

Das ist jedoch nur der erste Schritt. Die mechanische Addition gründlich überarbeiteter Fassungen der antiliberalen Ideologien der Vergangenheit wird kein letztgültiges Ergebnis liefern. Sie ist nur erste Annäherung und vorläufiger Versuch. Wir müssen darüber hinaus an Tradition und vormoderne Inspirationsquellen appellieren. Dort finden wir den Idealstaat Platons, die hierarchische Gesellschaft des Mittelalters und theologische Vorstellungen vom normativen gesellschaftlichen und politischen System (ob nun christlich, islamisch, buddhistisch, jüdisch oder hinduistisch). Diese vormodernen Quellen sind sehr wichtig für die Entwicklung der Synthese des Nationalbolschewismus. Wir müssen also einen neuen Namen für diese Art von Ideologie finden, und »Vierte Politische Theorie« ist ziemlich angemessen. Er sagt nichts darüber aus, was diese Theorie ist, sondern eher darüber, was sie nicht ist. Sie wird dadurch zu einer Art von Einladung und Aufforderung anstelle eines Dogmas.

Politisch gesehen findet sich hier eine interessante Grundlage für die bewusste Zusammenarbeit zwischen radikalen Linken und Neuen Rechten ebenso wie zwischen religiösen und anderen antimodernen Bewegungen, beispielsweise Ökologen und grünen Theoretikern. Wir müssen bei der Begründung einer solchen Zusammenarbeit einzig darauf beharren, dass alle antikommunistischen und antifaschistischen Vorurteile abgelegt werden. Diese Vorurteile sind Werkzeuge in den Händen der Liberalen und Globalisten, mit denen sie ihre Feinde getrennthalten. Deshalb müssen wir Antikommunismus ebenso wie Antifaschismus entschieden ablehnen. Beide sind konterrevolutionäre Hilfsmittel in den Händen der globalen liberalen Elite. Gleichzeitig sollten wir jeder Art von Konfrontation zwischen den verschiedenen religiösen Lagern — Muslime gegen Christen, Juden gegen Muslime,

Muslime gegen Hindus usw. — entgegentreten. Diese interkonfessionellen Kriege und Spannungen dienen dem Reich des Antichristen, der alle traditionellen Glaubensrichtungen zu spalten versucht, um seine eigene Pseudoreligion zu etablieren, die endzeitliche Farce.

Wir müssen also die Rechte, die Linke und die traditionellen Weltreligionen im gemeinsamen Kampf gegen einen gemeinsamen Feind vereinen. Soziale Gerechtigkeit, nationale Souveränität und traditionelle Werte sind die drei Kernprinzipien der Vierten Politischen Theorie. Es ist nicht leicht, eine so gegensätzliche Koalition zusammenzubringen. Wir müssen es aber versuchen, wenn wir den Feind überwinden wollen.

In Frankreich kursiert eine Parole Alain Sorals: »La droite des valeurs et la gauche du travail.«[1] In Italien sagt man: »La Destra sociale e la Sinistra identitaria.«[2] Was genau man in Deutschland sagen könnte, werden wir später sehen.

Wir könnten fortfahren und das Subjekt, den Akteur der Vierten Politischen Theorie, zu definieren versuchen. Im Kommunismus war das zentrale Subjekt die Klasse. Bei den Bewegungen des Dritten Wegs war es entweder Rasse oder Nation. Im Falle der Religionen ist es die Glaubensgemeinschaft. Wie könnte die Vierte Politische Theorie mit dieser Vielfalt und dem Auseinanderklaffen der Subjekte umgehen? Wir schlagen vor, das Hauptsubjekt der Vierten Politischen Theorie in Heideggers Konzept des *Daseins* zu verorten. Das ist ein konkretes, aber ausgesprochen tiefsinniges Beispiel, das als gemeinsamer Nenner für die weitere ontologische Entwicklung der Vierten Politischen Theorie dienen könnte. Entscheidend für unsere Betrachtung ist die Authentizität oder Nichtauthentizität der Existenz des *Daseins*. Die Vierte Politische Theorie beharrt auf der Authentizität der Existenz. Das macht sie zur Antithese jeder Art von Entfremdung — sei sie sozialer, wirtschaftlicher, nationaler, religiöser oder metaphysischer Natur.

---

1 «Die [politische] Rechte der Werte und die [politische] Linke der Arbeit.« Hrsg.
2 «Die soziale Rechte und die nationale Linke.« Hrsg.

Das *Dasein* ist jedoch ein konkretes Beispiel. Jedes Individuum und jede Kultur verfügt über ein eigenes *Dasein*. Sie unterscheiden sich voneinander, sind aber immer präsent.

Wenn wir das *Dasein* als Subjekt der Vierten Politischen Theorie annehmen, sollten wir voranschreiten zur Ausarbeitung einer gemeinsamen Strategie für die Gestaltung einer Zukunft, die unseren Bedürfnissen und Vorstellungen angemessen ist. Werte wie soziale Gerechtigkeit, nationale Souveränität und traditionelle Spiritualität können dazu als Grundlage dienen.

Ich glaube aufrichtig daran, dass die Vierte Politische Theorie und ihre sekundären Variationen, Nationalbolschewismus und Eurasianismus, für unsere Völker, Länder und Zivilisationen von großem Nutzen sein können. Der Schlüssel zur Bewältigung von Unterschieden ist Multipolarität in jeglicher Hinsicht — geopolitisch, kulturell, axiologisch, wirtschaftlich usw.

Unserem Ideal entspricht der wichtige Begriff des *Nous* (Intellekt), den der griechische Philosoph Plotin[3] entwickelte. Der Intellekt ist eins und gleichzeitig vielfach, denn er enthält in sich vielfältige Gegensätze — er ist weder gleichförmig noch eine Mischung, sondern steht als Gesamtheit vieler Teile für sich, die alle ihre jeweiligen Besonderheiten haben. Die zukünftige Welt sollte gewissermaßen *noetisch* sein — sich durch Vielheit auszeichnen. Vielfalt sollte als ihr Reichtum und Kleinod begriffen werden, nicht als Grund für unausweichliche Konflikte: viele Zivilisationen, viele Pole, viele Wertesysteme auf einem Planeten und innerhalb einer Menschheit. Viele Welten.

Es gibt jedoch einige, die anders denken. Wer stellt sich gegen einen solchen Entwurf? Diejenigen, die Uniformität erzwingen wollen, den einen (amerikanischen) *Way of Life*, die Eine Welt. Und ihre Methoden sind Gewalt, Verführung und Überredung. Sie sind gegen Multipolarität. Also sind sie gegen uns.

---

3   Plotin (205–270) war ein griechischer Philosoph und Begründer der mystischen Denkrichtung, die man heute Neuplatonismus nennt. Hrsg.

ANHANG I

I. Politische Postanthropologie

1. Jede Art von politischem System und jedes Stadium der politischen Geschichte verläuft dem normativen, politischen Typus des Menschen entsprechend. Wir sagen: »ein Mensch des Mittelalters«, »ein Mensch der Moderne« und so weiter; damit beschreiben wir die spezifischen historischen und politischen Konstrukte. Diese Konstrukte hängen unmittelbar von der Organisation und Formalisierung der *Machtverhältnisse* innerhalb einer Gesellschaft ab und stehen in Beziehung zur Achse der Macht, die das Wesen des Politischen ausmacht, und zur Unterscheidung von Freund und Feind, was nach Carl Schmitt ebenso das Wesen des Politischen ist. Das Politische ist Macht und politische Identifikation (das Selbst/das Andere). Jede politische Form bietet ein anderes Modell von Macht und Identifikation. Es existieren aber viele politische Systeme, und jedes hat seine eigene politische Anthropologie. Die »Politische Theologie« (Carl Schmitt)[1] deutet an, dass Politik und politisches System eine Konstante der politischen Anthropologie widerspiegeln und in manchen Fällen konstituieren.

2. Der politische Mensch wird von einer Form des Politischen in eine andere überführt. Das wird in der »Philosophie der Politik« und

---

1 Carl Schmitt: *Politische Theologie: Vier Kapitel zur Lehre von der Souveränität*, München u. Leipzig 1922.

der »Postphilosophie« hinreichend umrissen. Jetzt werden wir uns darauf konzentrieren, welche Form der politischen Anthropologie der Postmoderne entspricht.

3. Die Postmoderne ist etwas, das eintritt und *auftritt* — auf uns tritt. Sie hat ihren Schritt aber noch nicht vollzogen. Deshalb leidet das Studium der Postmoderne unter einer absurden schöpferischen Lücke. Obwohl sie uns zertreten kann, kann sie uns auch nicht zertreten, und wir können uns (oder auch nicht, das ist noch nicht klar) unter ihr herauswinden. Deshalb ist es interessant, aufregend und zugleich risikoreich, über die Postmoderne zu sprechen. Sie ist ein Prozess mit unbekanntem Ende und ungewisser Bedeutung. Noch ist es möglich, Ende und Bedeutung zu beeinflussen. Die Geschichte hat anscheinend ihr Ende gefunden; das *Posthistoire* beginnt gerade erst, und man muss darin nach einem Kampfraum suchen, diesen Raum zurückgewinnen und ihn ausweiten.

4. Der politischen Postanthropologie geht es darum, den politischen Menschen in der Postmoderne zu prognostizieren und aufzubauen. Sie ist normativ. Wir untersuchen nicht nur das, was bereits besteht; wir verfolgen den Verlauf und versuchen, auf ihn einzuwirken. Wunschdenken und selbsterfüllende Prophezeiungen sind dabei durchaus legitim und willkommen. Indem wir die politische Postanthropologie erkunden, hauchen wir dem Politischen neues Leben ein.

II. Politische Postmenschheit und der Poststaat

1. Die unabdingbaren Eigenschaften der Postmenschheit in der Postmoderne sind:

- Entpolitisierung;
- Vereinzelung;

- Verzwergung;
- Sub- und Transhumanisierung (als Sonderform der Entmenschlichung);
- *Dividualisierung* (Zersplitterung).

Die Ablehnung und Verleugnung von allem, das in früheren Geschichtsabschnitten politisch war, wird also zur dominanten Form der Politik. Politisierung trifft auf Entpolitisierung. Die Politik des Postmenschen in der Postmoderne liegt im Versuch, ihr zu entkommen, und in der Projektion des Politischen in die neue Sphäre. Der Postmensch in der Postmoderne erklärt dem Politischen den Krieg: zuerst auf Grundlage der Wirtschaft (*Homo oeconomicus* vs. *Homo politicus*), dann gegen die klassische Subjekt-Objekt-Ökonomie im Namen der Netzwerkdynamik des freien, schöpferischen Spiels freischwebender »Vielheiten« (Negri und Hardt). Die Industrien von Mode, Berühmtheiten und Showbusiness impft den Menschen die Vorstellung ein, man müsse kein Geld mit Arbeit verdienen, um materiellen Reichtum zu erlangen, sondern nur in das richtige soziale Umfeld hineinkommen, von einer relevanten gesellschaftlichen »Vielheit« akzeptiert werden und Mitglied des sich unentwegt verändernden glamourösen Netzwerks werden. Hochglanzseiten, auf denen organlose Körper hin und her gleiten, sind wie eine greifbare Verkörperung des *Espace lisse* Deleuzes[2] — ein Sinnbild der Postökonomie. Tatsächliche Arbeit ist nicht notwendig, sie ist rein freiwillig.

2. Der postpolitische Postmensch stürzt zuerst die Macht und das Kollektiv, dann seine eigene zersplitterte Identität. Er erkennt die Machtverhältnisse über oder unter sich nicht an, kennt weder Selbst noch Anderes und akzeptiert oder versteht nichts, was

---

[2] Der »glatte Raum«. In *Tausend Plateaus* unterscheiden Deleuze und Guattari zwischen glattem und gekerbtem Raum. Demzufolge steht der glatte Raum für Ozean und Wüste, von Nomaden bewohnte Landstriche, und ist ein Ort ständigen Wandels. Hrsg.

außerhalb seines Mikrokosmos liegt. Seine Politik drückt sich in Form von Begehrlichkeiten und vegetativen Impulsen unbekannter Ursache und mit unbekannter Absicht aus. Vielleicht ist es »Leidenschaft«, aber diese »Leidenschaft« gehört niemandem und hat kein Ziel.

3. Der Postmensch erschafft sein Modell eines Poststaats aus dem zufälligen Zusammenspiel von Sub- und Transindividualität. Der Poststaat ist eine spöttische Parodie des Staats. Er ist der umgedrehte Staat, der Phantomstaat, der Staat als Farce. Im Poststaat sind Institutionen beweglich und kurzlebig. Politische und rechtliche Prinzipien ändern sich ununterbrochen. Er verfügt weder über vertikale noch über horizontale Symmetrie und zielt stattdessen darauf ab, mit dem Netzwerk zu verschmelzen. Er ist eine Art Piratenrepublik im Cyberspace oder ein brasilianischer Karneval, der sein Programm gegen das Programm des Spektakels austauscht. Im Poststaat tauschen die Ernsten und die Albernen die Plätze, er befindet sich in ununterbrochenen Saturnalien.[3] In der Postpolitik bildet die Postmenschheit diesen Poststaat, indem sie sich durch ihr eigenes tödliches, halluzinatorisches Spiel belustigen lässt.

4. In der politischen Postanthropologie ist alles ins Gegenteil verkehrt: Freizeit und Arbeit (die seriöseste Beschäftigung, die eigentliche *Arbeit*, ist das Fernsehen), Wissen und Unwissenheit (Vollidioten bekommen akademische Berufe), öffentlich und privat. In dieser Realityshow stehen die kleinsten, nichtigsten Details des Lebens im Mittelpunkt der Aufmerksamkeit, selbst in politischen Debatten. Traditionelle Geschlechterrollen werden umgekehrt. Politiker werden aufgrund ihrer Jugend, ihres Glamours, ihres Auftretens und ihrer Unerfahrenheit gewählt,

---

3   Die Saturnalien waren die römischen Festtage zu Ehren des Gotts Saturn. Im Rahmen eines einwöchigen Karnevals bedienten unter anderem die Herren ihre Sklaven. Hrsg.

anstatt angesehene und erfahrene Ältere zu sein. Aus den Opfern werden Verbrecher und umgekehrt...

5. Warum reden wir von Postpolitik, wenn es doch offensichtlich um etwas dem Politischen diametral Entgegengesetztes geht? Weil ein solcher anthropologischer Typus der Postmoderne in Theorie und sozialer Praxis *auftritt*, also angreift, sich beharrlich aufzwingt, sich einschleppt und so schrittweise zur Norm wird. Er tritt als Grundpersönlichkeit (nach Abram Kardiner) auf.[4] Und für einen solchen Angriff und einen solchen Durchmarsch bedarf es eines Dispositivs[5] der Macht und kollektiver Identifikation, also wiederum des Politischen. In diesem Fall jedoch neigen gegen die Macht ausgerichtete Leitbilder dazu, ihre eigene Macht zu bekräftigen, und solche Leitbilder, die alle Formen eines *Typus* an sich negieren, bestehen auf der Universalisierung *ihres* Typus (»Typus« wird in diesem Fall zum Synonym für *Eidos* oder Allgemeingültigkeit). Apolitische Einzelteile und Teilmengen bilden eine Art Regierungspartei der Postmoderne. Die Einflussreichen und ihr Umfeld reißen die Macht an sich oder haben das bereits getan.

6. Diese »Partei« hat ein stilistisches und strategisches Arsenal. Es besteht aus der Mode und aus interaktiven Informationstechnologien (Twitter, Mobiltelefone, soziale Netzwerke, Blogs). Die Franzosen verwenden statt »modisch« oft das Slangwort *branché*, was soviel wie »verbunden« (mit dem Trend) bedeutet. Mode und Technologie verändern sich rasend schnell, und »verbunden« ist derjenige, der sich hier und jetzt, schnell und dynamisch mitändert. Es gibt kein Gestern und kein Morgen, nicht einmal

---

4 Abram Kardiner (1891–1981) war ein amerikanischer Anthropologe und Psychologe. Kardiner behauptete, die Kultur sei das Produkt der Persönlichkeiten der Individuen, aus denen sie sich zusammensetzt, die wiederum das Produkt der sozialen Konditionierung durch gesellschaftliche Institutionen seien. Hrsg.

5 Den Begriff *Dispositif* benutzte Michel Foucault für die physischen, ideologischen und bürokratischen Methoden, durch die eine Gesellschaft ihren Mitgliedern ihren Willen aufzwingt. Hrsg.

ein Heute. Es gibt nur das *Jetzt*. Jetzt sind Google oder Twitter in aller Munde, aber im nächsten Augenblick werden sie der grauen Vorzeit angehören, so wie Schreibmaschinen oder Atari-Heimcomputer. Wir finden hier einen *dromokratischen* (Paul Virilio)[6] Aspekt.

7. »Twitter-Revolutionen« in der arabischen Welt oder iPad-Präsidenten wie Dmitri Medwedew sind deutliche Anzeichen politischer Postanthropologie und des poststaatlichen Phänomens. Der Aufstand der Eliten und die Schwankung im Niveau der Bewusstseinsintensität der regierenden Gruppen tendieren gegen Null. Der politische Stratege, der gleichzeitig ein Drogensüchtiger ist, ist dafür ein klassisches Beispiel.

III. Der politische Soldat und sein Simulakrum

1. Wie jedes politische Modell kann auch die politische Postanthropologie angenommen oder zurückgewiesen werden. Es ist unerheblich, wie sehr sie auf ihrer eigenen »Naturgemäßheit« beharren mag. Eine Person kann die Machtstruktur genauso wie ihre Identität auswählen. Poststaat, Twitter-Revolutionen und iPad-Präsidenten sind alle Teil einer einzigen Tendenz des Auftretens und Eindringens. Sie mögen die Hauptströmung ausmachen, sind aber nicht einzigartig. Es könnte auch Alternativen geben.

2. Die erste Alternative ist die politische Anthropologie früherer Formen. Angesichts der politischen Postanthropologie lässt sie sich in der Gestalt des »politischen Soldaten« verallgemeinern.

---

6 Der französische Philosoph und Medienkritiker Paul Virilio (geb. 1932) prägte den Begriff *Dromokratie*, um die für ihn auffälligste Eigenschaft der Moderne zu beschreiben: das durch technischen und wissenschaftlichen Fortschritt beförderte Streben nach immer höherer Geschwindigkeit. Virilio war der Ansicht, dass wir uns dem Maximum dieser Geschwindigkeit annähern und sie zu erreichen das Ende der Moderne bedeuten werde. Hrsg.

Das ist ein anthropologischer Begriff. Er sagt nichts darüber aus, welcher Ideologie der »politische Soldat« folgt. Dieser Begriff beinhaltet aber stillschweigend einen Glauben an die Existenz der politischen Ontologie: Der politische Soldat kämpft für ein Modell der Machtverhältnisse und identifiziert sich unmittelbar und offen mit einer konkreten Gruppe (dem »Wir«). Eine grundlegendes Charakteristikum des politischen Soldaten ist, dass er fähig und willens ist, für sein politisches Ideal zu sterben. Das unterscheidet ihn von normalen Soldaten und normalen Politikern. Ein Soldat stirbt zwar, aber nicht für eine politische Idee. Ein Politiker kämpft zwar für eine politische Idee, ist aber nicht bereit, für sie zu sterben.

3. Der politische Soldat kann Kommunist, Nationalist oder sogar Liberaler sein. In jedem Fall jedoch verkörpert er die Moderne in ihren spezifischen politischen Formen. Der politische Soldat ist ein *Mediastinum*[7] der politischen Anthropologie der Moderne. Und in dieser Funktion kann er die politische Postanthropologie theoretisch bekämpfen. Das wäre eine konservative Antwort. Ein Individuum bekämpft ein Individuum. Ein jetziges »Ende« verwirft die zeitlose, posthistorische »Zukunft«. Das Drama der »letzten« Menschen, die einen politischen Kampf gegen Postmenschen austragen, ist gleichzeitig sehr heldenhaft, tragisch, poetisch und... aussichtslos.

4. Aber: Die politische Postanthropologie macht eine solche Position fast unmöglich. Der politische Soldat wird unter den einzigartigen Bedingungen der zersetzenden Flut der Postmoderne sofort zu einem Simulakrum umgewandelt. Das ist das Delikate an der Postmoderne: Sie überträgt eine ironische Mutation hinsichtlich aller Aspekte der Moderne — zuallererst in bezug auf die Anthropologie. Heute ist es schon nicht mehr möglich, auf den

---

7 Der anatomische Mittelfellraum, in dem sich alle Brustorgane (mit Ausnahme der Lunge) befinden. Hrsg.

politischen Soldaten zu treffen; wir finden nur sein *Double* vor, sein Simulakrum, seine Attrappe.

5. In einen anthropologischen Ablauf politischer und anthropologischer Formen schleust die Postmoderne *ein* unheilvolles Glied ein. All die Stränge, die den politischen Kampfplatz der Postmoderne mit der Moderne und der tieferliegenden politischen Geschichte verbinden, reißen im Augenblick der Postmoderne ab, und dort liegt ein Knoten. Hinter diesem Knoten mit all seiner sichtbaren Kontinuität liegt ein künstlicher Abschnitt.

6. Es gibt heute keine politischen Soldaten. Alles, was bleibt, sind ihre Hüllen.

IV. Auswege der politischen Postanthropologie: Prämensch und PC

1. Ich möchte meine These auf folgendes Bekenntnis verkürzen: Im Kontext der politischen Postanthropologie können Postmoderne und Postmensch (das Dividuum) der Moderne und dem Menschen (dem Individuum) nicht gegenübergestellt werden. Die gegensätzlichen Paarungen lauten nicht Dividuum vs. Individuum und Postmensch vs. Mensch, sondern Dividuum vs. Pseudoindividuum und Postmensch vs. Pseudomensch. Die anthropologische »Falte« (Deleuze) der postmodernen Anthropologie ist, dass ein Simulakrum auf ein Simulakrum trifft.

2. In der Postmoderne ist ein politischer Soldat unmöglich. Er kann nur ein Simulakrum sein.

3. Folglich muss der Widerstand anders aussehen. Er ist nicht ein früheres anthropologisches Element, das darauf programmiert wird, ein postanthropologisches Element des anthropologischen Ablaufs aus der Bahn zu werfen, das sich *hinter* dem Knoten befindet, sondern eine völlig andersartige Figur. Man sollte also von der politischen Ausdrucksform des Radikalen Subjekts sprechen.

4. Dieses Thema muss in die Vierte Politische Theorie integriert werden. Es kann in diesem Buch nicht ausgearbeitet werden. Allgemein lässt sich jedoch sagen: Die Alternative zur politischen Postanthropologie ist ebenfalls eine Postanthropologie, aber eine andere.

5. Die Wege der Überschreitung der Grenzen oder Einschränkungen der Menschheit werden sich von denen hinsichtlich des Dividuums unterscheiden. Es ist nicht wirklich der Mensch, der in der politischen Postanthropologie auf den Postmenschen trifft, sondern ein Prämensch, der Vorbegriff des Menschen. Der Ausgangspunkt, der vor dem Menschen kam, existiert parallel zu ihm und wird nach ihm zurückbleiben.

6. Hier können wir auch das heikle Thema der Angelomorphose ansprechen. Es ist kein Zufall, dass es in der Eschatologie der meisten Religionen und Überlieferungen um das allumfassende Panorama eines Endkampfs geht, wozu zwangsläufig Engel gehören. In Hollywood-Blockbustern wird selbst das der Simulation unterworfen. Es bleibt aber unausweichlich.

Die politische Ausdrucksform des Radikalen Subjekts lässt sich definieren, nicht im Bereich der politischen Theologie (Carl Schmitt), sondern im Bereich der politischen Angelologie. Dieses Thema bedarf weiterer Ausarbeitung.

ANHANG II

Die Metaphysik des Chaos

DIE MODERNE EUROPÄISCHE Philosophie begann mit dem Begriff des *Logos* und der logischen Ordnung des Seins. Über mehr als zweitausend Jahre hinweg wurde dieser Begriff vollständig erschöpft. Alle in dieser *logozentrischen* Denkweise enthaltenen Möglichkeiten und Prinzipien sind mittlerweile gründlich erforscht, enthüllt und von Philosophen aufgegeben worden.

Das Problem des Chaos und seiner Natur aber wurde von Anbeginn der Philosophie an vernachlässigt und weggeschoben. Die einzige Philosophie, die wir derzeit kennen, ist die Philosophie des *Logos*. Aber Chaos ist etwas ganz anderes als *Logos*, seine totale Alternative.

Vom 19. Jahrhundert an und bis zum heutigen Tage keimte in den wichtigsten und brillantesten europäischen Philosophen (etwa Friedrich Nietzsche und Martin Heidegger) der Verdacht auf, dass der *Logos* rapide seinem Ende entgegenging. Manche von ihnen wagten es, anzudeuten, dass wir nunmehr im Endstadium der *logozentrischen* Philosophie lebten und etwas... anderes heraufziehen würde.

Die europäische Philosophie basierte auf dem *logozentrischen* Prinzip, das einem Ausschlussprinzip entspricht, der Unterscheidung, im Griechischen *Dihairesis*.[1] All das entspricht exakt der männlichen

---

[1] Dieser Begriff entstammt den Platonischen Dialogen und bezeichnet eine Gruppe von Begriffen oder Objekten, die wieder und wieder unterteilt werden,

Geisteshaltung und reflektiert eine patriarchale, autoritäre, vertikale und hierarchische Ordnung von Sein und Wissen.

Dieser männliche Zugriff auf die Realität erzwingt überall Ordnung und das Ausschlussprinzip. Das offenbart sich in vollem Ausmaß in der aristotelischen Logik, die die Prinzipien von Identität und Exklusion ins Zentrum der normativen Denkweise rückt. A ist gleich A, nicht gleich Nicht-A. Diese Identität schließt Nicht-Identität (Alterität)[2] und Rollentausch aus. Hier spricht, denkt, handelt, kämpft, teilt, ordnet usf. der Mann.

In unseren Tagen findet alles *Logozentrische* ein Ende, und wir müssen eine andere Denkweise jenseits des ausgetretenen *logozentrischen*, phallozentrischen, hierarchischen und exklusiven Pfads erwägen.

Wenn uns der *Logos* nicht länger zufriedenstellt, fesselt oder mobilisiert, dann sind wir geneigt, etwas anderes zu versuchen und endlich das Problem des Chaos anzusprechen.

Gleich zu Anfang: Es gibt zwei verschiedene Chaosbegriffe. Die moderne Physik und Philosophie beziehen sich auf komplexe Systeme, Verzweigungen oder nicht integrierbare Gleichungen und Prozesse, alles Phänomene, die sie als »Chaos« bezeichnen. Darunter verstehen sie nicht die Abwesenheit von Ordnung, sondern eine kompliziertere Form der Ordnung, die schwerlich als solche zu begreifen und in Wahrheit ihre Essenz ist. Solche Unordnung oder Turbulenz ist berechenbar, allerdings nur mit höherentwickelten theoretischen und mathematischen Mitteln und Verfahren als den Instrumenten, deren sich die klassische Naturwissenschaft bedient.

Der Begriff »Chaos« wird hier im metaphorischen Sinne gebraucht. In der modernen Wissenschaft begegnen wir weiterhin einer ihrem Wesen nach *logozentrischen* Methode der Erforschung der Realität. Das »Chaos« ist hier also nichts anderes als eine dissipative

---

bis eine Definition des fraglichen Gegenstands gefunden ist. Hrsg.

2 Ein in seinem modernen Sinne von Emmanuel Levinas (1905–1995) definierter Begriff, der die »Andersheit« bezeichnet, also die Handlung, die eigene Perspektive gegen die eines theoretischen Anderen zu tauschen. Hrsg.

Struktur des *Logos*, das Endergebnis von Verfall, Zusammenbruch und Zersetzung. Die moderne Wissenschaft befasst sich nicht mit etwas anderem als *Logos*, sondern mit einer Art Post-*Logos* oder Ex-*Logos*: *Logos* im Stadium endgültiger Auflösung und Verkümmerung. Der Vorgang der endgültigen Zerstörung und Zerstreuung des *Logos* wird in diesem Fall als »Chaos« begriffen.

In Wirklichkeit hat er aber gar nichts mit dem Chaos an sich und im Sinne der eigentlichen Bedeutung des griechischen Worts zu tun. Es ist eher eine Art höchster Verwirrung. René Guénon hat das Zeitalter, in dem wir gerade leben, als »Zeitalter der Finsternis und der Verwirrung« bezeichnet. »Verwirrung« ist der Zustand, der gleichzeitig neben der Ordnung herläuft und ihr vorausgeht. Wir sollten deshalb klar zwischen den zwei verschiedenen Begriffen unterscheiden. Auf der einen Seite haben wir den modernen Chaosbegriff, der für eine Postordnung oder ein Durcheinander widersprüchlicher Seinsfragmente ohne jede Einheitlichkeit und Ordnung steht, die untereinander durch höchst anspruchsvolle postlogische Entsprechungen und Konflikte verknüpft sind. Gilles Deleuze nannte dieses Phänomen ein »aus der Vielzahl der Monaden zusammengesetztes, nicht kompossibles System« (und bediente sich dabei der Leibnizschen Monadenlehre und Kompossibilität),[3] wodurch die Monaden für ihn zu »Nomaden« wurden.[4] Deleuze beschreibt die Postmoderne als Summe nicht kompossibler Fragmente, die in der Lage sind, zu koexistieren. Das war in Leibniz' auf dem Prinzip der Kompossibilität fußender Auffassung der Realität. In der Postmoderne aber sehen wir einander ausschließende Elemente koexistieren. Die herumschwirrenden,

---

3   Gottfried Wilhelm Leibniz (1646–1716) war ein deutscher Philosoph und Mathematiker. In seinem Werk *Monadologie* behauptete er, Substanzen ließen sich in Monaden (ein Konzept, das ihm zeitlich vorausging) aufspalten und jeder Monade sei vorherbestimmt, auf bestimmte Weise mit den anderen Arten von Monaden zu interagieren. Hrsg.

4   Für Deleuze symbolisierte der Nomade einen zwischen festen Punkten existierenden Seinszustand, so wie ein Wüstennomade unentwegt nach feststehenden Mustern von Ort zu Ort zieht. Hrsg.

ungeordneten, nicht kompossiblen Monaden — oder Nomaden — machen vielleicht einen chaotischen Eindruck, und in der Regel benutzen wir das Wort »Chaos« im Alltag in diesem Sinne. Strenggenommen aber sollten wir klar unterscheiden.

Wir müssen zwischen zwei Sorten von Chaos unterscheiden: dem postmodernen »Chaos«, das das Gleiche bedeutet wie Verwirrung, also einer Art Postordnung, und dem griechischen Chaos als Präordnung, etwas, das bereits vor der Heraufkunft geordneter Realität existiert hat. Nur letzteres kann als Chaos im eigentlichen Wortsinn betrachtet werden. Dieser zweite, aber in Wahrheit ursprüngliche Chaosbegriff sollte aufmerksam und metaphysisch untersucht werden.

Die epische Vision des Aufstiegs und Niedergangs des *Logos* im Laufe der Entwicklung abendländischer Philosophie und Geschichte wurde zuerst von Martin Heidegger aufgeworfen, der die Ansicht vertrat, dass der *Logos* im Kontext der europäischen oder westlichen Kultur nicht nur ein vorrangig philosophisches Prinzip, sondern auch die Grundlage der religiösen Haltung sei, die den Kern des Christentums bildet. Wir können zusätzlich anmerken, dass das Konzept des *Kalams* oder Intellekts das Zentrum der islamischen Philosophie und Theologie bildet. Das Gleiche gilt für das Judentum (zumindest nach Ansicht des Philon von Alexandria[5] und vor allem im mittelalterlichen Judaismus und der *Kabbala*). In der Hochmoderne also, in der wir leben, fördern wir den Niedergang des *Logos* zusammen mit dem einhergehenden Niedergang der klassischen griechisch-römischen Kultur und ebenso monotheistischer Religion. Diese Dekadenzprozesse liegen vollständig parallel zu dem, was Martin Heidegger als den gegenwärtigen Zustand abendländischer Kultur insgesamt ansah. Er machte den Ursprung dieses Verfallszustandes in einigen verborgenen und kaum erkennbaren Fehlern aus, die sich in den frühen Phasen griechischen Denkens ereigneten. Etwas ist gleich zu Beginn der abendländischen Geschichte

---

5 Philon von Alexandria (20 v. Chr.–50 n. Chr.) war ein jüdischer Philosoph. Er glaubte, der *Logos* sei der Weg Gottes, die materielle Welt zu beeinflussen. Hrsg.

schiefgelaufen, und Martin Heidegger sah diese Schieflage just in der Bejahung der exklusiven Position eines exklusiven *Logos*. Heraklit und Parmenides stießen diese Entwicklung an, vor allem aber Platon durch die Darlegung eines philosophischen Denkens, das zwei Welten oder Realitätsschichten imaginierte, wo die Existenz als Manifestation des Verborgenen wahrgenommen wurde. Später wurde dieses Verborgene als *Logos* verstanden, als Idee, Paradigma, Beispiel. Von diesem Zeitpunkt an schritt die referenzielle Theorie der Wahrheit voran. Heraklit zufolge liegt die Wahrheit im Fakt der unmittelbaren Übereinstimmung des Gegebenen mit der angenommenen unsichtbaren Essenz oder der Natur, die »[es] liebt [...], sich zu verbergen«. Die Vorsokratiker standen an der Spitze dieser Philosophie. Die entfesselte Explosion der modernen Technik ist ihre logische Folge. Heidegger nannte sie *Ge-stell* und sah in ihr den Grund der unausweichlich kommenden Katastrophe und der Auslöschung der Menschheit. Ihm zufolge war das gesamte das Konzept des *Logos* falsch, weshalb er eine radikale Revision unserer Haltung gegenüber dem eigentlichen Wesen der Philosophie und dem Vorgang des Denkens vorschlug; es gelte, einen anderen Weg zu finden, den er »den anderen Anfang« nannte.

Der *Logos* tauchte im Anbeginn der abendländischen Philosophie erstmals auf. Die früheste griechische Philosophie entstand bereits als etwas, das das Chaos ausschloss. Genau zur gleichen Zeit begann der *Logos*, zu gedeihen und eine Art mächtigen Willen zur Macht und zur Verabsolutierung der männlichen Einstellung zur Realität zu offenbaren. Die Heraufkunft einer *logozentrischen* Kultur vernichtete auf ontologischer Ebene den polaren Gegensatz des *Logos* selbst — das weibliche Chaos. Da das Chaos, das dem *Logos* vorausging, durch ihn abgeschafft wurde, wurde dessen Exklusivität gleichzeitig handfest und nichtig. Der männliche *Logos* verdrängte das weibliche Chaos. Exklusivität und Exklusion unterwarfen Inklusivität und Inklusion. So entstand die klassische Welt, die 2500 Jahre lang ihre Grenzen ausdehnte — bis hin zur Moderne und dem rationalistischen, wissenschaftlichen Zeitalter. Diese Welt ist an ihrem

Ende angekommen. Aber wir leben nichtsdestoweniger in ihren Randbezirken. Gleichzeitig zerfallen, zerlaufen und verwirren sich alle Strukturen der Ordnung in der zersplitternden postmodernen Welt immer und immer mehr. Dies ist die Abenddämmerung des *Logos*, das Ende der Ordnung, der letzte Akkord männlicher, exklusiver Vorherrschaft. Aber nach wie vor befinden wir uns eher innerhalb als außerhalb der logischen Struktur.

Indem wir das klarstellten, haben wir einige grundsätzliche Lösungen hinsichtlich der Zukunft heraufbeschworen. Die erste mögliche Lösung ist die Rückkehr zur Herrschaft des *Logos*, die Konservative Revolution, die Restauration vollständiger männlicher Beherrschung aller Lebensbereiche — der Philosophie, der Religion und des Alltagslebens. Das könnte spirituell, gesellschaftlich oder technisch vollzogen werden. Diesen Weg, auf dem sich Technik und spirituelle Ordnung treffen, hat Heideggers Freund Ernst Jünger eingehend erforscht und studiert. Er ist eine Rückkehr zum Klassizismus gepaart mit einer Hinwendung zum technischen Fortschritt. Er ist ein Bemühen, den fallenden *Logos* zu retten, eine Wiedereinsetzung der traditionellen Gesellschaft und der ewigen neuen Ordnung.

Die zweite mögliche Lösung ist es, die derzeitigen Trends hinzunehmen und dem Weg der Verwirrung zu folgen, sich mehr und mehr in die Auflösung der Struktur und den Poststrukturalismus zu verwickeln und das bequeme Abrutschen ins Nichts möglichst zu genießen. Diese Option haben die Linken und die liberalen Vertreter der Postmoderne gewählt. Das ist moderner Nihilismus reinsten Wassers, den ursprünglich Nietzsche erkannt hat und der durch Heidegger gründlich erforscht wurde. Die im dem *Logos* eigenen Identitätsprinzip enthaltene Vorstellung, das Nichts sei die potentielle Gegenwart, ist nicht die Eindämmung des Niedergangs der logischen Ordnung, sondern vielmehr die Konstruktion eines rationalen Bereichs, in dem sich der horizontale Verfall unbegrenzt ausdehnen kann, die unermessliche Vielheit der Blumen der Verwesung.

Wir könnten aber auch einen dritten Weg wählen und versuchen, die Grenzen des *Logos* hinter uns zu lassen und hinter die Krise der postmodernen Welt zu gelangen; das wäre wortwörtlich postmodern, also jenseits der Moderne, wo die Auflösung des *Logos* an ihre Grenzen stößt. Entscheidend ist also die Frage nach diesen Grenzen. Vom *Logos* aus betrachtet, auch seinen fauligsten Aspekten, gibt es jenseits des Herrschaftsbereichs der Ordnung nur das Nichts. Es soll also ontologisch unmöglich sein, die Grenze des Seins zu überschreiten. Nichts *ist nicht*: So heißt es in der gesamten *logozentrischen* abendländischen Philosophie seit Parmenides. Diese Unmöglichkeit sichert die Zeitlosigkeit der Außenbereiche des *Logos* und gewährt dem Verfall innerhalb des Reichs der Ordnung ewigen Fortbestand. Jenseits der Grenze des Seins liegt das Nichts, und sich dieser Grenze anzunähern, ist analytisch betrachtet ein unendlicher Prozess (das Teilungsparadoxon des Zenon von Elea[6] ist hier völlig zutreffend). Es kann also niemand jene Schwelle überschreiten, hinein in das nichtexistente *Nicht-Sein*, das einfach *nicht* ist.

Wenn wir nichtsdestoweniger darauf bestehen, dann sollten wir an das Chaos im ursprünglichen griechischen Sinne appellieren, als etwas, das Sein und Ordnung vorausgeht, etwas Präontologisches.

Wir stehen vor einem wirklich wichtigen und entscheidenden Problem. Heute sind viele Menschen unzufrieden mit dem, was um sie herum vor sich geht, mit der existentiellen Krise der Werte, Glaubensbekenntnisse, der Philosophie, der politischen und gesellschaftlichen Ordnung, mit postmodernen Verhältnissen, mit Verwirrung und Perversion, insgesamt mit diesem Zeitalter des maximalen Verfalls.

Wenn wir aber das Wesen des Untergangs unserer Zivilisation bis zum heutigen Stadium betrachten, können wir nicht auf die vorangegangenen Phasen der *logozentrischen* Ordnung und ihre inbegriffenen Strukturen bauen, denn eben der *Logos* selbst war es, der die

---

[6] Zenon war Schüler des Parmenides und ein vorsokratischer griechischer Philosoph. Er ist für seine Paradoxien besonders bekannt. Hrsg.

Keime des heutigen Verfalls in sich barg und den jetzigen Stand der Dinge verursacht hat. Heidegger machte die Wurzeln der Technik sehr glaubwürdig in der vorsokratischen Lösung der Seinsfrage durch Zuhilfenahme des *Logos* aus. Der *Logos* kann uns nicht aus einer Situation retten, die er selbst verursacht hat. Der *Logos* ist hier zu nichts mehr nütze.

Nur das präontologische Chaos kann uns einen Hinweis darauf geben, wie wir die Falle der Postmoderne überwinden können. Es wurde am Vorabend der Schöpfung der logischen Struktur des Seins als Grundstein verworfen. Nun ist es am Zug. Andernfalls werden wir dazu verdammt sein, diese postlogische, zerfaserte Postmoderne hinzunehmen, die vorgibt, in irgendeiner Weise ewig zu sein, weil sie die Zeit vernichtet. Die Moderne hat die Ewigkeit getötet, die Postmoderne tötet die Zeit. Die Architektur der postmodernen Welt ist vollständig zerstückelt, pervers und verworren. Sie ist ein Labyrinth ohne Ausgang, gefaltet und verdreht wie ein Möbiusband.[7] Der *Logos*, einstmals Garant von Strenge und Ordnung, dient hier als Absicherung von Krümmung und Verworfenheit und wird benutzt, um die Undurchlässigkeit der ontologischen Grenze zum Nichts vor den letztlich unvermeidlichen Grenzüberschreitern zu schützen, die in das Jenseitige zu fliehen versuchen.

Als einziger Weg, um uns selbst, die Menschheit und die Kultur vor dieser Schlinge zu schützen, bleibt also nur der Schritt, über die *logozentrische* Kultur hinaus und hinein ins Chaos zu gehen.

Wir können *Logos* und Ordnung nicht wiederherstellen, denn sie tragen den Grund für ihre eigene ewige Zerstörung in sich. Mit anderen Worten: Um den exklusiven *Logos* zu retten, müssen wir uns der alternativen, inklusiven Instanz zuwenden — dem Chaos.

Aber wie können wir den Chaosbegriff benutzen und unsere Philosophie darauf gründen, wenn die Philosophie für uns bislang stets etwas definitionsgemäß Logisches gewesen ist?

---

[7] Ein Möbiusband ist eine Fläche mit nur einer Kante und Seite, ohne Anfang und Ende oder Ober- und Unterseite in sich verschlungen. Hrsg.

Um diese Schwierigkeit aufzulösen, sollten wir uns dem Chaos nicht vom *Logos*, sondern vom Chaos selbst her nähern. Es kann mit der weiblichen Vision und dem weiblichen Verständnis des Anderen verglichen werden, das nicht ausgeschlossen, sondern im Gegenteil in die Selbigkeit eingeschlossen wird.

Der *Logos* versteht sich selbst als das, was ist, und das, was sich selbst gleich ist. Er kann die Unterschiede in sich selbst akzeptieren, weil er das Andere ausschließt, das außerhalb liegt. Es gelten also der Wille zur Macht und das Gesetz der Souveränität. Jenseits des *Logos*, behauptet der *Logos*, liegt das Nichts, nicht etwas. So schließt der *Logos*, indem er alles außer sich selbst ausschließt, das Chaos aus. Das Chaos verfolgt eine andere Strategie. Es schließt alles Seiende, aber zugleich alles Nichtseiende in sich ein. Das allumfassende Chaos enthält also auch das Nicht-Inklusive, nämlich das, was seinerseits das Chaos ausschließt. Das Chaos nimmt also den *Logos* nicht als das Andere wahr, sondern als sich selbst oder als etwas nicht Existentes. *Logos* als Grundprinzip der Exklusion ist im Chaos enthalten, präsent, von ihm umwoben und in ihm verortet, so wie die Schwangere etwas in sich trägt, das gleichzeitig Teil von ihr und kein Teil von ihr ist. Der Mann begreift die Frau als äußeres Wesen und will in sie eindringen. Die Frau begreift den Mann als etwas Inneres und will ihm einen Ursprung geben, ihn gebären.

Chaos ist die ewige Geburt des Anderen, nämlich des *Logos*.

Zusammenfassend lässt sich sagen: Eine chaotische Philosophie ist möglich, weil Chaos den *Logos* als eine Art innerer Möglichkeit selbst beinhaltet. Es kann ihn frei benennen, pflegen und seine Ausschließlichkeit als im ewigen Leben des Chaos inbegriffen zur Kenntnis nehmen. So gelangen wir zur Figur des ganz besonderen, chaotischen *Logos*, nämlich eines gänzlich neuen *Logos*, der sich aus den Quellen des Chaos stetig erneuert. Dieser chaotische *Logos* ist gleichzeitig exklusiv (weshalb er ein legitimer *Logos* ist) und inklusiv (weil chaotisch). Er geht mit Selbigkeit und Andersheit anders um, als wir es kennen.

Das Chaos kann denken. Wir sollten es fragen, wie es das macht. Wir haben den *Logos* gefragt. Nun ist das Chaos an der Reihe. Wir müssen lernen, mit dem und innerhalb des Chaos zu denken.

Ich könnte als Beispiel die Philosophie des japanischen Denkers Kitarō Nishida anführen,[8] der anstelle der aristotelischen Logik eine »Logik des *Basho*«, des Orts, konstruierte.

Wir sollten andere Kulturen als die westliche erforschen, um andere Beispiele inklusiver Philosophie, inklusiver Religionen usw. zu suchen. Der chaotische *Logos* ist nicht nur eine abstrakte Konstruktion. Wenn wir gut hinsehen, finden wir die verwirklichten Formen einer solchen intellektuellen Tradition in archaischen Gesellschaften ebenso wie in der östlichen Theologie und mystischen Strömungen.

Sich dem Chaos zuzuwenden, ist der einzige Weg, um den *Logos* zu retten. Der *Logos* braucht einen Retter; er kann sich selbst nicht retten. Er braucht einen Gegensatz, um in der kritischen Lage der Postmoderne wiederhergestellt zu werden. Wir konnten die Postmoderne nicht überwinden. Sie lässt sich nicht ohne Appell an etwas dem Grund ihres Verfalls Vorangegangenes überwinden. Wir müssen also auf andere Philosophien als die abendländische zurückgreifen.

Letztlich ist es nicht zutreffend, Chaos als etwas zu begreifen, das der Vergangenheit angehöre. Das Chaos ist ewig, aber koexistiert ewiglich mit der Zeit. Deshalb ist das Chaos immer gänzlich neu, frisch und spontan. Man könnte es als Quelle jeder Art von Erfindungen und Neuheiten sehen, denn seine Ewigkeit trägt in sich immer mehr als das, was in der Zeit war, ist oder sein wird. Der *Logos* kann selbst nicht ohne Chaos existieren, so wie ein Fisch nicht ohne Wasser leben kann. Nehmen wir den Fisch aus dem Wasser, so stirbt er. Wenn der Fisch beginnt, fanatisch darauf zu bestehen, dass er von etwas anderem als Wasser umgeben ist, landet er am Ufer und stirbt

---

8   Kitarō Nishida (1870–1945) war ein japanischer Philosoph und der Begründer der Kyoto-Schule der Philosophie. Er entwickelte die »Logik des Orts« als Weg, um die Dualität von Subjekt und Objekt zu überwinden. Hrsg.

dort — selbst, wenn es stimmt. Er ist eine Art wahnsinniger Fisch. Setzen wir ihn zurück ins Wasser, springt er nur wieder heraus. Soll er also sterben, wenn er will. Tief im Wasser gibt es andere Fische. Folgen wir ihnen.

Das sich dem Ende neigende astronomische Zeitalter ist das des Sternbilds der Fische, *Pisces*. Fische am Ufer. Sterbende Fische. Wir brauchen also dringend Wasser.

Nur eine völlig neue Art des Denkens, eine neue Ontologie und eine neue Gnoseologie können den *Logos* außerhalb des Wassers retten, am Ufer, in der wachsenden Wüste, die Nietzsche vorhersah.

Nur Chaos und die alternative, inklusivitätsbasierte Philosophie können die moderne Menschheit und ihre Welt vor den Folgen der Zersetzung und des Verfalls jenes exklusivistischen Prinzips, das wir *Logos* nennen, bewahren. Der *Logos* ist abgelaufen, und wir alle werden unter seinen Ruinen begraben werden, wenn wir uns nicht dem Chaos und seinen metaphysischen Prinzipien zuwenden und sie als Ausgangspunkt für etwas Neues benutzen. Vielleicht ist das der »andere Anfang«, von dem Heidegger sprach.

OTHER BOOKS PUBLISHED BY ARKTOS

Sri Dharma Pravartaka Acharya	*The Dharma Manifesto*
Joakim Andersen	*Rising from the Ruins*
Winston C. Banks	*Excessive Immigration*
Alain de Benoist	*Beyond Human Rights*
	Carl Schmitt Today
	The Indo-Europeans
	Manifesto for a European Renaissance
	On the Brink of the Abyss
	The Problem of Democracy
	Runes and the Origins of Writing
	View from the Right (vol. 1–3)
Armand Berger	*Tolkien, Europe, and Tradition*
Arthur Moeller van den Bruck	*Germany's Third Empire*
Matt Battaglioli	*The Consequences of Equality*
Kerry Bolton	*The Perversion of Normality*
	Revolution from Above
	Yockey: A Fascist Odyssey
Isac Boman	*Money Power*
Charles William Dailey	*The Serpent Symbol in Tradition*
Ricardo Duchesne	*Faustian Man in a Multicultural Age*
Alexander Dugin	*Ethnos and Society*
	Ethnosociology
	Eurasian Mission
	The Fourth Political Theory
	The Great Awakening vs the Great Reset
	Last War of the World-Island
	Political Platonism
	Putin vs Putin
	The Rise of the Fourth Political Theory
	The Theory of a Multipolar World
Edward Dutton	*Race Differences in Ethnocentrism*
Mark Dyal	*Hated and Proud*
Clare Ellis	*The Blackening of Europe*
Koenraad Elst	*Return of the Swastika*
Julius Evola	*The Bow and the Club*
	Fascism Viewed from the Right
	A Handbook for Right-Wing Youth
	Metaphysics of Power
	Metaphysics of War
	The Myth of the Blood
	Notes on the Third Reich
	Pagan Imperialism
	Recognitions
	A Traditionalist Confronts Fascism
Guillaume Faye	*Archeofuturism*
	Archeofuturism 2.0
	The Colonisation of Europe
	Convergence of Catastrophes

OTHER BOOKS PUBLISHED BY ARKTOS

	Ethnic Apocalypse
	A Global Coup
	Prelude to War
	Sex and Deviance
	Understanding Islam
	Why We Fight
Daniel S. Forrest	*Suprahumanism*
Andrew Fraser	*Dissident Dispatches*
	The WASP Question
Génération Identitaire	*We are Generation Identity*
Peter Goodchild	*The Taxi Driver from Baghdad*
	The Western Path
Paul Gottfried	*War and Democracy*
Petr Hampl	*Breached Enclosure*
Porus Homi Havewala	*The Saga of the Aryan Race*
Lars Holger Holm	*Hiding in Broad Daylight*
	Homo Maximus
	Incidents of Travel in Latin America
	The Owls of Afrasiab
Richard Houck	*Liberalism Unmasked*
A. J. Illingworth	*Political Justice*
Alexander Jacob	*De Naturae Natura*
Jason Reza Jorjani	*Closer Encounters*
	Faustian Futurist
	Iranian Leviathan
	Lovers of Sophia
	Novel Folklore
	Prometheism
	Prometheus and Atlas
	Uber Man
	World State of Emergency
Henrik Jonasson	*Sigmund*
Vincent Joyce	*The Long Goodbye*
Ruuben Kaalep & August Meister	*Rebirth of Europe*
Roderick Kaine	*Smart and SeXy*
Peter King	*Here and Now*
	Keeping Things Close
	On Modern Manners
James Kirkpatrick	*Conservatism Inc.*
Ludwig Klages	*The Biocentric Worldview*
	Cosmogonic Reflections
	The Science of Character
Andrew Korybko	*Hybrid Wars*
Pierre Krebs	*Guillaume Faye: Truths & Tributes*
	Fighting for the Essence
Julien Langella	*Catholic and Identitarian*
John Bruce Leonard	*The New Prometheans*

OTHER BOOKS PUBLISHED BY ARKTOS

STEPHEN PAX LEONARD	*The Ideology of Failure*
	Travels in Cultural Nihilism
WILLIAM S. LIND	*Reforging Excalibur*
	Retroculture
PENTTI LINKOLA	*Can Life Prevail?*
H. P. LOVECRAFT	*The Conservative*
NORMAN LOWELL	*Imperium Europa*
RICHARD LYNN	*Sex Differences in Intelligence*
JOHN MACLUGASH	*The Return of the Solar King*
CHARLES MAURRAS	*The Future of the Intelligentsia &*
	For a French Awakening
JOHN HARMON MCELROY	*Agitprop in America*
MICHAEL O'MEARA	*Guillaume Faye and the Battle of Europe*
	New Culture, New Right
MICHAEL MILLERMAN	*Beginning with Heidegger*
BRIAN ANSE PATRICK	*The NRA and the Media*
	Rise of the Anti-Media
	The Ten Commandments of Propaganda
	Zombology
TITO PERDUE	*The Bent Pyramid*
	Journey to a Location
	Lee
	Morning Crafts
	Philip
	The Sweet-Scented Manuscript
	William's House (vol. 1–4)
JOHN K. PRESS	*The True West vs the Zombie Apocalypse*
RAIDO	*A Handbook of Traditional Living* (vol. 1–2)
CLAIRE RAE RANDALL	*The War on Gender*
STEVEN J. ROSEN	*The Agni and the Ecstasy*
	The Jedi in the Lotus
RICHARD RUDGLEY	*Barbarians*
	Essential Substances
	Wildest Dreams
ERNST VON SALOMON	*It Cannot Be Stormed*
	The Outlaws
WERNER SOMBART	*Traders and Heroes*
PIERO SAN GIORGIO	*CBRN*
	Giuseppe
	Survive the Economic Collapse
SRI SRI RAVI SHANKAR	*Celebrating Silence*
	Know Your Child
	Management Mantras
	Patanjali Yoga Sutras
	Secrets of Relationships
GEORGE T. SHAW (ED.)	*A Fair Hearing*
FENEK SOLÈRE	*Kraal*

OTHER BOOKS PUBLISHED BY ARKTOS

OSWALD SPENGLER	*The Decline of the West*
	Man and Technics
RICHARD STOREY	*The Uniqueness of Western Law*
TOMISLAV SUNIC	*Against Democracy and Equality*
	Homo Americanus
	Postmortem Report
	Titans are in Town
ASKR SVARTE	*Gods in the Abyss*
HANS-JÜRGEN SYBERBERG	*On the Fortunes and Misfortunes of Art in Post-War Germany*
ABIR TAHA	*Defining Terrorism*
	The Epic of Arya (2nd ed.)
	Nietzsche's Coming God, or the Redemption of the Divine
	Verses of Light
JEAN THIRIART	*Europe: An Empire of 400 Million*
BAL GANGADHAR TILAK	*The Arctic Home in the Vedas*
DOMINIQUE VENNER	*For a Positive Critique*
	The Shock of History
HANS VOGEL	*How Europe Became American*
MARKUS WILLINGER	*A Europe of Nations*
	Generation Identity
ALEXANDER WOLFHEZE	*Alba Rosa*
	Rupes Nigra

www.ingramcontent.com/pod-product-compliance
Lightning Source LLC
Chambersburg PA
CBHW021849230426
43671CB00006B/324